依法行政考评
社会评议研究

谢能重 著

WUHAN UNIVERSITY PRESS
武汉大学出版社

图书在版编目(CIP)数据

依法行政考评社会评议研究 / 谢能重著. -- 武汉：武汉大学出版社，2024.8. -- ISBN 978-7-307-24523-5

Ⅰ.D63

中国国家版本馆 CIP 数据核字第 20241KE917 号

责任编辑:张　欣　　　责任校对:鄢春梅　　　版式设计:马　佳

出版发行: **武汉大学出版社**　（430072　武昌　珞珈山）

（电子邮箱：cbs22@ whu.edu.cn　网址：www.wdp. com.cn）

印刷:湖北云景数字印刷有限公司

开本:720×1000　1/16　　印张:19.75　　字数:321 千字　　插页:1

版次:2024 年 8 月第 1 版　　2024 年 8 月第 1 次印刷

ISBN 978-7-307-24523-5　　　定价:88.00 元

前　言

依法行政是依法治国的难点和关键，是法治政府建设的内在要求及基本路径。有组织就有管理及目标，"以评促建"符合组织管理和激励原理，是实现组织目标的有效手段。党的十八大以来，基于"政府推进型法治政府建设模式"，依法行政考评为法治政府建设提供动力。在考评体系中，社会评议成为学界关注的基本问题，也是各地政府实践中反映集中的实际难题。

在社会评议中，公众参与及公众满意度评价的民主性、科学性有赖于社会透明开放、公众理性表达，以及调查技术成熟可行，这是一种理想状态。基于依法行政的专业属性，弥补公众评价的局限，专家评议更能体现专业理性，在社会评议中有着不可替代的作用。本研究以此为切入点，力图从价值和技术层面，依据地方实践和 G 省及其下辖的 F 市、Q 市的实证经验，探讨两者功能边界及其互补互证的关系，旨在为完善社会评议体系提供科学依据。

本研究涉及法学与公共管理等学科理论方法。通过规范分析、实证分析等方法，探讨依法行政考评社会评议公众满意度评价与专家评议的法理依据、体系结构和现实条件。首先，研究立足于民主法治理论、中国特色社会主义法治政府建设理论、法治政府评价理论和政府绩效评价理论，认为依法行政考评社会评议应体现结果导向和公众满意导向，构建"政府主导—第三方实施—公众满意度评价—专家评议"的组织体系。其次，研究认为，公众满意度评价体现公众参与的民主性和目的性，但公众参与表面化与形式化弱化了评价的民主价值，评价大众化与依法行政的专业性形成矛盾；专家评议弥补公众评价之短，体现专业性与针对性，但专家的技术理性有赖于开放透明的社会环境，确保专家的中立性离不开评价主体的独立性。由此，政府内部主导的社会评议既要发挥二者互补互证的功能，更要引入第三方行使实施权。当然，确保评价的科学性、民主性、法治化和公信力，独立第三方评价（作为评价主体）不可或缺。

　　本研究在已有研究成果的基础上，聚焦于两个方面，希望为优化依法行政考评，促进法治政府建设建言献策：一是构建依法行政考评社会评议体系。社会评议是依法行政考评的核心问题，确保考评的功能发挥绕不开公众满意度与专家评议及其关系，基于价值理性和工具理性融合，研究在明晰公众满意度评价与专家评议功能定位的基础上，构建了两者互补互证的评价体系。二是创新依法行政考评社会评议理念导向。依法行政考评及其社会评议是手段而非目的，其最终是为了推进法治政府建设，本研究引入绩效评价的理念方法，弥补目标式考评不足，增强社会评议的民主性和法治价值。

　　本书基于笔者的博士论文拓展及完善而成。由于笔者学识有限，本书尚存在一些问题没有得到很好的解决，如在以结果和满意度评价为导向，切实充分准确反映民意上剖析得不够深入；本书作为法学、公共管理学等交叉学科的研究，在不同学科的研究方法上如何更好地交叉融合还需要下更多功夫，等等。欢迎读者批评指正，期待更多研究人员在法治政府建设、依法行政考评等方面有更多更深入的研究，为法治政府建设和依法行政考评提供更有益的参考。

谢能重

2024 年 6 月 6 日

目　　录

第一章　导　　论

党的十八大以来，在党中央的坚强领导下，我国坚持依法治国、依法执政、依法行政共同推进，坚持法治国家、法治政府、法治社会一体建设。党的十八大明确提出"依法治国基本方略全面落实，法治政府基本建成"的目标，党的十九大、二十大进一步明确"基本建成法治国家、法治政府、法治社会"是到2035年我国发展的总体目标之一。在推进全面依法治国的进程中，法治政府建设居于核心地位，依法行政具有决定性意义。

有目标就有考评，"以评促建"符合科学管理原理，是推进法治政府建设的"助推器"。经验表明："法治指数一小步，法治建设一大步。"[①] 由此，如何科学构建依法行政考评体系，彰显"可量化的正义"，驱动法治政府建设，成为重大的理论和实践问题。基于法治的价值导向和不易量化的属性，社会评议成为依法行政考评不可或缺的内容。本研究立足于此，力图从社会评议的价值和技术的视角，重点探讨社会评议的公众满意度评价与专家评议的关系及其实现途径，审视各地方实践的得失，为依法行政考评体系构建提供参考依据。

一、研究背景和问题提出

（一）研究背景

党的十八大提出"法治政府基本建成"的目标。2015年12月中共中央、国

---

① 刘武俊 ."法治指数"彰显法治建设的科学发展导向 ［N］.中国审计报，2008-04-16（A7）.

务院颁布的《法治政府建设实施纲要（2015—2020 年）》明确了建成法治政府的 7 大任务、40 项措施，并指出要发挥考核评价对法治政府建设的重要推动作用。党的十九大进一步明确"基本建成法治国家、法治政府、法治社会"是到 2035 年我国发展的总体目标之一，党的二十大再次强调该目标。为推进法治政府基本建成目标的实现，继《法治政府建设实施纲要（2015—2020 年）》后，2021 年 8 月中共中央、国务院再次颁布《法治政府建设实施纲要（2021—2025 年）》，更进一步绘制了法治政府建设的宏伟蓝图和行动纲领，同时提出"建立健全法治政府建设指标体系，强化指标引领。加大考核力度，提升考核权重，将依法行政情况作为对地方政府、政府部门及其领导干部综合绩效考核的重要内容"。从实践看，为推动"法治政府基本建成"目标的实现，考评成为其重要抓手，开展依法行政考评是其中的核心。

依法行政是现代政府建设的重要价值标准。依法行政是我国法治建设的核心内容和根本路径，在我国法治建设进程中最早被认识和承认。新中国成立后的很长一段时间，我国的政府部门主要是"依政策办事"，改革开放后逐步过渡到"依法办事"。1984 年 4 月，彭真在首都新闻界座谈会上的讲话中明确指出"要从依靠政策办事逐步过渡到不仅依靠政策，还要建立健全法制，依法办事"，成为我国"依法行政"的开端。但真正意义上提出依法行政概念的是 1993 年 3 月第八届全国人大一次会议上的政府工作报告提出"各级政府都要依法行政，严格依法办事"。1997 年，党的十五大明确"依法治国"方略后，依法行政成为我国法治建设的核心内容，并在 1999 年国务院颁布的《关于全面推进依法行政的决定》中被明确为"依法行政是依法治国的重要组成部分，在很大程度上对依法治国基本方略的实行具有决定性的意义"。《关于全面推进依法行政的决定》对"依法行政"的具体内容和要求在国家层面予以规范，"依法行政"由理念转为全国法治建设的具体实践和要求，并贯穿始终。2004 年 3 月，第十届全国人大二次会议将"建设法治政府"确定了为新一届政府的施政目标，随后印发了《全面推进依法行政实施纲要》，首次明确了"全面推进依法行政"的核心目标是"建设法治政府"。2008 年颁布的《关于加强市县政府依法行政的决定》，开启了依法行政考评的正式旅程，该《决定》强调加强对市县两级政府的"依法行政考核"，着重是要解决"一些行政机关及其工作人员依法行政的意识不强，依法办事的能力和水平不高；一些地方有法不依、执法不严、违法不究的状况"。并明确了"依法行政考核"的标准和要求"把是否依照法定权限和程序行使权力、履行职责作为衡量市县政府及其部门各项工作好坏的重要标准，把是否依法决策、是否依法制定发布规范性文件、是否依法实施行政管理、是否依法受理和办理行政复议案件、是否依法履行行政应诉职责等作为考核内容……依法行政考核结果要与奖励惩处、干部任免挂钩"。此后，依法行政考评的作用得到不断强化，2010 年国务院发布《关于加强法治政府建设的意见》，2012 年党的十八大提出基本建成法治政府的目标，2013 年党的十八届三中全会要求将"建立科学的法治建设指标体系和考核标准"作为推进依法行政与法治政府建设的重要举措，2015 年《法治政府建设实施纲要（2015—2020 年）》明确提出我国法治政府建成的时间表、衡量标准和考核评价要求。2021 年《法治政府建设实施纲要（2021—2025 年）》颁布，这是贯穿我国"十四五"期间的法治政府建设的蓝图和行动纲领，既是"路线图"也是"施工图"，对相关工作的考核评价是推进法治政府建设的重要机制。

从历史角度来看，党和政府的纲领性文件始终将法治政府建设与考核评价联系起来，力图以微观手段驱动宏观目标实现的要求符合管理科学原理与中国实际，契合了 20 世纪 80 年代以来在全球兴起的以"评估国家"来代替"管制国家"的改革浪潮，是中国的法治政府建设方略。党的十九大后"成立中央全面依法治国领导小组，加强对法治中国建设的统一领导"，进一步彰显了中国特色社会主义法治的本质特征。依法行政考评始终是实现这一目标的重要手段。

经验表明，以考评的微观手段驱动建成法治政府宏观目标的实现，已成为我国法治政府建设的重要经验，[①] 这既符合管理科学原理与中国实际，又契合了由"管制国家"走向"评估国家"的改革趋势，也是法治评价在我国的具体实践。

法治评价源于西方发达国家，为一种国际化的法治衡量工具和评价一国法治发展水平的标尺，[②] 早在 20 世纪六七十年代就由美国学者 W. M. 伊万、J. H. 梅

---

① 郑方辉，尚虎平. 中国法治政府建设进程中的政府绩效评价 [J]. 中国社会科学，2016（1）：117-139，206.

② 李朝. 自省与构建：当代中国法治评估问题的若干检讨 [J]. 宏观质量研究，2015（3）：100-110.

里曼、D. S. 克拉克、L. M. 弗里德曼等人设计出一套相对成熟的法律指标体系，开启了法治评价的早期实践。到20世纪末、本世纪初，形成了最具代表性的法治评价体系，主要有世界银行全球治理指标体系（Worldwide Governance Indicators）、世界正义工程（World Justice Project）法治评价指标体系、联合国法治指标项目等。

在我国，有关法治评价的实践和研究起步较晚，直到20世纪90年代末才开始相关实践探索。1997年党的十五大确立"依法治国"方略，明确提出要"建设社会主义法治国家"，改变了沿用多年的"法制国家"提法，1999年"依法治国，建设社会主义法治国家"被写入宪法，开启了我国新阶段的法治建设。与之相伴的是，为推动依法治国方略的实施，也开启了以依法行政考评为主的中国版"法治评价"实践，其中"行政执法考评"作为依法行政考评的雏形，被写入党的十五大报告，[①] 最早得以实施，并自此进入了历时十年的依法行政专项考评时期。[②]

2008年国务院作出《关于加强市县政府依法行政的决定》，要求"建立依法行政考核制度"，把过去各类专项考评的内容都列为依法行政考评的内容，开启了完整意义上的依法行政考评。[③] 2010年国务院出台《关于加强法治政府建设的

---

① 党的十五大报告明确指出："一切政府机关都必须依法行政，切实保障公民权利，实行执法责任制和评议考核制。"

② 在国家层面，自1997年党的十五大报告提出"实行执法责任制和评议考核制"开始，到2008年国务院作出《关于加强市县政府依法行政的决定》前的十年间，各类有关文件先后提出了"行政执法绩效评估""行政机关工作人员依法行政情况考核""规范性文件施行后评估""行政执法案卷评查""重大行政决策实施情况后评价""政府信息公开工作考核评议"等多项考评制度，虽然提法不同，指向的具体内容有别，但都是依法行政的有关内容。2008年《关于加强市县政府依法行政的决定》提出了"建立依法行政考核制度"，将依法行政相关内容都列为考核内容，形成了综合性的考评制度，结束了此前专项考核的历史。

③ 《关于加强市县政府依法行政的决定》明确指出，实施依法行政考评着重是要解决一些行政机关及其工作人员依法行政的意识不强，依法办事的能力和水平不高；一些地方有法不依、执法不严、违法不究的状况，考评的标准要具体明确为把是否依照法定权限和程序行使权力、履行职责作为衡量市县政府及其部门各项工作好坏的重要标准，把是否依法决策、是否依法制定发布规范性文件、是否依法实施行政管理、是否依法受理和办理行政复议案件、是否依法履行行政应诉职责等作为考核内容。显然，依法行政考评内容指向政府行政行为的方方面面，是一项综合性考评。

意见》，明确要求把依法行政工作考核纳入地方各级人民政府目标考核、绩效考核评价体系，并将考核结果作为对政府领导班子和领导干部综合考核评价的重要内容，以依法行政考评为主要手段的法治政府建设评价在全国迅速铺开，一年之内就有超过 20 个省份制定出台了相关评价、考评的"通知""意见""办法"。①按照这些制度安排，各地纷纷实施考评，公布考评结果，在地方媒体上展示法治建设成绩单，并对本地的考评实践加以总结，凝练出了诸多所谓的"XX（地方）法治发展模式"。② 从实践看，通过依法行政考评，地方法治政府建设成效得以具体化、量化，形成了与"经济 GDP"相仿的"法治 GDP"，客观上解决了地方法治建设动力不足的问题，③ 形成了"比学赶超"的氛围。

在这一时代背景下，地处改革开放前沿的 G 省也于 2011 年制定出台了《G省法治政府建设指标体系》，并以此作为 G 省依法行政考评的指标，开展了全省范围的依法行政考评。2016 年作者所在课题组通过参加政府公开招标，成功中标，获得 G 省政府法制办的委托，以第三方身份组织实施 G 省 2016 年的依法行政考评社会评议。作者所在课题组当年还以同样的方式分别获得委托并组织实施了 G 省下辖的 F 市、Q 市的依法行政考评社会评议，④ 这为作者获得第一手资料、掌握第一线情况提供了非常便利的条件。2017 年、2018 年作者所在的课题组又连续两年获得委托，分别组织实施 F 市、Q 市依法行政考评社会评议，对地方依法行政考评社会评议有了更多的认识，收集了更丰富的资料。本书正是基于这些丰富的资料和实践展开而成。

通过连续三年在多地的实践、考察，以及对有关资料、数据进行分析，我们发现依法行政考评在地方法治政府建设进程中具有十分重要的意义，体现工具理性。其中的社会评议，开放评议权，评议主体更加多元，体现价值理性。然而，实践中却还存在诸多现实问题和理论问题，急需深入加以研究，以进一步健全制

① 郑方辉，尚虎平．中国法治政府建设进程中的政府绩效评价 [J]．中国社会科学，2016（1）：117-139，206.

② 朱景文．论法治评估的类型化 [J]．中国社会科学，2015（7）：108-124，207-208.

③ 马怀德．法律实施有赖于"法治 GDP"的建立 [J]．人民论坛，2011（29）：8-10.

④ 因本书中的有关数据涉及考评对象的切身利益，为保护隐私，本书以 G 省、F 市、Q市作标识，涉及有关考评对象的具体名称的，均作相应处理。

度、完善实践。正是基于此，本书选取依法行政考评社会评议为研究对象，希望为保证社会评议工具理性和价值理性的实现提供依据。

（二）问题提出

"坚持以人民为中心"是习近平新时代中国特色社会主义思想的核心内容，也是习近平法治思想的核心内容。党的十九大报告强调，要把党的群众路线贯彻到治国理政全部活动之中，坚持党的领导、人民当家作主、依法治国有机统一，切实保障人民知情权、参与权、表达权、监督权。并把"人民平等参与"作为"两个阶段"中的"第一个阶段"奋斗目标的重要内容。① 党的二十大报告强调："坚持党的领导、人民当家作主、依法治国有机统一，坚持人民主体地位，充分体现人民意志、保障人民权益、激发人民创造活力。""要健全人民当家作主制度体系，扩大人民有序政治参与，保证人民依法实行民主选举、民主协商、民主决策、民主管理、民主监督，发挥人民群众积极性、主动性、创造性……"这些充分体现了人民在治国理政中的重要地位。而"坚持依靠人民群众"，正是习近平法治思想的核心内容。习近平法治思想明确人民是全面依法治国的主体和力量源泉，注重调动人民群众参与推进全面依法治国的积极性、主动性、创造性，尊重人民群众所表达的意愿、保障人民群众行使自身权利，肯定人民群众创造的新经验和发挥的重要作用，努力使全体人民都能自觉维护法律权威，崇尚法治、捍卫法治，成为推进全面依法治国的强大动力。②

依法行政考评社会评议，核心就在于让社会公众参与对政府行政行为是否依法的评价，同样体现了"人民当家作主"的意蕴。尤其是依法行政考评由政府主导（领导），目标指向"建成法治政府"，那么公众参与依法行政考评，就充分体现了"坚持党的领导、人民当家作主、依法治国有机统一"的内涵，也是在法治政府建设框架下"保障人民知情权、参与权、表达权、监督权"的直接体现。基于此，社会评议在法治政府建设中具有重要意义。

---

① 党的十九大报告指出："第一个阶段，从 2020 年到 2035 年……到那时……人民平等参与……得到充分保障。"

② 杨学博，步超. 习近平法治思想的四个理论特色 [J]. 人民论坛，2021（12）：84-86.

社会评议的核心是社会公众评议政府。社会评议在公共管理、公共行政领域已较为普遍，常以"民评官""万人（千人）评政府""网民评政府（机关）"等形式出现，涌现出了"甘肃模式""青岛模式""思明模式""珠海模式""广东试验"等，开始之初备受赞誉。如"甘肃模式"被誉为"开创了第三方评价政府绩效的先河"①，"广东试验"被誉为开创了"独立第三方评地方政府整体绩效的先河"，② 等等。归结而言，这种敞开式的社会公众参与评价政府活动，表现出对社会公众主体性的尊重，展示了公共行政过程的开放性，也表明了社会公众对政府的评价有了可能的、可行的方式和途径。③ 可以说，政府敞开大门给社会公众有评价政府的途径、渠道，是对社会公众关注政府的回应，也是政府由"封闭型"的传统政府走向现代性"开放型"政府的有益探索，适应了"依法治国"框架下法治政府应为有限政府、服务政府的价值追求，也与当下推进政府转型和行政管理体制改革相适应。

然而，随着这些"公众参与"评价政府的活动的不断深入，人们发现这一制度上的美好设计，在具体实践中遇到了各种困难，与最初的目标产生了巨大的偏差。④ 具体表现在法治评价、依法行政考评实践中，研究者们指出当前的社会评议还不能承担起上述所寄予的厚望。一是依法行政是一项专业性强、内部属性明显的政府工作，社会公众的判断能力有限，所作出的评价往往体现的是其价值偏好，客观性不足；而且易受评价者的认知、经历、经验影响，不同的评议主体针对同一内容可能产生迥异的评议结果，加之当前我国政府信息公开不足，以及普遍存在的评议者素质不高、对政府缺乏信任、民意调查技术不成熟等情况，评议

---

① 包国宪，等．第三方政府绩效评价的实践探索与理论研究 [J]．行政论坛，2010（4）：59-67．

② 郑方辉．独立第三方"民评官"广东开全国先河 [N]．南方日报，2008-01-07（A03）．

③ 王锡锌．对"参与式"政府绩效评估制度的评估 [J]．行政法学研究，2007（1）：7-13．

④ 关于这一问题，王锡锌在其论文《公众参与、专业知识与政府绩效评估的模式》一文中进行了详细论述，他指出，导致这一问题的原因之一是：参与主体的广泛性和大众性与评价政府的活动本身具有的高度的技术化和专业化的不兼容。参见：王锡锌．公众参与、专业知识与政府绩效评估的模式 [J]．法制与社会发展，2008（6）：3-18．

结果难以保证科学。① 二是操作层面上，参与者遴选、参与者的代表性、与考核内容相关性、意见征集程序、分值计算方法、社会成本等问题，都会对最终的测量结果产生影响。② 而作为主导者的政府在参与评议的主体选择上，显然有很多"做工作"的机会，最为典型的是政府通过精心选择参与主体，能对结果进行"内定"。③ 三是，当前的社会评议尚处于地方自觉探索阶段，谁能参与、怎么参与、如何评议、评议什么、评议结果效力如何等，散落于地方的依法行政考评操作方案中，在地方法规或规范性文件中尚未明确，更无从谈及社会评议的法律地位。归结而言，依法行政及依法行政考评具有很强的专业性，往往与社会公众广泛参与的大众化要求形成冲突，由此引发的是如何保证考评的专业性、科学性与社会评议公众参与的广泛性、民主性平衡的问题。显然，这既是技术问题，也是价值问题，更是法治问题，对于保证考评的有效性、公信力及其证成国家法治建设、法治政府建成的目标的能力，具有重要影响。

党的十九大报告明确成立中央全面依法治国领导小组，加强对法治中国建设的统一领导，进一步彰显了中国特色社会主义法治的本质特征，是我国"政府推进型法治建设模式"的完善与升华，也是对推进党的十八大确定的"基本建成法治政府"目标实现和《法治政府建设实施纲要（2015—2020）年》《法治政府建设实施纲要（2021—2025）年》确定的法治政府建设时间表、路线图的落实的进一步战略部署。在"坚持以人民为中心"的框架下，公众参与不可或缺，社会评议应发挥更重要的作用。

综上所述，本书将就社会评议的广泛性、民主性和专业性、合理性，以及法治政府建设展开讨论，在完善既有的公众满意度评价的基础上，尝试引入专家评议（知识理性）框架，构建公众满意度评价与专家评议互补互证的社会评议体系，试图消弭社会评议在依法行政考评上存在的间隙，并进一步加强法治政府建

---

① 陈磊，林婧庭. 法治政府绩效评价：主客观指标的互补互证 [J]. 中国行政管理，2016（6）：16-21.

② 黄涧秋. 国务院《纲要》框架下的依法行政考核 [J]. 中共南京市委党校学报，2014（4）：76-83.

③ 江德华. 谨防"法治指数"变为"自说自话" [N]. 21 世纪经济报道，2008-04-08（3）.

设，充分保障社会考评的工具理性和价值理性的实现。

二、研究内容

（一）研究对象与问题

"法治政府建设""依法行政考评""考评体系""公众满意度""专家评议"是本研究的关键词。具体而言，依法行政是法治政府的内在要求和实现建成法治政府目标的基本路径。考评为组织管理的手段，旨在形成动力与压力，推动目标实现，可以通过内部考核的方式，也可由外部主体完成。依法行政考评是中国特色社会主义法治政府建设的重要手段，作为依法行政考评重要组成环节的社会评议，是相对于传统的内部客观数据考核而实施的外部主观评议。考评体系是依法行政考评及社会评议的核心，决定考评及评议的执行力和公信力、专业性和科学性。公众满意度评价和专家评议是主观评价的主要方法，也是社会评议的基本路径，涉及政府与社会公众的关系、普通社会公众与专家的关系。本书研究对象为"依法行政考评社会评议"，包含评议的体系、机制、实现路径（公众满意度评价和专家评议），评议对象为政府（部门）。

社会评议与内部考核相对应，是依法行政考评的重要组成部分，既要承载依法行政考评的功能，又具有一定的特殊性。地方政府开展社会评议以来，所反映出的问题削弱了社会评议的功能和价值，根本原因在于对社会评议的功能定位、社会评议功能实现的路径、社会评议与内部考核的关系等问题认识不足，顶层设计不够。因此本书将聚焦这些问题加以分析。

（1）社会评议的功能定位。根本上，社会评议的目的在于打破依法行政考评系统内部自我考评的"自娱自乐"弊端，彰显考评的开放性和民主性。一方面，建设人民满意的服务型政府是我国行政体制改革的目标，显然这一目标是否实现，应由社会公众来评价。因此在人民满意的服务型政府建设框架下，开放社会公众参与成为基本内涵。另一方面，"坚持以人民为中心"是法治政府建设的根本遵循，开展社会评议使社会公众的"知情权、参与权、表达权、监督权"得以实现，充分体现了考评的民主价值。但是社会评议不能只有参与之形，而无参与之实，作为依法行政考评的一部分，还要发挥其工具作用，以实现考评的根本目的。所以说，社会评议并不等于让社会公众参与填写调查问卷，并把通过调查问卷获得的分值简单加到考评成绩中。只有更好地明确社会评议的功能定位，才能使其不流于形式。

（2）社会评议功能实现路径。与内部考核不同，社会评议由社会公众参与，但是囿于政府依法行政的专业性和内部属性，一般公众较难接触政府依法行政情况以及相关数据材料，只能依靠主观评价，实践中通常以调查问卷的形式获得社会公众的评议意见。这是"参与式评价"的普遍做法，但是却存在矛盾：一方面，由于多数公众缺乏对政府提供的公共服务和法治作为的亲身体验，那么开展相关的评议的意义将大打折扣；[1] 另一方面，政府的法治作为有些涉及复杂的专业知识和技能，公众对其质量的判断能力必然有限，加上社会公众心理上的"无意识偏颇"，公众评价难以摆脱自身立场做到完全公正客观。[2] 也就是说，社会公众能否有效参与评议是存在争议的，那么社会评议功能的实现的效果也可能会受损。因此，深入开展社会评议，要十分注重这一问题，既要保证社会公众的参与，又要保证参与的有效性。

（3）公众满意度评价与专家评议的关系。公众满意度评价，指向社会公众对政府依法行政情况的评价，是民意的收集和民情的了解的一种途径，在依法行政考评中则具有了公众参与的民主性，体现考评的"合法性"。这种"合法性"更多地是政治意义上的，在技术层面，则会被打折扣。因为社会公众对依法行政、法治知识、评价技术的有限了解，以及其天然的"利己性"价值偏好，加上现实中政府信息公开的不足，那么其所作出的满意度评价难免失之偏颇，从而导致技术上的"不合理性"。与之相反，专家在评价活动中，其被期待的角色是发挥其专业知识和技术理性，使对政府依法行政与否的评议不是基于无依据的随性行为，从技术上可体现评议的"合理性"。但是，专家毕竟是少数，无法取代普通公众的大多数，且专家的知识、理性是建立在理想状态基础上的，实践中不少专

---

① National Center for Public Productivity, Rutgers University. Citizen-Driven Government Performance：Case Studies and Curricular Resources［PDF］.（2003-08-15）.

② 周志忍. 论政府绩效评估中主观客观指标的合理平衡［J］. 行政论坛, 2015（3）：37-44.

家被诟病，因为其知识的局限性和被"俘获"而导致"专家失灵"，这不仅使他们不能作出合理的评价，更使这种评价丧失"合法性"。不难看出，公众满意度评价与专家评议的法理基础、技术基础和功能都有所差异，但两者又具有互补互证性，而问题的关键就在于如何使这两者能够有机关联，实现互补互证，即要实现依法行政考评社会评议的公共性和技术性的融合。所以明确两者的关系，对于完善两者的实施，充实依法行政考评的内涵，具有现实意义和理论意义。

（二）研究重点与难点

本研究以 G 省实践为例展开讨论，既有实践的审视，也有理论的深究。实践中，政府组成部门及下级政府对上级政府的各类考核已经司空见惯，引入社会公众参与评议并不局限于依法行政考评。因此针对已普遍适用的社会评议，如何透过面上实践发现其内在的运行机理及其存在的实质问题，需要从更深厚的理论视角跳出实践现状，以构建新的框架从而进一步完善社会评议实践。这些都将成为本研究的重点，同时也是难点。主要集中于以下几个方面：

一是理论上，社会评议与内部考核的关系，公众满意度评价与专家评议的关系，这两组关系的明晰是确保依法行政考评社会评议的功能发挥的关键。一方面，目前地方政府的规章及规范性文件中，关于社会评议的规定极其有限，被默许为同内部考核同步的评议主体来自政府外部的一种评价方式，但事实上两者差异明显。内部考核是政府系统内自上而下的考核，考评主体与考评对象具有隶属关系。社会评议主体与政府关系较为多元、存在差异，这种差异性的存在决定了社会评议主体的差异性，即不同的评议主体对政府依法行政看法的偏好有别、评议能力更是不同，因此不能简单地一致对待。另一方面，公众满意度评价与专家评议作为社会评议的基本方式，二者有着较大差别，表现为：公众满意度评价的数据通常源于民意调查，参与评价的主体千差万别，具有很强的不一致性，甚至有时会出现不同主体的评价结果相反，那么如何保证社会评议的有效性，体现社会评议的工具理性，成为重点和难点。为此，需要实施具有专业性和针对性的专家评议，但是专家又有其专业局限性和被"俘获"的危险，如何保证专家评议的公共性，体现社会评议的价值理性，同样成为重点和难点。因此必须根据我国的实际情况，系统梳理依法行政考评社会评议的理论依据与目标定位，背后涉及法学、公共管理学、政治学、经济学、社会学及技术学科。显然，对这两组关系的研究与明晰界定对本书撰写十分重要，同时又面临挑战。

二是技术层面，如何构建具有科学依据及广泛适应性、可操作性的评议体系，是评议的重点和难点。依法行政考评社会评议体系主要包括组织体系、技术体系、制度机制。其中，组织体系中，考评主体决定公信力；技术体系中，指标体系决定科学性。反观目前国内省级政府依法行政考评社会评议，考评主体为省政府，一般委托第三方组织实施，开展简单的社会公众调查问卷，对评议主体并未区别对待，虽然有些调查报告分析了不同主体的结果差异，但对不同的主体在评议中发挥什么作用、如何实施并未明确，在制度设计上更没有规定，所以社会评议等同于一般的"社会调查"或"大众点评"，其导向混杂，操作性有限，导致社会评议受到诸多诟病。同时，由于法治政府、依法行政具有专业性和不易测量的属性，技术层面需要科学、巧妙地处理社会评议的公共性、民主性和专业性、有效性的关系，核心指向公众满意度评价和专家评议。

三是操作层面，如何构建具有权威性、可行性的依法行政考评社会评议的组织模式，关键是要理顺考评权、组织权、实施权、评议权的关系，这涉及政府、第三方组织、一般社会公众、专家等主体。同时公众满意度评价与专家评议，如何才能顺畅实施，发挥好每一类评议主体的功效，需要具备对理论的驾驭力，这也具有很强的实证性，是本研究的重点和难点问题之一。

（三）研究的主要目标

以考评促建设符合管理学原理，也是党和政府治国理政的经验。促成"法治政府基本建成"，依法行政考评是不可或缺的手段与工具。本研究的总体目标是：为契合党和国家提出的实现"法治政府基本建成"的目标，立足于地方政府依法行政考评的现状，借鉴国内外实践经验，基于政府绩效评价的理念方法与我国"政府推进型法治建设模式"，重构依法行政考评社会评议体系，包括组织体系（主要涉及评议主体及其权力分配问题）、技术体系（主要涉及公众满意度评价技术和专家评议技术）、制度机制等，以平衡依法行政考评社会评议的价值理性和工具理性，保证评议的民主性和科学性，为推进各级政府法治政府建设提供科学依据与动力源泉。

三、研究价值

（一）理论价值

依法行政考评强调内部考核与外部社会评议的结合，其中社会评议的理论意义指向明确，即增进考评的价值理性与工具理性，本质上这是对以往内部考核仅强调"工具性"的进一步完善和升级，在理论上具有开拓意义。

（1）深化和完善依法行政考评理念。本研究着重强调社会公众的参与评议，即社会评议。其根本目的就是要充分体现人民民主的价值。社会契约论认为，人民是国家的主人，政府的权力来源于人民的委托，政府权力的行使是为人民谋福利。我国《宪法》第2条规定，中华人民共和国的一切权力属于人民。据此，我们明确政府行使职权其根本目的是服务人民，人民拥有最终的对政府的评价权。正如习近平总书记强调的那样，"我们党的执政水平和执政成效都不是由自己说了算，必须而且只能由人民来评判。人民是我们党的工作的最高裁决者和最终评判者"①。建设人民满意的服务型政府被写入党的十八大、十九大报告，成为我国行政体制改革的目标。因此，依法行政的终极目标自然是公众满意，即要求依法行政考评社会评议要以"结果导向"和"公众满意导向"为基本理念，通过社会评议推动依法行政考评不仅要考核政府机关"已经做了什么""取得了什么成效"，更要强调政府机关"应该做什么"、是否让"公众满意"，这是对以"目标导向"为理念的依法行政考核的进一步深化和完善。

（2）完善依法行政考评的模式。社会评议的主观评价与内部考核形成呼应，两者耦合，构建起主客观相结合、相互印证的考评模式。首先，考评主体需要多元化，涉及政府、社会公众、第三方组织等，特别是第三方组织的作用和地位需要更加显现，以体现考评的公信力。其次，考评指标体系需要构建主客观指标相结合的体系，客观指标须是"关键性指标"，应摒弃"过程性指标"；主观指标应体现"结果导向"和"公众满意导向"，反映考评的价值理性。再次，考评结

---

① 习近平. 论党的自我革命 [M]. 北京：中央文献出版社、党建读物出版社，2023：78.

果运用须公开化,如此才能体现政府对社会公众期望的回应,符合依法行政考评所蕴含的根本价值。同时,社会公众参与考评是宪法所赋予的"监督权"的直接体现,考评结果运用的公开才能体现考评的权威性和公信力,也是保证社会公众的"监督权"得以实现的最重要途径。这一模式,是对自上而下的内部考核模式的改进完善,将更有利于通过依法行政考评促进法治政府建设的作用,体现依法行政考评的工具理性和价值理性。

(3) 促进法学的跨学科研究,特别是量化法治的研究。依法行政考评社会评议研究,涉及法学、公共管理学、政治学、经济学、社会学、统计学等多门学科,是建立在多学科理论基础上的跨学科研究,有利于多学科结合,充实完善依法行政考评的理论、技术内涵,促进学科之间的交流与发展。其中,社会评议所涉及的相关要素和体系构建,主要围绕依法行政、法治政府两大主题展开,涉及法学基础理论、法治价值内涵等;而利用公共管理学中的政府绩效评价理念,主要是"公众参与"和"公众满意度"理念,可以更好地完善依法行政考评社会评议的理论和方法;指标体系的构建及其实证运用,则充分反映了经济学、统计学在依法行政考评中的应用,是对量化法治研究的深入探讨。这些根基都在于法学、法治政府建设,又通过其他学科理论的介入,为法学研究引入全新研究方法,形成跨学科的研究主题,这在理论层面无疑具有重要探索意义。

(二) 应用价值

本书来源于实践应用,最终也将用于指导实践。通过对 G 省依法行政考评社会评议实践的观察、操作,审视其中存在的不足,为本书的研究提供问题切入口,并最终以解决这些问题为归依,因而对于指导具体实践有很高的应用价值。

一是为政府依法行政考评社会评议工作提供一套科学合理的考评体系。依法行政考评社会评议虽仅为依法行政考评中的一个环节和一项内容,但仍是一项系统工程,科学合理的考评体系有利于发挥社会评议的应有价值和功能。依法行政考评社会评议应以结果导向和公众满意导向为理念,构建组织体系和技术体系。其中,组织体系是核心,明确的评议主体、评议对象、评议流程和评议结果应用,是依法行政考评社会评议具有合法性,以及保证顺利实施和发挥效用的基础。技术体系是关键,科学合理的评议方法、指标体系设置和指标权重分配,是保证依法行政考评社会评议正当性、公信力的前提。此外，还要构建科学合理的评议机制，保障社会评议的顺利运行。包括：组织运行机制、协调激励机制、监督实施机制和运行保障机制。这一体系，可以更好地明确社会评议在依法行政考评中的定位、功能，也更具操作性和实用性，有利于更合理有效地组织社会评议。

二是在"结果导向"和"公众满意导向"下，突破传统的自上而下的内部考评机制，为社会公众"监督权"的实现和"法治政府基本建成"的目标实现提供技术工具和监督机制。一方面，依法行政内涵外延都十分丰富，要在技术上将其量化显然困难重重，但在建成法治政府目标框架下，对这些难以量化的内容进行比较，显得尤为迫切，只有这样才能明了目标的实现程度。而比较的方式最为直观和最可操作的就是将其一定的评价指标予以数量化。具体而言，就是通过将依法行政的内容具体化、数字化，通过内部考核，可以把握各个政府部门对既定目标的完成情况。再通过外部评议，测量社会公众对政府部门依法情况的满意度，形成主观评价与客观考核相结合的考评，保证考评的可操作性。另一方面，通过外部的社会评议，政府成为社会公众评议的对象，这使考评更为开放，体现了"坚持以人民为中心"的思想。社会评议的结果，就是量化了的社会公众的诉求的体现，通过具体数值可以很明显地明白社会公众对政府依法行政的满意情况，而只有让社会公众不断提升满意度，政府的合法性基础才能巩固。

四、核心概念和研究范畴

（一）依法行政与法治政府

2014 年《中共中央关于全面推进依法治国若干重大问题的决定》强调"坚持依法治国、依法执政、依法行政共同推进，坚持法治国家、法治政府、法治社会一体建设"，党的十九大、二十大对此予以再次强调。其中，依法行政和法治政府是关键，亦是本研究的核心。

在我国，依法行政与法治政府是一对既有关联又有区别的关乎法治建设的核心概念。从时间轴上看，依法行政是最早被认识和贯彻的法治概念。1993 年 3 月第八届全国人大一次会议上的政府工作报告提出"各级政府都要依法行政，严格依法办事"，"依法行政"的概念和理念在国家政府文件中正式被提出，并且在1997 年党的十五大上被确定为"依法治国"的核心内容。1999 年国务院颁布的《关于全面推进依法行政的决定》再次强调"依法行政是依法治国的重要组成部分，在很大程度上对依法治国基本方略的实行具有决定性的意义"，并对"依法行政"的具体内容和要求做了规范，由此"依法行政"由理念转为全国法治建设的具体实践和要求。"法治政府"的概念和理念，则是在"依法行政"提出十一年后的 2004 年 3 月第十届全国人大二次会议上提出，并在随后印发的《全面推进依法行政实施纲要》中明确"全面推进依法行政"的目标就是"建设法治政府"。也就是说，两者虽然时间顺序有先后，但都归结为"建设法治政府""法治政府基本建成"。从逻辑内涵上看，依法行政就是行政机关行使行政权力、管理公共事务必须由法律授权并依据法律规定，法律是行政机关据以活动和人们对该活动进行评价的标准。① 这就要求行政权力主体必须依据法律、法规取得、行使行政权力并对行使权力行为承担法律责任，具体包括：职权法定，权责统一，依程序行政，违法行政必须承担法律责任。② 也就是说，依法行政本质是依法规范、约束行政权力，重在治官治权。③ 法治政府，简单地说就是政府权力的运行必须遵照法治原则，在法治框架下运行。狭义上，依法行政的政府就是法治政府，体现为政府的"守夜人"消极角色；广义上，不仅要求政府依法行政，不侵害相对人的合法权益，还要求成为"服务型政府"，积极地为公民和社会各种主体提供支持帮助。④《中共中央关于全面推进依法治国若干重大问题的决定》就把法治政府定义为"职能科学、权责法定、执法严明、公开公正、廉洁高效、守法诚信的法治政府"。这些指向法治政府内涵的三个层面，首先是政府的设置由法律规定；其次，政府的权力由法律赋予并受法律规范和约束，不能乱作为，也不能不作为，正所谓"法无授权不可为，法有授权必须为"；再次，法治政府

① 应松年. 行政法学新论 [M]. 北京：中国方正出版社，1998：43-50.
② 王连昌. 行政法学 [M]. 北京：中国政法大学出版社，1997：21-23.
③ 杨宝国. 依法行政理念的升华 [J]. 长白学刊，2010（5）：92-95.
④ 莫于川. 建设法治政府和服务型政府的基本路向——透视地方行政改革创新经验 [J]. 社会科学研究，2010（2）：96-103.

必须处理好政府与市场、社会、公民的关系，法治政府不是全能政府，而是有限政府；最后，法治政府必须对自己的行为负责。显然，广义上，法治政府的外延比依法行政范围更大、内涵更丰富，两者相比较，依法行政更为具体，操作性更强，法治政府更为宏观，目标导向性更强。但在我国"强政府—弱社会"的文化传统的背景下，建设法治政府的核心更在于行政机关及其工作人员依法行政，尤其在行政决策、行政立法、行政执法上要依法而为，这是法治政府建设的关键环节、关键内容。因此，抓政府依法行政，就是抓住了法治政府建设的痛点，是通过具体手段实现宏观目标的途径，两者有着内在的一致性。所以，从中央到地方强调通过依法行政考评，推进法治政府建设，成为逻辑必然。

（二）依法行政考核与依法行政考评

在我国，全面依法治国的基础在于法治政府建设。从根本上说，法治政府的理论和实践源于西方，法治政府的建成是一种自然演进过程。改革开放后，我国才开启了与西方发达国家法治政府建设截然不同的路径——"政府推进型"建设模式。广义上说，法治政府建设是组织建设的类型之一。根据激励原理，有组织就有考评，考评是组织管理的内在要求，法治政府建设亦然。因此，为了监督行政机关的行政行为依法进行，依法行政考评应运而生。

实践中，衡量政府机关依法行政情况的工具在正式文件中使用较多的表述是"依法行政考核"，"考核"具有考察、核实之意，是借鉴政府目标责任制考核的成功经验，而推行的政府内部自上而下的考核机制，其核心就是要考察核实下级政府机关对既定的依法行政目标的完成情况。体现了上级政府对下级政府机关的过程性控制，形成了压力传导机制，为推进依法行政、建设法治政府起到了积极的作用。但是，不可忽略的是，这一模式难免有"自娱自乐"之嫌。为此，近年来，部分地方政府的依法行政考核引入了外部的社会公众参与考核，有些地方甚至要求外部社会评议的分值占比不得低于20%。虽然在一定程度上，这缓解了纯粹的内部考核带来的公信力不足的问题，但是由于公众参与的被动性和表面化，其并不能完全体现依法行政考评所蕴含的法治价值追求。为此，本书特别强调要从"依法行政考核"转型为"依法行政考评"。"考评"所体现的则既包括上级对下级"考核"的内涵，也包括行政系统内部下级对上级的评价、评议，还包括行政系统外部主体对行政机关的评价、评议。换句话说，"依法行政考评"的表述，意指"考核"与"评议"之意，既表达依法行政的"目标考核"功能，即考察核实下级政府部门对既定的依法行政目标的完成情况，也要表明依法行政考评具有政府系统外部的社会公众参与评价与评议之意。进一步地，依法行政考核是政府系统内自上而下的内部考核，但法治政府建设本质上是开放性的，不仅是政府内部的事，也关乎全体社会公众切身利益，因此衡量政府依法行政与否，也要有社会公众的声音，要让社会公众参与其中，对政府的行政行为进行评议。因此使用"依法行政考评"的表述更能全面反映其应有之义。但为保持内容的一致性，本书不对"考核"或"考评"作严格区分。

（三）内部考核与社会评议

我国的法治化运动是在国家"上层建筑"的推进下启动和进行的，政府是法治化运动的主要推动力和执行者，法治目标主要是在政府的目标指导下设计形成的，是"人为"建构的，法治化进程及其目标任务主要是借助和利用政府所掌握的本土政治资源完成的。① 这便是对东方法律主义中国发展路径的基本描述，即"政府推进型法治建设模式"。从地方依法行政考评的制度设计和实践看，考评的内容和指标实质上是对《全面推进依法行政实施纲要》《关于加强法治政府建设的意见》《法治政府建设实施纲要》等有关文件的具体落实，据此而层层开展的依法行政考评，则体现为政府系统内部自上而下的行政工作。将考评结果作为政府领导班子、领导干部综合考核评价的重要内容和奖励或处罚的依据，并且将"一把手"作为推进法治建设第一责任人，② 是其显著特征。自上而下的内部层层考核，有利于调动各种行政资源来进行考核工作，从而令考核工作本身在上级政府重视的情况下能够具有比较高的效率，③ 凸显了内部考核的重要性。依法行政考评体系建构必须基于中国政治现实，这与我国具有强大的政治资源相适应，

---

① 郭学德. 试论中国的"政府推进型"法治道路及其实践中存在的问题 [J]. 郑州大学学报（哲学社会科学版），2001（1）：20-25.

② 2016 年国务院印发《党政主要负责人履行推进法治建设第一责任人职责规定》，明确指出"党政主要负责人作为推进法治建设第一责任人"。

③ 郑方辉，冯建鹏. 法治政府绩效评价 [M]. 北京：新华出版社，2014：63.

符合行政管理的一般原理。技术上，对各类指标数据、资料的考察、核实，易于使考核量化，彰显其"客观性"和"科学性"，因而备受欢迎。一方面，上级政府可以直观地掌握考评对象的法治政府建设情况；另一方面，考评对象也可以对标开展工作，使工作更具方向性。这无形中就犹如经济建设指标 GDP 一样，内部考核的结果也成为了衡量考评对象法治建设的政绩指标。正因如此，实践中就出现了追求上级政府制定的目标的实现的现象，实现这一目标成为考评对象的核心利益，进而演变成为考评对象的"政绩"。从公共选择理论看，政府及其官员都具有"经济人理性"，谋求利益的最大化、责任的最小化；从依法行政考评看，就是要谋求考评结果的最优化，使其拥有优异的"政绩"。但也不难看出，这一单纯的内部考核，违背了法治的根本内涵，也会导致法治政府建设的功利性。

社会评议则是与政府内部考核相对应的外部评议，这里的社会与政府系统相对，指政府系统以外的广泛公众、组织、群体，所以这里的社会评议广义上既包括除政府以外的社会主体自行展开的、针对法治政府建设和政府依法行政情况进行的考评，也包括在政府主导下，邀请（或委托）相关社会公众参与的评议。基于我国现阶段的实践情况，本书所指的社会评议，指的是在依法行政考评中，除了体制内的考核之外的社会公众参与评议的环节，是政府主导的依法行政考评的有机组成部分。基于政府的主导地位，社会公众参与其中，处于从属地位，尚未有其他决定性的权力，并且对考评过程和结果并无主导权，社会公众参与该环节仅是对法治政府建设和政府依法行政情况的评论，通过相关的问卷或访谈将评论意见反馈到依法行政考评主导者手中。实践中用于表达衡量政府法治建设活动较多的是"评价""评估"，体现的是"评价"或"评估"者的主体及主导地位。因此，基于对社会公众在依法行政考评中地位的界定，本书认为用"评议"更为恰当，体现的是社会公众在依法行政考评中的参与权、表达权的行使。同样，为保持内容的一致性，对于有关文件、研究文献关于"评价""评估"等相关表述，本书予以沿用，与"评议"不做严格区分。

（四）公众参与与公众满意度评价

公众参与体现民主的核心价值。一般情况下，公众参与指向的是政治参与，其内涵是通过参与影响政府决策，以使参与主体的利益在政府决策中获得最大化。从参与方式上看，最为典型的有投票选举、关键公众接触（也叫征求意见会）、公民大会、咨询委员会、公民调查、协商斡旋、市民热线电话、公开听证、网络投票等。在依法行政考评社会评议中，公众参与并不是严格意义上的政治参与。其在实践中表现为公民（公众）调查中的一种形式，且为事后主观调查，属于有限参与。参与的公众主要担当"消息供给者"的角色，至于是否实施评价，对哪些部门或项目实施评价，民意评价应占多大权重，多长时间进行一次公民评价，社会公众基本上没有发言权。① 但与封闭的内部考核相比，社会评议为公众表达其对政府依法行政情况的诉求与意见，提供了可行路径，并成为依法行政考评结果的重要组成部分，可形成对政府及其工作人员的外部刺激或压力，进而也可影响政府的行政行为，从而促进公共政策及政府行为更符合社会公众的需求。因此，依法行政考评中的公众参与和一般意义上的政治参与，具有异曲同工之妙。

公众参与的方式及过程多种多样，在我国依法行政考评实践中，公众满意度评价构成公众参与依法行政考评的重要方式。公众满意度缘起于顾客满意度，是人的一种感觉状况水平，是在人们比较期望与现实状况后的感觉，表现为期望与现实状况的比值。就依法行政考评而言，公众满意度是指公众对政府依法行政效果的感知与他们的期望值相比较后形成的一种失望或愉快的感觉程度的大小。② 开展公众满意度评价，就是要对这种感觉程度的大小进行测量。开展公众满意度评价，就是要从社会公众的角度去评判政府依法行政的成效，指向的是最终结果，具有结果导向。虽然公众满意度是建立在主观感受的基础上的情感反应，与个人的体验、经历息息相关，受个体的价值判断影响较大。但是作为政府依法行政效果的最终感受者和直接受影响者，数量众多的社会公众参与评价，是可以较好地反映政府依法行政成效情况的。③

---

① 周志忍. 政府绩效评估中的公民参与：我国的实践历程与前景 [J]. 中国行政管理，2008 (1)：111-118.

② 南剑飞. 试论顾客满意度的内涵、特征、功能及度量 [J]. 世界标准化与质量管理，2003 (9)：11-14.

③ 孟涛. 论法治评估的三种类型——法治评估的一个比较视角 [J]. 法学家，2015 (3)：16-31, 176.

（五）工具理性与专家评议

从根本上看，依法行政考评服务于法治政府建设，是法治政府建设成效的量尺和晴雨表，具有工具理性。一方面，依法行政考评是推进法治政府建设的工具。从当前的制度设计和实践看，依法行政考评是典型的自上而下的制度性进路和目标导向模式。这一模式，以政府为主导，通过行政化的手段推动考评，考评的指标则是将政府法治职能进行细化、分解，从而使内涵丰富的"法治"得以具象化，体现工具理性。这有利于引导和预测下级政府依法行政的重点和方向，①成为下级政府法治建设的"施工图""进度表"。从考评的角度看，依法行政考评结果量化，通过多年的积累，可以为政府提供纵向上多年的历史数据，从而有助于把握发展政府建设的进度；同时，通过多个地方的横向相互比较，可以为本地政府掌握自身的法治政府建设成绩与其他地方的差距，为法治政府建设提供直观、可比性的参考值，从而形成"比学赶超"的良性互动。另一方面，为社会公众有序参与提供了有效渠道，依法行政考评外部评议以公众满意度评价为主，每个人无须借助知识技能都可以作出他的判断，因而实施满意度测量，十分有利于一般公众参与到依法行政考评社会评议中来，为扩大公众有序参与打开了有效渠道，成为社会公众知情权、参与权、表达权、监督权实现的有效路径。并且社会评议是外部评议，可以形成外部压力或刺激，促使政府更为注重其行为的公共性、满足社会公众的诉求。

本书所指的专家，属于社会公众的范畴，但又与普通社会公众相对，泛指那些掌握专业技能，并且能够公正、正确、聪明地判断或者决策公众或者同行所赋予其的在某一特定领域的地位和权威。② 在依法行政考评社会评议中，因为依法行政的专业性、封闭性，以及依法行政考评及社会评议的技术性、实践性，那么要能在其中担当专家角色，既需要具有丰富实践经验，对政府行政的操作方式较为熟悉的人，也需要对政府公共行政、依法行政、政府考评等有深入研究、掌握一定理论、具有实践经验的人，这些如"两代表一委员"（指党代会代表、人大

---

① 张渝田. 建设法治政府机制研究 [M]. 北京：法律出版社，2011：66-67.
② 徐文新. 专家、利益集团与公共参与 [J]. 法律科学，2012（3）：47-59.

代表和政协委员）、司法和法律工作者、政府相关工作人员、法学或法律研究者，他们因为正在从事相关工作，或经常接触相关工作，或进行相关研究，对政府行政工作比较熟悉，能够作出理性判断，相对于普通社会公众而言，即视为"专家"，还有就是相关的研究者。

综合而言，考评体现工具理性，成为促进法治政府建设的手段。但是，这一工具、手段能否达到目的，需要专业的、技术性的操作，专家评议则为此提供了技术支撑。所以说，工具理性是考评的内在追求，而通过专家参与评议，可为这一工具目的的实现提供理性支持，更能彰显考评的工具理性。

五、文献综述

以史为鉴，才可开创未来。为此，本研究着力对前人关于法治政府与法治评价，依法行政考评及其社会评议研究，主观评价与公众满意度评价、专家评议等相关研究进行文献挖掘，以期从中发现问题，为本研究找寻突破口。

（一）关于法治政府理论的研究

法治政府的理论和实践源于西方，在不同的历史阶段所呈现的具体形态不一样。从其演变过程看，不管处于哪个阶段与何种形态，其都与当时的经济、文化发展水平，与各国的基本政治制度紧密联系，[1] 离不开具体的世情、国情、社情、民情，具体目的也各有差异。关于法治政府的研究有较多成果，但对于什么是法治政府，尚未有统一意见。

西方国家对法治政府的理解定位于依法行使政府权力，即通过法律限制政府权力，以保障公民权利。程燎原教授对西方学者关于法治政府的定义进行了归纳，他认为关于法治政府的解释主要集中于三种思想：一是法治政府是依法组成并且依法治理、依法行使政府权力的政府；二是法治政府是三权分立的政府；三是法治政府与保障自由和权利相关。[2] 实际上，早在 2000 多年前，古希腊哲学

---

① 焦洪昌. 宪法制度与法治政府 [M]. 北京：北京大学出版社，2008：11.

② 程燎原."法律人"之治："法治政府"的主体性诠释 [J]. 西南民族学院学报（哲学社会科学版），2001（12）：107-114.

家亚里士多德就指出法治应包含两重意义：已成立的法律获得普遍的服从，而大家所服从的法律又应该本身是制订得良好的法律。①此后，关于法治及法治政府的定义的逻辑基本遵循亚里士多德的这一定义。洛克指出政府所拥有的一切权力只是为社会谋福利，它就不应该专断地、随意地行使这些权力，而必须根据确定的和公布的法律来行使。② 韦德强调政府行使权力的所有行为，即所有影响他人法律权利、义务和自由的行为都必须说明它的严格的法律依据。③ 他还进一步提出了法治政府的四项标准：政府依法行政，政府行使权力的所有行为都必须有法律根据；控制政府的自由裁量权；政府和公民的争议由独立于政府的法院解决；法律必须平等地对待政府和公民。④《牛津法律大辞典》在总结有关法治和法治政府的研究和实践基础上，指出法治政府的定义是"不但指政府要维护和执行法律与秩序，而且政府本身也要服从法律规则，它本身不能漠视法律或为自己的需要而重新制定法律。"⑤

我国对于法治政府的研究成果颇丰，狭义的理解是将法治政府定义为依法律运行的政府，核心要义为依法行政；而广义的法治政府则是透明廉洁、诚信负责和便民高效的政府，不仅发挥规制行政、秩序行政等消极政府功能，也具有行政指导、依法化解社会矛盾等积极维护保障私权利的积极功能。刘旺洪认为，法治政府体现了现代政府理念、制度架构和权力行使方式的根本性转变。⑥ 杨宝国认为法治政府有静态和动态两层含义，政府职能要明确、有限并受法律的制约，行政权力运行机制要完善、规范。⑦ 杨小军指出，法治政府是一个法律概念，也是一个法学概念，它不是政治（学）概念或管理（学）概念，与其他类型政府之

---

① ［古希腊］亚里士多德著，吴寿彭译．政治学［M］．北京：商务印书馆，1965：199.

② ［英］约翰·洛克著，杨思派译．政府论［M］．南昌：江西教育出版社，2014：190.

③ ［英］威廉·韦德，徐炳等译．行政法［M］．北京：中国大百科全书出版社，1997：25-27.

④ ［英］威廉·韦德，徐炳等译．行政法［M］．北京：中国大百科全书出版社，1997：1.

⑤ ［英］戴维·W. 沃克著，李双元译．牛津法律大辞典［M］．北京：法律出版社，2003：991.

⑥ 刘旺洪．论法治政府的标准［J］．政法论坛，2005（6）：160-166.

⑦ 杨宝国．依法行政理念的升华［J］．长白学刊，2010（5）：92-95.

间不具有必然的包含关系和对应关系。① 郑方辉、尚虎平指出我国法治政府建设主要体现于三个层面：执政党依法执政、政府依法行政、公民依法参与国家管理。② 基于对法治政府的认识，不少学者还对法治政府的标准提出了自己的见解，例如，李步云提出十条标准：法制完备、主权在民、人权保障、权力制衡、法律平等、法律至上、依法行政、司法独立、程序正当、党要守法。③ 我国法治政府的提出历经"依法办事""行政管理法制化""依法行政"三段历史渊源。依法行政是法治政府的核心内涵，④ 从现阶段来看，法治政府应努力做到成为一个"依法律运行的政府"，在法治的框架下，"政府应该做什么、不应该做什么"的边界由法律和制度界定。⑤

（二）关于依法行政理论的研究

依法行政是现代法治国家所普遍遵循的原则，是行政法治语境下的法律概念，其理念渊源为法律之下的行政。由于体制机制和法律体系、法律文化等影响因素差异，西方各国对依法行政的称谓提法、制度构建和理论观念理解亦存在较大差异。例如，德国称之为"依法行政"，法国称之为"行政法治"，美国将依法行政包括在"法治"原则之内，日本则称之为"依据法律行政"或"法治行政"，等等。袁曙宏等将西方国家依法行政的共同演变趋势概括总结为：一是依法行政的范围逐步扩大；二是依法行政的价值取向趋于权利保护和公益维护并重；三是依法行政的程序逐步走向法治化；四是依法行政的手段多样化；五是依法行政的救济体系日趋完备。⑥ 西方法治国家的依法行政主要以"权力分立"与

---

① 杨小军. 论法治政府新要求 [J]. 行政法学研究, 2014 (1)：42-47.

② 郑方辉, 尚虎平. 中国法治政府建设进程中的政府绩效评价 [J]. 中国社会科学, 2016 (1)：117-139, 206.

③ 李步云. 论法治 [M]. 北京：社会科学文献出版社, 2008：9.

④ 郑方辉, 冯健鹏. 法治政府绩效评价 [M]. 北京：新华出版社, 2014：30-32.

⑤ 郑方辉, 邱佛梅. 和谐共建视角下的法治政府与法治社会关系 [J]. 法治社会, 2017 (3)：7-15.

⑥ 袁曙宏, 赵永伟. 西方国家依法行政比较研究——兼论对我国依法行政的启示 [J]. 中国法学, 2000 (5)：113-126.

"国民主权"理论作为基调，实质上就是"法治主义"原理在行政法上的一个平面投影。①

中国的依法行政研究具有典型中国特色，比西方国家提出的概念内容更加广泛。学术界达成共识的观点认为，依法行政的基本内涵大致包括以下几点：第一，行政机关是依法行政的主体；第二，依法行政的"行政"，是对行政权力的行使以及行政管理活动；第三，依法行政所依之"法"，是法律、行政法规、地方性法规和规章；第四，依法行政的内容包括法律授权与依据法律；第五，对行政机关是否依法行政必须加强监督；第六，依法行政的目标是保障公民权利。②概括而言为，职权法定、法律保留、法律优先、依据法律和权责统一，所要解决的根本问题是政府与人民、行政权与法律、行政机关与权力机关之间的关系。③就中国依法行政的现实问题而言，鲁鹏宇以立法、行政、司法的功能分担为视角，分析了我国依法行政的制度框架的问题：一是法律保留原则的虚置导致立法机关控制机能不足；二是行政立法的膨胀导致行政脱法律化现象严重；三是行政裁量的扩张导致司法机关合法性判断的困境。④公众参与是解决依法行政合法化危机的重要途径，有学者认为，在当代行政的现实情境中面临合法化能力的匮乏，需要引入"通过理性的合法化"模式和"通过参与的合法化"模式拓展依法行政的合法化逻辑。⑤朱晓明提出，地方政府依法行政缺乏"自主型""压力型"动力，激励机制未有效激活，制约机制运行不畅，建议建构以地方政府依法行政为主要指标的政府绩效考核体系，⑥孙洪敏也提出应当将依法行政纳入政府绩效管理。⑦由此可见，依法行政考评作为内压型动力推动着地方政府实现依法行政。

---

① ［日］藤田宙靖. 行政法（第三版）［M］. 东京：青林书院，1995：49.
② 应松年：《我国依法行政的基本理论》，见应松年、袁曙宏. 走向法治政府：依法行政理论研究与实证调查［M］. 北京：法律出版社，2001：172-182.
③ 应松年. 依法行政论纲［J］. 中国法学，1997（1）：29-36.
④ 鲁鹏宇. 法治主义与行政自制——以立法、行政、司法的功能分担为视角［J］. 当代法学，2014（1）：21-29.
⑤ 王锡锌. 依法行政的合法化逻辑及其现实情境［J］. 中国法学，2008（5）：63-76.
⑥ 朱晓明. 地方政府依法行政的动力机制研究［J］. 行政论坛，2013（2）：81-85.
⑦ 孙洪敏. 将依法行政纳入政府绩效管理［J］. 南京社会科学，2015（1）：13-21，36.

（三）关于法治政府评价的研究

1. 法治政府评价的实践

法治评价的实践与研究兴起于西方发达国家，最具代表性的有世界银行全球治理指标体系，世界正义工程法治评价指标体系，联合国法治指标项目等。其中，世界银行的全球治理评价自 1996 年起，通过对世界各国的企业、市民、专家、思想库、非政府组织和国家组织的调查获取各领域的治理数据源，涵盖了言论自由与责任、政治稳定与消除暴力（恐怖主义）、行政效能、监管质量、法治、腐败控制等六项综合指标，评价覆盖了全球 200 多个国家和地区。世界银行的研究报告认为，这一指数构成国家无形资产的重要组成部分。① 世界正义工程中的"法治评价指标体系"是基于独立的非政府组织的法治评价活动，评价体系涵盖了限制政府权力、消除腐败、秩序与安全、权利保护、透明政府、政令执行六个方面，至今通过对世界上上百个国家和地区的法律制度按照一定的指标进行评价作出全球"法治 GDP"排名。② 联合国的法治指标项目的评价对象是以监狱和警察机关为主的执法机关，评价体系涵盖绩效，廉洁、透明和问责，对待弱势群体的态度、能力等四个维度。联合国的研究报告指出，这一指数是国家政治稳定的主要参数。③

2. 依法行政考评的研究与实践

依法行政考评是法治政府评价的重要类型之一。在我国法治（政府）评价实践中，依法行政考评为其核心，根本原因在于法治政府的核心要素是依法行政，判断法治政府的关键是要看是否符合依法行政的基本要求。④ 依法行政是建成法

---

① 周云飞，周云章，潘鑫. 公共治理评价指标：国际组织的实践及对我国的启示 [J]. 理论导刊，2009（1）：19-21.

② 参见 http://worldjusticeproject. org/rule-law-around-world。

③ 郑方辉，黄怡茵. 法治政府评价的国际经验 [J]. 华南理工大学学报（社会科学版），2016（3）：53-62.

④ 申欣旺，马怀德. "法治 GDP"：新的政绩观 [J]. 浙江人大，2008（4）：29-30.

治政府的必由之路和核心特征，是我国法治政府建设过程中最早被认识、被承认的要求。① 所以狭义上被认为依法行政的政府就是法治政府。因此，过去 20 多年来，依法行政考评成为推进我国法治政府建设的重要抓手。

诸多研究认为，当前的依法行政考评是一种目标考核，与我国的压力型体制息息相关，彰显了我国行政体制的科层优势，有利于贯彻落实上级政府的目标要求，起到导向、激励、监督和优化的作用。② 袁曙宏指出，通过考评可以对各级政府和部门的依法行政水平进行排序，从而起到激励先进、鞭策后进的作用。③ 马怀德认为，从制度设计看，上级政府是考评主体，考评结果将与考评对象的政府领导班子和领导干部综合考核评价挂钩，与考评对象奖励或处罚挂钩，具有评价功能、考核功能和引导功能，可以有效解决法治建设动力的问题，④ 这种模式以中央和地方党政部门为主导，通过行政化的手段组织实施法治政府评价工作。⑤ 体现了"压力型"体制的优势。因此郑方辉就认为，依法行政考评成为一种以微观手段驱动法治政府建设的政府宏观目标实现的手段。⑥ 但其发轫于企业的目标责任制考核，当前的"依法行政考核"基本上离不开国务院颁布的相关文件的框架和内容，是一种典型的自上而下的制度性进路和目标导向的法治政府评价模式。⑦ 付子堂就指出，其本质决定了它的重点在于把政府的法治建设工作按照各个职能部门的职责对其进行分解、分工、落实和管理，使之具体化，而履行职责的效果并非现有评价的重点。⑧ 这反映了当前考评的管控思维和工具主义倾

① 郑方辉，冯健鹏. 法治政府绩效评价 [M]. 北京：新华出版社，2014：1.
② 谢能重，周礼仙. 法治政府建设进程中的依法行政考评 [J]. 华南理工大学学报（社会科学版），2016（3）：63-70.
③ 袁曙宏. 关于构建我国法治政府指标体系的设想 [J]. 国家行政学院学报，2006（4）：12-14，62.
④ 马怀德. 法律实施有赖于"法治 GDP"的建立 [J]. 人民论坛，2011（29）：8-10.
⑤ 蒋立山. 中国当前法治指数设计的理论问题 [J]. 法学家，2014（1）：1-18，175.
⑥ 郑方辉，尚虎平. 中国法治政府建设进程中的政府绩效评价 [J]. 中国社会科学，2016（1）：117-139，206.
⑦ 谢能重，周礼仙. 法治政府建设进程中的依法行政考评 [J]. 华南理工大学学报（社会科学版），2016（3）：63-70.
⑧ 付子堂. 地方法治建设及其评估机制探析 [J]. 中国社会科学，2014（11）：123-143，207.

向，甚至出现了考评权力异化、人身依附制度化、公众参与表面化、考评结果唯"数量化"等问题，背离了法治的基本理念。① 因此，不少学者呼吁要改变当前的考评模式，提出要实施社会评议，扩大公众参与。黄涧秋认为引入社会公众评议可以提高依法行政考核的公信力，社会评议的结果比纯粹的政府自查自评更为客观公正，更有说服力，因而可以提高依法行政考评的公信力和证成法治政府建设的合法性。② 周实也认为，政府以服务为宗旨，服务行政的好坏理应取决于作为服务对象的公民满意与否，因此政府行政评价制度应确立服务理念，允许公众的有效参与，建立起"公众—政府"双向互动的回应机制。③ 王珊指出，在考评指标中植入民意基因增强了指标体系的公正性、权威性和说服力，并起到了监督作用，避免依法行政指标政绩化、官僚化。④ 谢能重认为法治政府是民主的政府，应开放依法行政考评，引入必要的公众参与。⑤ 伍梅指出公众参与考评既是一个民主的过程，也是一个自我管理的过程，只有让公众亲自参与公共政策的制定与执行过程，政府才能真正了解并回应人们的社会诉求。⑥ 归结而言，依法行政考评中的公众参与使得公众成为评判政府依法行政工作成效的主体，从实质上加大了政府工作的外部监督作用，最终保证依法行政工作通过充分回应民意而获得合法性。⑦ 从实践看，学者们的这种呼声得到了响应，不少地方的依法行政考评设置了社会评议环节，为社会公众参与评价提供了制度路径。

3. 社会评议的方法论研究

社会公众作为政府系统的外部主体，无法参与政府的内部运行，加上政府信

① 谢能重. 依法行政考评：变迁、功能与转型 [J]. 法治社会，2017 (1)：38-48.

② 黄涧秋. 国务院《纲要》框架下的依法行政考核 [J]. 中共南京市委党校学报，2014 (4)：76-83.

③ 周实. 行政评价法制度研究 [M]. 沈阳：东北大学出版社，2008：112.

④ 王珊. 依法行政考核指标体系的构建 [D]. 广西师范大学，2012.

⑤ 谢能重，周礼仙. 法治政府建设进程中的依法行政考评 [J]. 华南理工大学学报（社会科学版），2016 (3)：63-70.

⑥ 伍梅. 和谐社会视野中依法行政的法理思考 [J]. 云南行政学院学报，2007 (4)：106-109.

⑦ 黄涧秋. 国务院《纲要》框架下的依法行政考核 [J]. 中共南京市委党校学报，2014 (4)：76-83.

息公开不一定充分，更加无法对政府行为予以客观评价，因此主观评价成为社会公众参与依法行政考评的基本范式，又以公众满意度评价为主。公众满意度评价是主观评价的方式之一，居于主观评价的核心地位。在相关研究中二者相辅相成、交织呈现。关于针对政府及其提供的公共服务的公众满意度及其评价研究成果主要体现在以下几个方面。

首先，肯定公众满意度评价的作用。第一，通过实证检验认为社会公众有能力评价政府公共服务质量。帕西通过实证调查得到的数据分析认为，公民有认知政府公共服务绩效的能力，公众的评判是基于认知到的公共服务质量作出的。[①]严洁通过实证调查分析，也得出了和帕西类似的结论：公众有能力识别公共服务的实际绩效，公众通过感知得出主观评价的结果，公众评价是可靠有依据的。[②]第二，开展公众满意度评价具有重要的"价值"意义。具体体现为，一方面，周志忍指出开展公众满意度评价可以推进公众对政府的监督，从而提升政府形象和政治合法性，最终形成政府与公民、国家与社会之间的良性互动关系，主要体现为：公民参与的不断扩展与深入反映了价值取向从"政府为中心"到"公民为中心"的转变，评估目标从"内部控制"到"外部问责"的转变，评估主体从技术官僚向大众参与的转变。[③]另一方面，考评主体决定考评公信力，公众满意度评价使社会公众可以成为评议政府依法行政的主体，既打破了政府"自己评自己"的一元考评主体格局，又为社会公众有序参与搭建了有效的桥梁，体现了人民主权的本质内涵和民主价值，可以提高依法行政考评的公信力和证成法治政府建设的合法性。[④]布鲁登尼和英格兰德从"合作生产"的角度分析认为，公众满意度评价是公众表达意愿以及政府了解公众对公共服务需求的重要途径，了解公

① Percy, S. L. "In Defense of Citizen Evaluations as Performance Measures," Urban Affairs Review, 1986, 22 (1).

② 严洁. 公民评价政府绩效的抽样调查设计与可靠性分析——以北京市为例 [J]. 四川大学学报（哲学社会科学版），2010（1）：91-100.

③ 周志忍. 论政府绩效评估中主观客观指标的合理平衡 [J]. 行政论坛，2015（3）：37-44.

④ 黄涧秋. 国务院《纲要》框架下的依法行政考核 [J]. 中共南京市委党校学报，2014（4）：76-83.

众的满意度对综合评价一项公共服务绩效是十分必要的。① 更重要的是，开展公众满意度主观评价有利于与客观指标的评价进行博弈，进而可减少客观指标评价的扭曲风险。② 而为了更好地体现这种博弈价值，不少学者指出公众满意度评价宜采用第三方组织实施的模式。章友德、张伟就指出，从程序上来看，第三方测评更能体现形式正义。③ 而且其具有天然的超然地位，因而考评结果公信力较强。④ 吴涛、梁宁进一步指出，它在一定程度上规避了其他评估模式可能存在的弊端，其独立性、专业性、实用性都更强。⑤

其次，质疑公众满意度评价的合理性。第一，认为公众满意度与政府提供的公共服务质量无关。早在20世纪70年代，斯蒂帕克的研究就发现，服务质量本身并不能对公众主观评价产生显著影响，除非是特别好或是特别差影响才显著，所以他指出主观评价结果不能直接说明服务质量的优劣。⑥ 相关学者以公众满意度为着力点开展实证研究，佐证了斯蒂帕克的结论。如布朗和库尔特通过以"对警察保护的总体满意度"为主题，将实证调查得到的数据进行回归分析发现，公共服务的客观绩效对公众主观评价结果的影响并不显著。⑦ 鲍卡尔特和沃尔认为公众满意与否主要基于其期待和公共服务特征等因素作出，而与服务质量无关，因此优质的服务质量不意味着高的满意度，所以满意度结果不能成为衡量政府

---

① Brudney, J. L. &England, R. E. "Urban Policy Making and Subjective Service Evaluations: Are They Compatible?" Public Administration Review, 1982, 42 (2).

② BAKER G. Distortion and Risk in Optimal Incentive Contracts [J]. Journal of Human Resources, 2002, 37 (4): 728-751.

③ 章友德，张伟. 论依法行政的评估主体选择 [J]. 甘肃联合大学学报（社会科学版），2010 (2): 15-17.

④ 谢能重，周礼仙. 法治政府建设进程中的依法行政考评 [J]. 华南理工大学学报（社会科学版），2016 (3): 63-70.

⑤ 吴涛，梁宁. 浅析依法行政评估主体的选择 [J]. 四川行政学院学报，2015 (3): 43-45.

⑥ Brian Stipak. Citizen satisfaction with urban services: potential misuse as a performance indicator [J]. Public Administration Review, 1979, 39 (1): 46-52.

⑦ Karin Brown, Philip B. Coulter. Subjective and objective measures of police service delivery [J]. Public Administration Review, 1983, 43 (1): 50-58.

"善治"与否的优质指标。① 第二，社会公众评价政府公共服务质量的能力缺乏。有学者指出，由于多数公众缺乏对政府提供的公共服务的亲身体验，那么开展相关的满意度测评的意义将大打折扣。② 彼得斯更是认为社会公众其实也不知道他们对公共服务的期待是什么，因而也不能评判政府的公共服务怎样才算"足够好"。③ 周志忍指出社会公众的能力有限使其对政府公共服务评价具有局限性，主要体现在：一是政府提供的公共服务千百种，公众的体验机会有限；二是政府的公共服务有些涉及复杂的专业知识和技能，公众对其质量的判断能力必然有限；三是基于心理上的"无意识偏颇"，公众评价难以摆脱自身立场做到完全公正客观。④ 曾莉也认为公众的评价能力往往因其在文化水平、价值观念、传统习惯及过去经验等方面的差异而不同，这样就使他们在绩效信息的收集、识别、分析等方面表现出不同的能力，以致评价能力较差的可能无法准确感知实际服务质量，进而使其对同样的绩效信息可能作出不同的评价。⑤ 第三，作为主观评价的公众满意度评价易受外在因素影响，评价结果不科学。陈磊、林婧庭指出，因受评价者的认知、经历、经验所影响，不同的评价主体针对同一内容可能产生迥异的评价结果，加之当前我国普遍存在的评价者素质不高、对政府缺乏信任、民意调查技术不成熟等原因，单纯依据主观指标的评价结果难以保证科学。⑥ 还有学者认为，参与满意度评价的单个公众，往往需要在同一张问卷或网页上针对几十

① Greet Bouckaert, Steven van de Walle. Comparing measures of citizen trust and user satisfaction as indicators of "good governance": difficulties in linking trust and satisfaction indicators [J]. International review of administrative sciences, 2004, 69 (3): 329-343.

② National Center for Public Productivity, Rutgers University. Citizen -Driven Government Performance: Case Studies and Curricular Resources [PDF]. (2003-08-15).

③ [美] B. 盖伊·彼得斯, 吴爱明等译. 政府未来的治理模式 [M]. 北京: 中国人民大学出版社, 2001: 81.

④ 周志忍. 论政府绩效评估中主观客观指标的合理平衡 [J]. 行政论坛, 2015 (3): 37-44.

⑤ 曾莉. 公众主观评价的影响因素研究述评——兼谈参与式政府绩效评价的进路 [J]. 华东理工大学学报 (社会科学版), 2013 (1): 96-103, 110.

⑥ 陈磊, 林婧庭. 法治政府绩效评价: 主客观指标的互补互证 [J]. 中国行政管理, 2016 (6): 16-21.

个工作部门的若干项考核指标进行打分，对于该公众来说，该项工作实在是过于繁重，而且该公众一般只和少数几个部门打过交道，还面临着严重的信息不对称问题，最终的结果就是导致打分的随意性。①

再次，实证检验影响公众满意度的因素。一方面，关于政府公共服务特征对公众满意度的影响，早在 20 世纪 70 年代末，斯蒂帕克就在纽约大都会区开展了个案实证研究，最终认为政府的服务特征对社会公众的评议影响不显著。② 布朗和库尔特也开展了类似的调查，通过数据分析表明警察保护服务的客观绩效并没有对公众的满意度产生显著影响，反而"与警察的交往经历"对公众主观评价的影响至关重要。③ 他们认为社会公众对政府服务的质量有着不同的看法，他们的评价是基于个人期待和服务特征等综合因素作出的，服务质量与公众满意度之间没有必然的因果关系。④ 但也有学者认为存在相关性，如范瑞兹等人通过实证测量，认为社会公众的主观评价与政府在街道卫生服务方面的绩效上存在显著相关。⑤ 另一方面，关于非服务特征对公众满意度的影响，黄涧秋认为理论层面的公众参与者代表性、集体无意识、动力、效力、形式主义等问题和操作层面的公众参与者遴选、代表性、与考核内容相关性、意见征集程序、分值计算方法、社会成本等问题，都会对最终的测量结果产生影响。⑥ 郑方辉等通过针对广东省的

---

① 黄涧秋. 国务院《纲要》框架下的依法行政考核 [J]. 中共南京市委党校学报，2014（4）：76-83.

② Briall Stipak. Citizen Satisfaction with Urball Services: Potential Misuse as a Performance Indicator. Public Administration Review, 1979, 39 (1).

③ Karin Brown, Philip B, Coulter. subjective and Objective Measures of Police Service Delivery. Public Administration Review, 1983, 43 (1).

④ 曾莉. 公共服务绩效主客观评价的一致性论争：来自不同的声音 [J]. 东南学术，2013 (1)：56-64.

⑤ VAN RYZIN G, STEPHEN I. Measuring Street Cleanliness: A Comparison of New York City's Scorecard and Results from a Citizen Survey [J]. Public Administration Review, 2008, 68 (2).

⑥ 黄涧秋. 国务院《纲要》框架下的依法行政考核 [J]. 中共南京市委党校学报，2014 (4)：76-83.

实证研究，认为地区 GDP 和人均 GDP 对法治政府绩效满意度存在较强的正相关。① 陈磊、唐霄等人经过在广西的实证调查，也有类似的结论，同时他们还发现公众的背景特征如性别、年龄、职业等与公众满意度评价结果有相关性。②③诸如此类，还有少数相关研究有类似的观点，如付景涛、曾莉以珠海市"万人评议政府"为个案实证分析发现，体制内主体的打分高于体制外主体，评议主体和评议对象相匹配的一致性程度与评议得分呈正相关。④

关于专家评议，现有研究成果较少，仅有部分研究者提及了其中的意义。郑方辉、尚虎平在法治政府评价中引入政府绩效评价理论，构建了针对客观指标评价、专家评议、公众满意度评价相结合的法治政府绩效评价指标体系。他们指出：专家评议指向专业性较强的内容，是法治评价不可或缺的方式。⑤ 陈磊、林婧庭从主观评价有效性的视角，指出主观评价的科学性，须依赖评议主体具有专业理性，社会具有较高的开放度等前提条件，因此需要专家评议与公众满意度调查相融合。⑥ 何志强简要分析了在主观评价中专家评议与公众满意度的关系，认为两者是构建法治政府主观评价的指标体系不可或缺的部分。⑦

（四）文献简评

从现有文献看，学者们指出的法治评价中的问题，切中要害。有对政府内部自己评价自己的批评，也有对相关评价指标设置不科学、评价沦为上级政府控制

---

① 郑方辉，周礼仙. 经济发展能提升法治政府建设绩效吗——基于 2016 年广东省的抽样调查 [J]. 南方经济, 2016 (11)：113-124.

② 陈磊. 法治政府绩效满意度实证研究——基于 2014 年广西的抽样调查 [J]. 学术论坛, 2016 (5)：115-121, 148.

③ 唐霄，李春毅. 经济发展与法治政府绩效评价的关系 [J]. 社会科学家, 2016 (6)：57-60.

④ 付景涛，曾莉. 对主观型政府绩效评估结果的统计分析——以珠海市"万人评议政府"为个案 [J]. 学术论坛, 2010 (2)：34-38.

⑤ 郑方辉，尚虎平. 中国法治政府建设进程中的政府绩效评价 [J]. 中国社会科学, 2016 (1)：117-139, 206.

⑥ 陈磊，林婧庭. 法治政府绩效评价：主客观指标的互补互证 [J]. 中国行政管理, 2016 (6)：16-21.

⑦ 何志强. 法治政府绩效评价指标体系研究 [D]. 华南理工大学, 2016.

下级政府机关的工作的批评，但是归结而言，这些都是技术上的问题，是可以解决。而对法治评价的批评的真正要害在于法治、法治政府、依法行政是有着丰富的内在价值蕴含的，而这种内在价值不是只通过简单的量化就可以衡量的。虽然如此，从世界范围内的法治评价和国内法治评价、依法行政考评的实践看，支持开展法治评价、法治政府评价、依法行政考评还是主流。

具体到依法行政考评，通过考评这一手段，政府依法行政的目标和任务得以分解、细化和量化，其成为衡量和推进政府依法行政的重要工具，对推进法治政府建设、全面落实依法治国基本方略起到了重要作用。现有的研究说明，我国的依法行政考评，主要是地方政府的依法行政考评，以党中央、国务院的相关法治政府建设实施纲要、依法行政实施纲要、意见为指导，是一种目标导向下的考核，强调法治政府建设过程的成效，强调对上负责的理念。该考评理念和考评模式很好地发挥了我国的体制优势，对推进法治政府建设起到了积极的作用。但是，这种自上而下的体制内考评在理论与实践中存在着一定的弊端。正是基于此，学者们对社会评议寄予厚望。综合来说，研究者充分肯定了社会公众参与依法行政考评的意义，并将之视为公民有序政治参与的重要途径，凸显了社会评议的民主性，符合法治政府建设的内在要求。

综合分析现有的文献，我们认为当前的研究还存在一些不足：一是注重对实践的归纳总结，缺乏深度的理论分析。现有的研究，主要集中于对中央、地方相关文献的研究总结，和对地方具体实践的归纳，停留于对现状的描述，然而对依法行政考评社会评议的相关理论缺乏深入探讨。二是注重对社会公众作为评议主体参与依法行政考评的价值的探讨，但是缺乏对社会评议的体系，包括组织体系、技术体系的研究。三是对公众参与的研究聚焦于公众满意度调查，但是对于依法行政专业性与公众参与的大众性存在冲突的研究较少，尤其是对如何避免这种冲突没有提出有效的解决办法，有的研究提出了"专家参与"，但并未就此进行深入阐释，仅停留于概念和价值分析层面。

综上所述，依法行政考评及其社会评议对于加快法治政府建设所具有的作用已被大家所普遍认同。随着我国依法治国进入新的阶段，公民的权利意识增强，社会公众对参与国家和社会管理的愿望越来越强烈，而如何保证公众参与的民主性与科学性，成为重要内容。因而对该问题进行深入研究势在必行。

六、研究方法

(一) 规范分析法

规范分析方法在社会科学研究中经常被使用到，主要是通过分析，抽丝剥茧，以发现并解决"应该是什么"，而对发现的问题要作出"应该怎样"的措施建议，这是"应然"层面问题，主要涉及价值判断和逻辑推理两个方面。就本书所研究的内容而言，涉及法治政府、依法行政、依法行政考评、考评体系、社会评议、公众满意度评价、专家评议等诸多因素，需要从规范层面对这些因素加以分析，明确其在本书中的内涵、外延，解决"应该是什么"的问题。

(二) 实证分析法

实证分析法主要回答的是"是什么"的问题，试图从"实然"层面剖析实践现状，发现问题，回应规范分析关于"应该是什么"和"应该怎样"的问题。实证研究方法为研究提供宝贵的第一手研究资料，并通过实证检验相关的理论假设，为进一步完善研究提供依据。本研究以 G 省为例，通过分析 G 省及 F 市、Q 市关于开展依法行政考评社会评议的相关做法，探讨当前依法行政考评社会评议的现状、问题及其诱因，以翔实的案例数据，夯实研究的基础。

(三) 数据分析法

一方面是进行数据信息收集。本研究基于 G 省的实践展开，需要对实践数据及相关信息加以收集，这就要求严格遵循数据收集的规范，包括对问卷进行有序编码，按照分析软件的要求进行有效的数据录入，等等。另一方面，也是最为重要的，就是进行数据统计分析。本研究通过 SPSS 统计软件，将收集到的数据进行相关分析、交互分析等手段，充分挖掘数据背后的问题实质，以探讨考评（评议）中涉及的相关问题。

七、研究思路和框架

(一) 研究思路

本项研究旨在构建依法行政考评社会评议的体系，涉及理论、方法与实证三个层面。进一步围绕总体目标，理论依据涉及民主法治理论、中国特色社会主义法治政府建设理论、法治政府评价理论和政府绩效评价理论。方法上主要包括组织体系、技术体系、制度机制，核心指向社会评议实现的技术路径，包含公众满意度评价和专家评议。实证层面则通过 G 省及 F 市、Q 市的实践案例，审视依法行政考评社会评议的制度设计及其操作中的优劣，为进一步完善和实施社会评议提供实证依据。依据"服务目标、针对问题、突出重点、规范流程"的原则设计研究思路。

(二) 研究框架

本研究指向具有强烈价值导向的依法行政考评社会评议，属于以法学和公共管理学为基础的跨学科研究，服务于地方政府依法行政考评社会评议实践。研究可从不同维度进行结构性构建。总体内容框架如表1-1。主要以问题为导向，涉及前述的理论、体系、实证三个层面，包括五个方面的基本问题和五个基本内容。

表1-1 　　　　　　　　　　　**本研究的基本内容框架**

主题	内容指向	基本问题	内 容 框 架
依法行政考评社会评议	理论	社会评议目的	社会评议的功能定位
		谁来评议	社会评议组织体系与制度机制
	体系	评议谁	以政府及政府部门为单位
		评议什么	政府及政府部门是否依法作为
	实证	如何评议	完善社会评议的思路建议

根据上述逻辑思路，本书研究内容共分为七章，其结构和技术路线如图 1-1
所示：

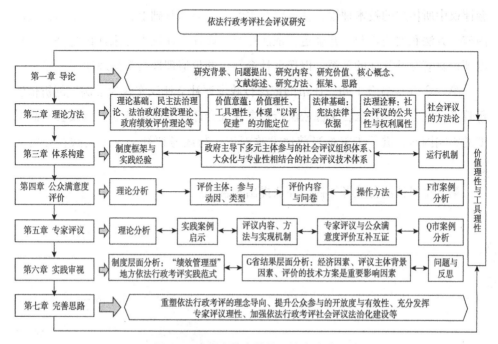

图 1-1　本研究篇章结构和技术路线图

第一章为导论。介绍本研究的背景、依据、问题、内容及重点、难点、意义、价值，对本研究的核心概念和研究范畴作出界定，提出本研究的研究方法和框架、思路，对所涉及的研究文献进行了综述。

第二章从理论和方法上，探讨本研究的理论基础，包括民主法治理论、中国特色社会主义法治政府建设理论、法治政府评价理论和政府绩效评价理论等，厘清依法行政考评社会评议的功能定位、法律依据、法理基础和方法范式。

第三章构建依法行政考评社会评议体系，充分借鉴国外及我国香港特区、台湾地区关于法治评价的实践经验和我国地方政府有关依法行政考评的实践经验，构建依法行政考评社会评议的组织体系、技术体系和运行机制。

第四章探讨依法行政考评社会评议的公众满意度评价，厘清其内涵、理论基础及其可行性，着重对依法行政公众满意度评价主体、评价内容及其问卷设计、评价的操作方法等进行深入研究。

第五章探讨依法行政考评社会评议的专家评议，明确专家的角色定位、在社会评议中所体现的技术理性，在借鉴有关实践经验的基础上，明晰专家的评议的内容、方法和实现机制，并确定在依法行政考评社会评议中专家评议与公众满意度评价具有互补互证的关系，以保证社会评议的价值理性与工具理性。

第六章以 G 省及 F 市、Q 市的依法行政考评社会评议实践为案例，剖析依法行政考评社会评议现状，掌握依法行政考评社会评议的结果特征，以及公众满意度的影响因素，进一步审视当前地方政府依法行政考评社会评议实践存在的问题。

第七章对依法行政考评社会评议提出完善建议。

第二章　依法行政考评社会评议的理论与方法

依法行政考评社会评议相对于内部考核而言差异明显。具体表现为前者为主观评议，后者为客观考核；前者为价值评价性进路，后者为体制性评价进路。①依法行政考评的根本目的是推进法治政府建设，是政府推进型法治政府建设模式的具体体现，具有中国特色。在此基础上所实施的社会评议，表达了"坚持以人民为中心"的价值意蕴。基于此，民主法治理论、中国特色社会主义法治政府建设理论、法治政府评价理论、政府绩效评价理论成为其根本依据。

一、理论基础：依法行政考评社会评议的理论支撑

（一）民主法治理论

民主法治理论是中国特色社会主义理论体系的重要组成部分。党的十八大报告对扩大社会主义民主、更加注重发挥法治的重要作用、坚持维护社会公平正义、建设廉洁政治、切实尊重和保障人权、积极培育社会主义核心价值观、把制度建设摆在突出位置等方面提出了一系列重要论述。党的十九大深刻总结了我国民主法治建设的重要成就，并把坚持人民当家作主和坚持全面依法治国作为新时代坚持和发展中国特色社会主义的基本方略，是习近平新时代中国特色社会主义

---

① 关于价值评价性进路和体制性评价进路，王朝霞作过详细论述，指出体制性评价进路以是否依法行政、多大程度上依法治理为评价维度或指标，是对于法治建设主体的治理过程、治理行为的评价，往往对应行为指标、过程指标，难以量化；而价值性评价进路，以价值正义的实现程度、实质性法治的实现状况为切入点，更加容易量化，是更适合本土语境的评估进路。王朝霞. 法治评估的量与质 [J]. 宏观质量研究，2016（2）：94-101.

思想的核心内容，强调要坚持党的领导、人民当家作主、依法治国有机统一，其中党的领导是人民当家作主和依法治国的根本保证，人民当家作主是社会主义民主政治的本质特征，依法治国是党领导人民治理国家的基本方式。党的十九大，对民主与法治作了深入阐释，并统一于我国社会主义民主政治伟大实践。党的二十大深入总结了党的十八大以来的十年我国党和国家事业取得的历史性成就、发生的历史性变革，指出十年来我国社会主义法治国家建设深入推进，全面依法治国总体格局基本形成，中国特色社会主义法治体系加快建设，司法体制改革取得重大进展，社会公平正义保障更为坚实，法治中国建设开创新局面。强调人民民主是社会主义的生命，是全面建设社会主义现代化国家的应有之义……必须坚定不移走中国特色社会主义政治发展道路，坚持党的领导、人民当家作主、依法治国有机统一，坚持人民主体地位，充分体现人民意志、保障人民权益、激发人民创造活力。

民主法治的实现机制以及如何把握民主与法治关系是民主法治理论的重要内容。当代中国语境下的民主与法治不可分离，民主是"谁来统治"的理论，法治是"如何统治"的学说。① 一切民主制度的改进和民主价值的实现都应该落实到法治的指标上。法治作为结构性要素融入国家政府体制之中，成为一种负载着现代民主价值取向的规范性体系，既是一种强调"必须坚持人民至上""人民是全面依法治国的主体和力量源泉"的宏观政治结构，也是一种主张"依法治理"的微观建设实践。以这种视角来理解民主法治，可以认为，民主是法治追求的必然目标，而法治为实现民主提供必要的保障。

严格来说，依法行政考评社会评议是民主的范畴。社会对民主法治、公平正义价值的强烈需求催生了公众对政治生活的参与、监督机制。事实上，近些年兴起的依法行政考评社会评议创造了公众参与法治政府建设、参与民主监督的新途径，已成为中国民主法治建设的重要方式。民主法治的基本内容与社会评议的内生性价值功能一脉相承，公众参与、民主表达、民主监督是现代民主法治的三项基本内容，而依法行政考评中的社会评议内置此三项基本功能，为政治及社会的

① 郑方辉，邱佛梅．法治政府绩效评价：目标定位与指标体系［J］．政治学研究，2016（2）：67-79，127.

民主参与、民主表达、民主监督创设条件与平台，将法治政府建设与依法行政建立在公众表达及社会开放性审视和监督之下。

依法行政考评社会评议实际上保障了社会公众的一项权利（即评议权）的实现。理论上，我国是社会主义国家，一切权力属于人民，对政府的评价是宪法和法律赋予人民的基本权利。社会公众不论作为社会人（法治建设成效的体验者），还是法律授权，都拥有评价权，即社会大众是法治社会是否体现公正的评价者。① 但现实中，拥有评价权的社会公众因缺乏充分的评价资源或强大的动员能力等并不必然一定能成为评价主体，在现阶段，社会公众，包括专家和社会非官方组织大多扮演评议者角色，并非评价的主体。但社会公众无论是作为评议者还是评价主体，依法行政考评社会评议均契合"以人民为中心"与法律正义的价值诉求。社会评议所追求的评价公信力与民主性的目标属性与我国法治政府建设中追求民主、保障权利的目标不谋而合。如此说来，依法行政考评社会评议内置的参与式权利保障，凸显"法治"的主体性根基和目的性意义，弥合一度存在的备受诟病的我国法治建设过分突出法治的工具性和形式化的问题。

（二）中国特色社会主义法治政府建设理论

法治政府是世界各国政府治理所追求的目标。有关法治政府的理论与实践源自西方国家，从古希腊时期开始逐步发展、演进，才有了现代法治政府形态。回顾西方法治政府理论和实践发展历程，可以发现各国法治政府的建设不但受制于所处时代的经济、文化水平，并且与各国的基本政治制度息息相关。② 我国充分立足于基本国情，在中国共产党领导下，开启了中国特色社会主义法治政府建设之路。一方面遵循法治政府的一般原理，另一方面又凸显中国特色。

第一，中国特色社会主义法治政府建设的一般法治原理。法治政府理论起源于西方，关于什么是法治政府，较有代表性的定义有：洛克指出"无论国家采取什么形式，统治者应该以正式公布的和被接受的法律，而不是以临时的命令和未

---

① 高兴武. 公共政策评估：体系与过程 [J]. 中国行政管理, 2008 (2)：58-62.
② 焦洪昌. 宪法制度与法治政府 [M]. 北京：北京大学出版社, 2008：11.

定的决议来进行统治"。① 威廉·韦德对法治政府的基本内涵做了阐释:"法治的基本含义是,任何事情都必须依法而行。将此原则适用于政府时,它要求政府当局必须能够证实自己所做的事是有法律授权的,几乎在一切场合这都意味着有议会立法的授权,政府行使权力的所有行为,即所有影响他人法律权利、义务和自由的行为都必须说明它的严格的法律依据。"② 《牛津法律大辞典》对法治政府的定义是"不但指政府要维护和执行法律与秩序,而且政府本身也要服从法律规则,它本身不能漠视法律或为自己的需要而重新制定法律"。③ 归结而言,西方法治政府理论和实践的发展,孕育并确定了法治政府的基本内涵,一是政府及其组成部门依法成立或设置;二是政府的权力来源于法律的授权;三是政府的行为必须依法而为;四是政府依法承担责任。简言之,法治政府是依法治理和运行的政府,本质内涵上表现为一种合法政府、有限政府、规范政府、服务政府、守法政府和责任政府。④ 在行为方式上,表现为依法行政,即"法定职责必须为,法无授权不可为",行政机关及其工作人员必须积极履行法定职责和义务,以法定职权设定边界,不虚位、不越位、不错位、不缺位。

上述这些内涵也是我国法治政府建设遵循的基本原则,在我国的有关政策文件中屡被提及。2004 年国务院《全面推进依法行政实施纲要》指出依法行政的基本要求就是"合法行政、合理行政、程序正当、高效便民、诚实守信、权责统一"。2014 年中共中央《关于全面推进依法治国若干重大问题的决定》明确法治政府的基本内涵是"职能科学、权责法定、执法严明、公开公正、廉洁高效、守法诚信"。2015 年中共中央、国务院《法治政府建设实施纲要(2015—2020年)》再次对法治政府这一内涵予以明确,并进一步提出了法治政府的衡量标准是"政府职能依法全面履行,依法行政制度体系完备,行政决策科学民主合法,

---

① [英]洛克著,叶启芳、瞿菊农译.政府论(下篇)[M].北京:商务印书馆,1964:59.

② [英]威廉·韦德著,徐炳等译.行政法[M].北京:中国大百科全书出版社,1997:25-27.

③ [英]戴维·W.沃克主编,李双元译.牛津法律大辞典[M].北京:法律出版社,2003:991.

④ 马凯.关于建设中国特色社会主义法治政府的几个问题[J].国家行政学院学报,2011(5):4-11,36.

宪法法律严格公正实施，行政权力规范透明运行，人民权益切实有效保障，依法行政能力普遍提高"。2021 年中共中央、国务院《法治政府建设实施纲要（2021—2025 年）》强调要"构建职责明确、依法行政的政府治理体系，全面建设职能科学、权责法定、执法严明、公开公正、智能高效、廉洁诚信、人民满意的法治政府"。从这些关于法治政府建设的纲领性文件看，对法治政府的认识是不断完善的过程，但对法治政府的根本内涵的认识与一般法治政府的内涵具有内在一致性。

第二，中国特色社会主义法治政府建设凸显党的领导。我国的法治政府建设既遵循法治政府建设的一般原理，但又在中国特有的政治、经济、文化土壤上生成了中国特色社会主义法治政府建设的独特内涵。马凯对中国特色社会主义法治政府进行了全面的阐释，他指出中国特色社会主义法治政府是我国探寻的法治政府模式，它融合法治政府的一般特性与中国国情于一体，是基于我国的历史传统和现实的政治架构所形成的一种独特的法治政府模式，是在中国共产党依法执政领导下，以人民民主为根基，以法律为准绳，以权力制约为条件，以依法行政为核心的人民政府，其与西方国家的法治政府有四点不同：根本宗旨不同、基本制度不同、指导原则不同、形成途径不同。① 还有学者将中国特色社会主义法治政府的内涵和特点归结为：它是中国共产党领导下的法治政府、它是权力属于人民的法治政府、它是与法治国家、法治社会紧密相连的法治政府。② 有学者从建设的主体、指导原则、目标、路径等方面概括了中国特色社会主义法治政府的特征，主要包括：坚持政府主导、人民参与，坚持党的领导、以人民为主体，坚持依法行政、以人民满意为最高宗旨，健全和完善政府行政管理体制机制、强化政府依法履职职能。③ 也有学者将之总结为：坚持中国共产党的领导、坚持中国特色社会主义与借鉴世界优秀法治文明成果相结合、坚持政府与社会互动推进法治政府建设。④ 所有的这些研究都立足于中国的法治政府建设实践展开，所挖掘、归纳的中国特色社会主义法治政府的内涵、特征，有其一致之处出，也有些从不

---

① 马凯．加快建设中国特色社会主义法治政府 [J]．求是，2012（1）：8-12．
② 杨方圆．中国特色社主义法治政府建设研究 [D]．东北师范大学，2016．
③ 肖凤娇．法治政府建设的"中国特色"研究 [D]．河南师范大学，2017．
④ 樊实秋．中国特色社会主义法治政府建设研究 [D]．四川师范大学，2016．

同角度获得不同的认识。但不难看出其最突出的特征就是坚持党的领导。

党的十八大以来，习近平总书记从坚持和发展中国特色社会主义全局和战略高度，定位法治、布局法治、厉行法治，创造性提出全面依法治国的一系列新理念新思想新战略，形成了习近平法治思想。习近平法治思想抓住了中国特色社会主义法治建设的根本，那就是坚持把党的领导作为根本保证、坚持把以人民为中心作为本质要求、坚持把中国特色社会主义法治道路作为唯一正确道路。其核心关键就是，党的领导是我国社会主义法治之魂，是我国法治同西方资本主义国家法治最大的区别。正如习近平总书记指出的那样，"党的领导是中国特色社会主义法治之魂"。社会主义法治必须坚持党的领导，党的领导必须依靠社会主义法治，党的领导和依法治国不是对立的，而是统一的。① 这为我国全面依法治国提供了根本遵循和行动指南。

第三，政府推进是中国特色社会主义法治政府建设的基本路径。法治政府建设道路有多种选择，最终可归结为两类，一是自然演进型，以西方发达资本主义国家为代表；二是政府推进型，以发展中国家为代表，我国是典型。所谓政府推进型法治建设道路，指的是政府是法治运动的领导者和主要推动者，法治主要是在政府的目标指导下设计形成的，是主要借助和利用政府所掌握的本土政治资源完成的，是人为设计出来和建构出来的。② 这与西方发达资本主义国家自然演进的道路有着根本的区别，这是基于我国没有法治传统，改革开放以后亟须推进法治化建设的基本国情决定的。自十一届三中全会以来我国整个改革开放大业从蓝图设计到贯彻实施都主要是由党和政府领导、推动的，法治政府建设的启动也是国家安排的结果，这不仅在于我国缺乏法治的传统和基础，难以自发地推动法治政府建设，同时也受制于我国的现代化水平，还不足以自然衍生出法治和法治政府。③ 一方面，我国历史上的"法治"思想强调的是"以法律维护皇权的统治"，强调的是管控，与现代法治思想截然相反，缺乏法治文化的土壤，如果要按照自然演进型模式推进法治化建设，那需要一个十分漫长的过程；另一方面，

---

① 陈一新. 习近平法治思想是全面依法治国的行动指南 [N]. 学习时报，2021-03-31 (001).

② 蒋立山. 中国法治道路初探（上）[J]. 中外法学，1998（3）：16-28.

③ 杨方圆. 中国特色社主义法治政府建设研究 [D]. 东北师范大学，2016.

我国改革开放后，亟须与世界沟通、亟须推进经济发展，而这都需要法治做保障，所以政府不可能坐等漫长的社会演进过程为它送上遥遥无期的未来收益，必须选择能够实现赶超目标的政府"变法"模式，在改革目标选择与道路选择方面节省大量的精力与时间。① 如为了吸引外资，我国早在 1979 年就制定了"中外合资经营企业法"。为此我国依托强大的政治资源，开启了政府推进型法治建设道路，这是一种强制化的制度变迁的手段，极大地提高了效率、节省了时间、节约了成本，为我国赢得快速发展的机会。基于党在法治政府建设中的领导地位和我国的基本国情，这里的政府已然超出了狭义政府的范畴，广义上政府往往代表着公权力，因此这里的政府涵盖了所有行使公权力的组织，包括执政党、狭义上的政府、权力机关等。

第四，依法行政是中国特色社会主义法治政府建设的核心内容。我国的法治建设最先从推进政府依法办事、依法行政开始，依法行政是我国法治和法治政府建设的关键环节、核心内容，也是重要途径。基于我国"强政府-弱社会"的文化传统，政府在行政权力几乎覆盖了社会生活的方方面面，对人民的影响最为直接和具体，因此在法治政府建设初期，依法行政就最先被认识和承认。从发展历程看，中国特色社会主义法治政府建设最先开展的就是推动政府依法行政，并始终贯穿其中，成为核心内容。从另一个角度看，依法行政是推进中国特色社会主义法治政府建设的基本路径。简单地说法治政府内涵丰富，建设路径多样，但以依法行政为切入口恰是切中了我国法治政府建设的要害，最为直接也最有效。1999 年国务院《关于全面推进依法行政的决定》明确指出"依法行政是依法治国的重要组成部分，在很大程度上对依法治国基本方略的实行具有决定性的意义"。所以判断一个政府是不是法治政府，一个行政机关是不是法治的机关，关键要看是否符合依法行政的基本要求，是不是按照依法行政的原则行使权力。②

第五，公众参与是中国特色社会主义法治政府建设的重要方式。"政府推进型法治政府建设模式"下，政府居于主导地位，通过自上而下的压力传导推进法

---

① 蒋立山. 中国法治道路初探（上）[J]. 中外法学，1998（3）：16-28.
② 申欣旺，马怀德. "法治 GDP"：新的政绩观 [J]. 浙江人大，2008（4）：29-30.

治政府建设，但这并不当然地排挤社会公众的参与。人民当家作主是社会主义民主政治的本质特征。我国法治政府建设过程无不体现了人民的主体地位。一是通过人民代表大会制度保障中国特色社会主义法治道路的社会主义性质;① 二是坚持人民主体地位原则，在行政立法、行政决策、政府信息公开、社会治理等方面，无不强调公众的参与，当前在政府行政过程中"公众参与"几乎成了"标配";三是法治政府是服务人民的政府，早在 2004 年国务院《全面推进依法行政实施纲要》首次提出"法治政府"概念，确立建设法治政府的目标时就包含了"高效、便民"，并强调要"把维护最广大人民的根本利益作为政府工作的出发点";2015 年党中央、国务院《法治政府建设实施纲要（2015—2020 年）》更是明确实行法治政府建设与服务型政府建设相结合，党的十九大报告还强调要建设人民满意的服务型政府。2021 年党中央、国务院《法治政府建设实施纲要（2021—2025 年）》强调"坚持以人民为中心，一切行政机关必须为人民服务、对人民负责、受人民监督"，要"加快建设服务型政府，提高政务服务效能。"

人民是国家的主人，公众参与法治政府建理所当然，实践中也体现出政府主导下的社会公众有序参与对法治政府建设的促进作用，有时更是政府与社会互动的结果。一方面，公众参与是法治政府建设的促进力量。在政府主导下，1986 年我国开启了至今还在持续深入开展的"普法"运动，旨在"将法律交给广大人民群众掌握，使广大人民学会运用法律武器，同一切违反宪法和法律的行为作斗争，保障公民合法的权利和利益，维护宪法和法律实施。"② "普法"运动数十年来极大地提升了社会公众法治的意识，不仅转化为公民维护自身权利的自觉行为，而且还转化为公民对当代中国法治进程的积极参与行为，成为推动法律发展和国家法治进步的一股不可忽略的力量。③ 如一些"民告官"案件，促进了《行政诉讼法》的颁布实施，以及 2014 年进行重大修改;2003 年的孙志刚事件，引

---

① 周叶中．关于中国特色社会主义法治道路的几点认识［J］．法制与社会发展，2009（6）：137-138．

② 《关于在公民中普及法律常识的决议》，载《全国人大常委会公报》1985 年第 12 期。

③ 柳经纬．当代中国法治进程中的公众参与［J］．华东政法大学学报，2012（5）：12-21．

起全民法治大讨论，直指《城市流浪乞讨人员收容遣送办法》的违宪性，并最终致其被废止；还有最近十多年来的各类诸如"俯卧撑"事件、"躲猫猫"事件、"钓鱼执法"事件等，无不是在公众参与中引起政府对自我执法行为规制的高度重视，引起极大的变革。这些案例有的是公众良性参与引起的良好结果，有的是以"恶性事件"的形式引起政府的反思、整改，但不论是何种方式参与，事实上都有力地促进了政府法治，对法治政府建设起到了良好的效果。另一方面，法治及法治政府建设成效也是政府与社会互动的结果。2005 年《物权法（草案）》向全社会公开征求意见，引起热烈反响，既牵动了万千民众对私人财产保护的大讨论，也引起政府对保护私人财产的极大重视；《政府信息公开条例》颁布实施，政府主动向社会公开信息，即是对社会公众对政府依法行政期盼的回应，也是社会公众监督政府的窗口，有效地促进了政府与社会的互动；还有近年来，各种各样的考核，纷纷引入公众评议，让"民评官"成为一种时尚；更为显著的是，当前政府立法、政府决策，都必须"公众参与、专家论证"，使公众参与成为一种法定程序。事实上，政府通过"主导"的方式，放弃了某些"权力"，但因为通过提供改革的框架和有效参与平台，反而可以凸显其作为改革协调者的"权威"和正当性。①

（三）法治政府评价理论

法治是一个古老而又常新的命题，至今尚无定论，往往因不同时期、不同地域而有不同内涵表达，体现一定的地方性知识。因此，怎样表述法治、怎样建成法治以及怎样操作法治在不同的文化和制度背景下有着不同的语式、路径和方法。② 基于我国的国情和法治建设实践，法治政府建设成为法治建设的核心和基本路径。在政府主导下，以法治政府建设目标为导向，逐级往下推进目标建设成为了我国法治建设的主要手段。有目标就有评价，因此，法治政府评价成为了推进我国法治建设的工具和有机组成部分。与法治得到充分发展的国家或地区的法

---

① 王锡锌. 公众参与和中国法治变革的动力模式 [J]. 法学家，2008（6）：90-100.

② 夏恿. 法治是什么——渊源、规诫与价值 [J]. 中国社会科学，1999（4）：117-143, 158.

治（政府）评价不同，我国的法治政府评价与中国特色社会主义法治政府建设理论相适应，体现中国特色，主要功能是准确描述地方法治进程和法治现状，并以改善法治程度和提升治理水平为目的。① 具体而言，集中体现为以下两个方面的内涵：

第一，法治政府评价与法治建设的关系。法治水平的高低往往被称为营商环境的风向标，为此诞生了法治评价，通过一系列评价指标体系，以量化评价的方式，测量一国或一个地区的法治水平，为投资提供参考。如世界正义工程关于法治指数的设计，通过对世界上上百个国家和地区的法律制度按照一定的指标进行评价作出全球"法治 GDP"排名；世界银行的全球治理评价中法治评价是其重要的一个指标。21 世纪以来，中国的一些部门和地区为推动法治建设的发展也进行了类似的评价，评价领域涉及立法、司法、法治政府、司法透明度等，地方层面的有如香港法治指数、余杭法治指数等。

第二，以评促建是法治政府评价的核心要义。因为我国缺乏法治传统，政府依法行政成为法治政府建设的关键与核心，因此在我国依法行政考评成为法治政府评价的主要方式。马怀德教授敏锐地指出，在我国有行政主导社会经济发展的特点，由此产生的 GDP 考核成为我国改革开放以来经济社会取得快速发展的重要手段，因此在法治政府建设领域也要建立"法治 GDP"考核，将"法治 GDP"引入领导干部绩效考核体系，解决法治建设动力的问题，而"推行'法治 GDP'应当从依法行政考核做起"。② 事实上，依法行政考评已成为衡量和推进法治政府建设的重要工具，其核心特征是在中央和地方党政部门的主导下，通过行政化手段组织实施法治政府评价工作，③ 通过把法治建设工作按照各个职能部门职责对其进行分解、分工、落实和管理，使之具体化。④ 而通过考评，可以促使下级政府在推进依法行政问题上真抓实干，上级政府可以及时发现下级政府在依法行

---

① 韩旭，钟凯. 地方法治量化评估若干理论与实践问题研究——以 S 省依法行政第三方评估为例 [J]. 河南大学学报（社会科学版），2016（2）：58-66.

② 马怀德. 法律实施有赖于"法治 GDP"的建立 [J]. 人民论坛，2011（29）：8-10.

③ 蒋立山. 中国当前法治指数设计的理论问题 [J]. 法学家，2014（1）：1-18，175.

④ 付子堂. 地方法治建设及其评估机制探析 [J]. 中国社会科学，2014（11）：123-143，207.

政方面存在的不足，正确引导其进行整改和完善，并通过督办和复查帮助其提高依法行政水平。① 也就是说，考评有利于为地方政府法治建设提供指南针、方向盘，可以对各级政府和部门的依法行政水平进行排序，从而起到激励先进、鞭策后进的作用。②

究其原因，依法行政考评之所以能在法治政府建设框架下，发挥那么大的功效，根本在于自上而下的压力型体制。在我国政治体制中，某级政府官员的任命和晋升主要是取决于上级政府，而考评作为决定晋升竞争胜负的主要工具，则是上级政府和官员对下级政府和官员实施行为控制的重要手段。对于当前各级地方政府而言，推进工作的主要方式之一就是根据自身的期望设定工作目标，将其分解到所属部门和下级政府，通过相应的考核促使分解的目标得以实现，并以此为基础，完成自身目标计划。③ 那么，出于政治服从，也为获取晋升奖励，下级政府和官员往往会根据上级政府和官员的指示，确定施政方向、工作重点、预期目标，尽可能将上级布置的任务完成好，从而在上级政府进行考核时获得好的评价，④ 有利于地方官员在"政治锦标赛"中获胜。⑤

（四）政府绩效评价理论

"绩效"一词最早源于企业管理。在语义上，其包含成绩、成效之意。英文中与绩效相对应的词是"performance"，具有履行、完成、行动，成绩、业绩的意思。具体到政府绩效，它指政府在社会管理中的业绩、效率、效果，是政府在行使其管理职能的过程中所体现出的管理能力。因此，政府绩效又可进一步分为经济绩效、社会绩效和政治绩效三个方面。与此相对应，政府绩效就不单纯是一个政绩层面的概念，还包括政府成本、政府效率、政治稳定、社会进步、发展预

---

① 张渝田.建设法治政府机制研究 [M].北京：法律出版社，2011：66-67.

② 袁曙宏.关于构建我国法治政府指标体系的设想 [J].国家行政学院学报，2006 (4)：12-14，62.

③ 倪星.中国地方政府绩效评估创新研究 [M].北京：人民出版社，2013：68-72.

④ 范伟.县级政府依法行政考核问题研究 [D].华中师范大学，2014.

⑤ 周黎安.转型中的地方政府：官员激励与治理 [M].上海：格致出版社，2008：89-101.

期的含义在内。① 与传统的行政管理相比较，政府绩效则不仅仅关注政府行政的内部机制，更加关注政府与社会、公民的关系，并以此为评价的最终标准。② 所以，政府绩效管理就是指"政府在积极履行公共责任的过程中，在讲求内部管理与外部效应、数量与质量、经济因素与伦理政治因素、刚性规范与柔性机制相统一的基础上，获得公共产出的最大化"。③ 综合而言，政府作为公共部门，其基本的职责即是为公众提供公共产品和服务，在绩效层面来考察政府职责履行的情况，则要求政府绩效管理要以为公众提供高质量的公共产品和服务为目标，即以最终高质量的结果为归宿，提升公众对政府的满意度，增强政府的公信力和执行力。

政府绩效评价，就是对政府职责履行的情况的评价，其不仅对其所提供的公共产品和服务的质量的评价，还包含对提供的公共产品和服务所耗费的成本、体现出的效率以及由此所带来的对政治稳定、社会进步等的影响的评价，即政府的绩效应体现经济性（Economy）、效率性（Efficiency）、效果性（Effectiveness）、公平性（Equity），④ 也就是"4E 评价"。同时，基于政府绩效管理对政府与社会、公民的关系的关注，蔡立辉教授认为政府绩效评价就是根据管理的效率、能力、服务质量、公共责任和社会公众满意度等方面的判断，对政府公共部门管理过程中投入、产出、中期成果和最终成果所反映的绩效进行评定和划分等级。⑤ 也就是说，政府绩效评价就是通过政府部门自我评价、专家评价、公民及舆论评价等多重评价体制，运用科学的方法、标准和程序，对政府组织这一行为主体的业绩、实际作为及其所产生的影响作尽可能准确的评价，以提供组织绩效方面的信息，诊断组织中存在的问题，从而推动政府效率和服务质量的提高。

随着政府绩效评价的研究和实践不断深入，其越来越受到认可，部分学者也将其引入到法治政府评价中，形成了政府绩效评价的特殊形态：法治政府绩效评

① 臧乃康. 政府绩效的复合概念与评估机制 [J]. 南通师范学院学报（哲学社会科学版），2001（3）：25-29.
② 郑方辉，冯健鹏. 法治政府绩效评价 [M]. 北京：新华出版社，2014：9.
③ 卓越. 政府绩效管理导论 [M]. 北京：清华大学出版社，2006：2.
④ 谢能重. 依法行政考评：变迁、功能与转型 [J]. 法治社会，2017（1）：38-48.
⑤ 蔡立辉. 政府绩效评估的理念与方法分析 [J]. 中国人民大学学报，2002（5）：93-100.

价理论。法治政府绩效评价是法治政府评价和政府绩效评价相结合的产物。法治政府绩效是指政府部门进行法治建设、依法履行职责的成效，表现为效益、效果、效率、回应性、公平性、质量等；而法治政府绩效评价就是指以这些成效及其具体的表现作为评价内容，对法治政府的各项建设工作进行测量、评判以及评级的活动与过程；通过客观公允的绩效评价，对政府部门的法治建设和履行职责的过程与能力形成倒逼，促使政府机关不断改善流程、优化管理、提高效率，实现公众满意。与传统目标导向的法治政府评价相比，法治政府绩效评价除了技术上更为精细和严密之外，还具有明确的结果导向和公众满意度导向，从而可以在很大程度上克服前述目标导向所蕴含的缺陷。即法治政府绩效评价，评价的要义执行法治政府建设成效，不只局限于建设过程的行为评价，也不只局限于目标完成与否的评价，还要从源头上去评价法治政府建设是否是人民需要的政府。也就是说，评价法治政府的标准由行政效率转向了政府与社会、公民的关系。① 这就要求法治政府绩效评价要摒弃目标导向评价对过程指标的重视，而指向关键性指标评价，只有能实质反映法治政府价值和法治政府建设成效的指标才能列为评价指标。②

二、价值意蕴：社会评议在依法行政考评中的功能定位

以评促建，符合组织管理和激励原理，体现评价在组织建设中的工具价值。在我国政府推进型法治建设模式下，这种工具价值显得尤为重要。但是，法治建设与经济建设等政府提前职能不同，法治建设更蕴含价值追求，法治政府既表现为一种状态，也体现一种价值导向，因此作为依法行政考评一部分的社会评议不只在于推动状态的实现，更要促进价值的实现。正因为如此，相对于目标考核来说，依法行政考评社会评议因有机整合了价值理性与工具理性而具有优势。以依法行政考评社会评议来推进法治政府建设是我国政府推进型法治政府建设的成熟

①　郑方辉，冯健鹏．法治政府绩效评价［M］．北京：新华出版社，2014：9．

②　谢能重，周礼仙．法治政府建设进程中的依法行政考评［J］．华南理工大学学报（社会科学版），2016（3）：63-70．

做法，也是推动我国社会转型必须要经历的道路。

（一）依法行政考评社会评议体现价值理性

党的十九大报告明确指出"必须坚持以人民为中心的发展思想，不断促进人的全面发展、全体人民共同富裕"。党的二十大报告总结了党的十八大以来的十年我国深入贯彻以人民为中心的发展思想所取得的历史性成就和发生的历史性变革，进一步强调必须坚持人民至上。坚持以人民为中心的发展思想，是我国《宪法》第2条所规定的"中华人民共和国的一切权力属于人民"的充分体现；深刻地回答了发展为了谁、发展依靠谁、发展成果由谁享有等系列问题。根本上说，坚持以人民为中心的发展思想的核心要义就是发展为了人民、发展依靠人民、发展成果由人民享有。随着中国特色社会主义进入新时代，我国社会主要矛盾转变为人民日益增长的美好生活需要和不平衡不充分的发展之间的矛盾，就法治政府建设而言，建设人民满意的法治政府就是满足人民日益增长的法治需要的具体表现，也是法治政府建设的核心目标。这一目标的实现，最终还要依靠人民，并由人民所共享。

在依法行政考评中，推行社会评议，无疑就是在法治政府建设框架下贯彻落实坚持以人民为中心的发展思想的直接体现。一是社会评议"主权在民"的根本体现。社会契约论认为，人民是国家的主人，政府的权力来源于人民的委托，政府权力的行使是为人民谋福利。① 在我国，我们明确政府行使职权其根本目的是服务人民，人民拥有最终的对政府的评价权。在法治政府建设中，公众是政府依法行政的受众及服务对象，政府依法行政情况如何，社会公众最有发言权。二是建设人民满意的法治政府是依法行政考评社会评议的根本目的。邓小平曾说：人民满意不满意，人民高兴不高兴，人民赞成不赞成，应当成为检验我们一切工作的标准。习近平总书记也多次强调要把人民满意不满意、高兴不高兴、答应不答应、赞成不赞成作为衡量党和国家一切工作的根本标准，以造福人民为最大政绩。政府提供的公共产品和服务的质量归根到底是以人民满不满意为标准的，也

---

① ［英］约翰·洛克著，杨思派译. 政府论［M］. 南昌：江西教育出版社，2014：190.

就是说公众满意是法治政府建设成效的标准。三是公众参与是推进人民满意的法治政府建设的动力。在西方社会，对政府服务质量进行评估最为便捷、也最为有效的方式就是通过人民直接选举的压力来规范政府行为。而我国迥异于西方的选举机制，那么通过社会评议的方式施加对政府政策的影响，就成了一种最可常规执行的公民政治参与方式。①就法治政府建设而言，当前依法行政考评的主要方式是内部考核，在实际操作中，这种模式下的评价权之争暗流涌动，即使上级政府作为评价的主体，但具体实施评价的组织者和实施者必然为某个部门，而拥有组织权和实施权的部门实际上就拥有了评价权，拥有了评价权也就意味着拥有了话语权，可对评价结果产生一定的影响。社会公众参与其中将有利于消弭这些不足，促使政府的法治建设不仅要满足上级政府制定的法治目标，也要满足社会公众对法治的美好向往。四是法治政府建设最终为全体人民所共享。社会公众是一个集合概念，由一个个的个体组成，但又不是简单的个体相加，因此要获得社会公众的普遍评价意见，必须进行多次、大样本的社会评议，最终形成对"众意"的把握。在此基础上，对标"众意"进行的依法行政，自然为社会公众所共同享受得到。如建立政府的权力清单、负面清单、责任清单，使社会公众能够更具体、明确地知晓政府的责权边界，进而可以享受到政府依法行政带来的愉悦；再如当前公众参与已成为行政立法、重大行政决策的必经程序，公众参与与否也是社会评议的重要内容，这使民主行政成为了社会公众看得见摸得着的现实。也就是说，通过社会评议，架起了政府与社会沟通的桥梁，更构筑了社会公众的"众意"往政府输送的渠道，从而提升了政府形象和政治合法性，最终形成政府与公民、国家与社会之间的良性互动关系。②这保证了法治政府建设过程中社会公众参与的民主价值。

（二）依法行政考评社会评议体现工具理性

有组织就有管理及评价，"以评促建"体现管理与建设的工具属性，符合管

① 唐昊.《绩效红皮书》是有益的社会评价体系［N］.羊城晚报，2007-11-14（A2）.
② 周志忍.论政府绩效评估中主客观指标的合理平衡［J］.行政论坛，2015（3）：37-44.

理学的激励原理，也是我国党政组织管理的法宝。① 以评促建功能，促进法治政府建设是依法行政考评社会评议体现工具理性的基本定位。在此基础上所实施的社会评议，表达了"人民民主"的价值意蕴。法治政府目标实现，包括目标设定、路径方向、节奏程度，其难以自动生成，都有赖于推进工具和手段，评价的激励、纠偏功能满足这一要求，具有强大的目标导向功能和建设动力机制。②社会评议在依法行政考评促进法治政府建设的功能表达中聚焦于目标指向和社会监督双重逻辑。

　　具体而言，作为管理手段，我国内部考评主体为上级政府（党委），考评体系与机制的导向功能更多贯穿上级政府的法治理念及其实现路径。③ 一方面，在技术上，依法行政考评的主体是上级政府，通过发挥政府管理的科层优势，把法治政府的基本属性和特征抽离成可测的、可数据化的指标，使其具有可计量性、概括性和现实性。④ 这些指标既是下级政府依法行政的指南，也是上级政府考核下级政府上一年度依法行政工作的清单，从而使抽象的依法行政得以具体化、数量化，充分发挥了政府主导的工具价值。另一方面，在价值蕴含上，社会评议不同于内部考核，社会评议发挥的目标指向功能体现为增强法治政府建设的公开性和民主性，有利于实现社会公众对法治政府建设的知情权，以此倒逼法治政府建设。当然，囿于条件的限制，社会评议中并不能像内部考核那样进行非常细致、指标化的评价，一般只能通过概括性的主观评价，把客观指标中的一级指标通过经验性、操作化设置，作为社会评议调查问卷的问题，开展社会公众调查评议，进而使社会评议的结果也可以以具体量化的数据呈现，并且基于内部考核与社会评议的一级指标的同质，二者可以按一定比例加权耦合得出最终的依法行政考评

---

　　① 郑方辉，邱佛梅. 法治政府绩效评价：目标定位与指标体系［J］. 政治学研究，2016（2）：67-79，127.

　　② 郑方辉，邱佛梅. 和谐共建视角下的法治政府与法治社会关系［J］. 法治社会，2017（3）：7-15.

　　③ 郑方辉，尚虎平. 中国法治政府建设进程中的政府绩效评价［J］. 中国社会科学，2016（1）：117-139，206.

　　④ 李朝. 自省与构建：当代中国法治评估问题的若干检讨［J］. 宏观质量研究，2015（3）：100-110.

结果。进一步地，法治政府建设成效并不是都可以直观量化的，且现实条件下因为体制约束、被评对象信息公开不足等，客观评价可能会存在某些方面缺乏客观标准而无法评价的情形，而通过面向普通社会公众开展大样本的社会调查实施主观评价则能有效将不能量化部分内容内置化，从而弥补客观评价的不足。① 特别是，开展社会评议则可以为量化评估提供更为充分的数据样本和数据选择，增强量化评估的科学性。② 综合而言，这不仅体现党和政府执政为民的理念和现代民主政治的要求，更重要的是从技术层面上使评价指标体系变得操作可行，因为没有什么数据源比公众自身更了解自己需要什么样的"法治政府"。③ 如此通过主客观指标互补互证，既提升了指标的辨识度，又涵盖了法治政府建设的基本内涵和价值追求，使法治政府所应有的正义得以量化彰显。显然这样的量化结果，使社会公众能够直观地了解法治政府建设的成效，并最终对法治政府建设形成倒逼，促进法治政府建设。依法行政考评社会评议的目标指向推进法治政府建设，从其所蕴含的民主价值和技术理性看，对于促进法治政府建设具有重要意义。

(三) 依法行政考评社会评议体现法治价值

依法行政考评社会评议的目标指向推进法治政府建设，从其所蕴含的民主价值和技术理性看，对于促进法治政府建设具有重要意义。

一是有利于由外而内地监督法治政府建设。关于体制内自上而下的法治政府评价、依法行政考评，在一些批评者看来，这些实际上是"工程图纸"化的设计，存在诸多问题，如一些地方的高度量化的指标体系中，一些数据的比例完全可以人为设计和人为实现，是无法实际量化到实处的。④ 而且政府主导的内部评

---

① 蒋冬青，姜原成. 政府公众满意度测评——基于层次分析法与模糊评价的综合评价 [J]. 中南财经政法大学研究生学报，2009 (1)：76-82.

② 戢浩飞. 量化法治的困境与反思 [J]. 天津行政学院学报，2014 (4)：66-73.

③ 郑方辉，周雨. 法治政府绩效满意度实证研究——以 2012 年广东省为例 [J]. 广东行政学院学报，2013 (6)：16-21.

④ 尹奎杰. 法治评估指标体系的"能"与"不能" [J]. 长白学刊，2014 (2)：63-66.

价模式，存在着评估体系导向的异化、评估过程实施的内化、评估结果应用的虚化等弊端，① 并被认为是"唯 GDP 发展之后的新政绩工程之一"，② 是"数字政绩"的表现。也就是说，法治政府评价、依法行政考评本应作为发现问题的工具，但现实中却往往成为了官员政绩的背书，那么这样量化出来的"正义"则恰是不正义的。也正基于此，社会评议的引入十分重要。一方面，与内部考核的目标导向不同，社会评议以社会公众对政府依法行政情况进行价值判断为主，评判的是法治政府建设和依法行政的实然层面，以纠正偏离法治航线的相关指标和工作，既为权力套上枷锁，也为评价结果的滥用提供救济性保障，从而优化法治政府建设的资源配置。另一方面，社会评议的引入使得依法行政考评更具开放性，评议主体更为多元，评议结果得到多元化的相互补充印证，使内部评价与外部评价、政府自评与政府公共产品和服务接受者的评价共同形成平衡利益冲突的协调机制和系统，用评议形式和评议内容来平衡相关利益主体的关切，最终形成以外部评议机制监督内部考核、社会公众监督法治政府建设的机制，保障依法行政考评的公正性和效力，促进法治政府建设。

二是有利于实现以权利制约权力的机制。权力没有监督，就容易产生腐败。体制内自上而下的依法行政考评本质上就是政府内部权力制约的机制和手段，但这种"权力制约权力"的内部机制，始终摆脱不了"自己监督自己"或"既当运动员，又当裁判员"的窠臼。社会评议的实施，为社会公众评议政府提供了有效的制度性途径，使监督权的实现成为制度性安排。有了社会评议的依法行政考评，可以呈现以下图景，一方面，社会评议的前提是政务公开，唯有知情权得以保障，监督权才能有的放矢。正所谓"阳光是最好的反腐剂"，政务信息公开本身就是对政府最好的监督。2016 年 2 月中共中央办公厅、国务院办公厅印发《关于全面推进政务公开工作的意见》明确规定政务信息公开必须坚持"以公开为常态、不公开为例外"，并要求公开的信息要做到"让群众看得到、听得懂、能监督"。无疑，社会公众参与社会评议将更为主动地去了解政务信息，更好地

---

① 杨小军、陈庆云 . 法治政府第三方评估问题研究［J］. 学习论坛，2014（12）：50-55.

② 陈林林 . 法治指数中的认真与戏谑［J］. 浙江社会科学，2013（6）：144-147，161.

行使监督权。另一方面，社会评议的结果公开是所有社会公众的期待，也是依法行政考评应有之义。把考评结果向全社会公布，既是满足社会公众的知情权，也是社会公众得以直接感受政府法治建设成效和行使监督权的最佳方案。进一步地，在这样的监督机制下，形成倒逼机制，责成政府纠偏纠错，促进"以评促建"的考评目的的实现。也进一步体现为社会公众通过行使知情权、参与权、表达权和监督权进而制约政府公权力的有效途径。

三、法律基础：依法行政考评社会评议的宪法法律依据

从考评规则看，目前我国依法行政考评社会评议已有一定法律基础，考评依据散见于国家宪法、法律、地方政府规章和党政规范性文件。

（一）依法行政考评社会评议的宪法依据

我国《宪法》从人民主权以及公民监督原则两个维度，肯定了公众参与和社会评议在国家管理和政府监督中的合法性和必要性。社会评议作为公众参与重要方式，有其充分的宪法依据：

第一，"人民主权"原则是依法行政考评社会评议最为根本的原则。18 世纪，卢梭将契约理论和主权理论相结合，明确提出了"人民主权"理论。"每个人都以其自身及其全部的力量共同置于公意的最高指导之下，并且我们在共同体中接纳每一个成员作为全体之不可分割的一部分。"① 《中华人民共和国宪法》第 2 条第 1 款规定，中华人民共和国的一切权力属于人民。第 3 款规定，人民依照法律规定，通过各种途径和形式，管理国家事务，管理经济和文化事业，管理社会事务。该条宪法条文规定了人民行使主权的方式，即可以通过各种方式参与公共事务、社会事务的管理。社会公众评议政府的依法行政行为，亦是人行使主权、参与国家事务的方式之一。

第二，公民监督权是我国宪法赋予公民的一项宪法权利，是依法行政考评社会评议的权利来源。公民监督权是人民主权原则的具体表现，监督的客体和内容

---

① ［法］卢梭著，何兆武译. 社会契约论［M］. 北京：商务印书馆，2003：3，20.

为国家机关及其工作人员的活动是否遵守国家法律、法规的情况。进一步可以理解为,公民有权通过行使监督权经常性地监督国家机关及其工作人员是否依法行政、依法活动,社会评议是除批评、建议、检举以外的监督方式之一。根据我国《宪法》第 27 条的规定:一切国家机关和国家工作人员必须依靠人民的支持,经常保持同人民的密切联系,倾听人民的意见和建议,接受人民的监督,努力为人民服务。《宪法》第 41 条规定,中华人民共和国公民对于任何国家机关和国家工作人员,有提出批评和建议的权利;对于任何国家机关和国家工作人员的违法失职行为,有向有关国家机关提出申诉、控告或者检举的权利,但是不得捏造或者歪曲事实进行诬告陷害。虽然上述宪法条文对我国公民监督权作了较为详细的规定,但有关公民监督权的制度路径和保障手段缺失。因此,我们认为依法行政考评社会评议是公民监督权的延伸,拓宽了民主渠道,依法行政考评社会评议实质上是一种特殊的公民监督形式,在一定程度上保障了人民的知情权、参与权、表达权和监督权

(二) 依法行政考评社会评议的法律法规依据

我国依法行政考评社会评议的主要法律法规依据主要来源于三个方面:

一是公务员考核的法律制度。主要以《中华人民共和国公务员法》和《国家公务员暂行条例》为主。相较于《宪法》侧重于原则性、全局性规定,《公务员法》和《暂行条例》是党政组织考评得较为全面详细的法律。《公务员法》第五章详细规定了公务员考核的内容。涉及公务员考核内容、考核形式、考核程序、考核等次、结果应用等。考核内容涉及全面考核公务员的德、能、勤、绩、廉,重点考核工作实绩,考核方式包括听取群众意见。《暂行条例》第 24 条规定,对担任国务院工作部门司局级以上领导职务和县级以上地方各级人民政府工作部门领导职务的国家公务员的考核,必要时可以进行民意测验或者民主评议。由此可见,公务员考核的法律制度均提出了民意测验或者社会评议的重要性。

二是依法行政考评的地方性法律制度。迄今为止,依法行政考评尚无统一的国家法律制度安排,还处于地方政府探索实践期。据不完全统计,全国至少有三分之二的省市出台了《依法行政考评办法》或《法治政府建设考核评价办法》。并有不少省市将《依法行政考评办法》以地方政府规章的形式上升为法律制度,

落实依法行政考评的法律地位问题，诸如《广东省依法行政考评办法》《江苏省依法行政考核办法》《吉林省依法行政考核办法》《湖南省依法行政考核办法》《江苏省依法行政考核办法》《辽宁省依法行政考核办法》《南京市依法行政考核试行办法》《南京市区县政府依法行政考核实施细则（试行）》，等等。大多数政府规章均把社会评议列为重要的考评模式之一，各地的法律制度通常将社会评议的权重设置为20%，部分地方占比达30%。这也表明各地方政府在努力贯彻以人民为中心的发展思想，逐渐强化社会评议在推进法治政府建设中的地位和法律基础。

三是政府绩效管理的法律制度。早些年，中国以效能监察为核心内容的政府绩效评估，主要针对国家行政机关和公务员行政管理工作的效率、效果、工作规范情况进行检查，实际上是国家纪检监察部门依照法律、法规和有关规章对政府部门工作绩效进行的评估活动，也是一种考核评价依法行政的行为。国务院《全面推进依法行政实施纲要》提出"将依法行政纳入地方各级人民政府目标考核、绩效考核评价体系"的要求。依法行政考核纳入政府绩效管理成为必然选择。当前，我国政府绩效管理的法律制度尚无国家层面的统一法律制度设计，许多地方意识到政府考核的根本出路在于推动政府绩效评价法制化，赋予绩效评价合法性地位，纷纷开始着手制定政府绩效评价的地方性法规。如哈尔滨和杭州两个市出台了具有较强法律效力的法律制度，分别是《哈尔滨市政府绩效管理条例》和《杭州市绩效管理条例》，二者均规定了考核评价要实施公众满意度调查，明确了公众参与制度。

（三）依法行政考评社会评议的规范性文件依据

早在 1997 年，党的十五大报告就明确指出，"一切政府机关都必须依法行政……实行执法责任制和评议考核制"。"行政执法评议考核"成为依法行政考评的最初形式。1999 年国务院《关于全面推进依法行政的决定》提出"要积极推行行政执法责任制和评议考核制"。党的十七大报告又指出"人民当家作主是社会主义民主的本质和核心。要健全民主制度，丰富民主形式，拓宽民主渠道，依法实行民主选举、民主决策、民主管理、民主监督，保障人民的知情权、参与权、表达权、监督权"，为践行公众参与制度和公众监督制度指引了方向。2004

年，国务院《全面推进依法行政实施纲要》第二部分将"科学化、民主化、规范化的行政决策机制和制度基本形成，人民群众的要求、意愿得到及时反映"规定为一个重要目标。围绕这一目标，《纲要》在第五部分规定了"建立健全科学民主决策机制"的内容。并提出要求"要积极探索行政执法绩效评估和奖惩办法"。2008 年国务院《关于加强市县政府依法行政的决定》要求"要建立依法行政考核制度……科学设定考核指标，一并纳入市县政府及其工作人员的实绩考核指标体系。依法行政考核结果要与奖励惩处、干部任免挂钩"。2010 年国务院《关于加强法治政府建设的意见》强调要"加强依法行政工作考核，科学设定考核指标并纳入地方各级人民政府目标考核、绩效考核评价体系，将考核结果作为对政府领导班子和领导干部综合考核评价的重要内容"。2013 年《中共中央关于全面深化改革若干重大问题的决定》要求"建立科学的法治建设指标体系和考核标准"。2014 年《中共中央关于全面推进依法治国若干重大问题的决定》指出要"把法治建设成效作为衡量各级领导班子和领导干部工作实绩重要内容，纳入政绩考核指标体系"。2015 年《法治政府建设实施纲要（2015—2020 年）》要求"各级党委要把法治建设成效作为衡各级领导班子和领导干部工作实绩的重要内容，纳入政绩考核指标体系，充分发挥考核评价对法治政府建设的重要推动作用"。2021 年《法治政府建设实施纲要（2021—2025 年）》要求"严格执行法治政府建设年度报告制度，按时向社会公开。建立健全法治政府建设指标体系，强化指标引领。加大考核力度，提升考核权重，将依法行政情况作为对地方政府、政府部门及其领导干部综合绩效考核的重要内容"。社会参与考评制度散见于各类规范性文件中，尚未实现体系化，但以上纲领性文件成为了依法行政考评社会评议的规范性文件依据，有力推动着实现公众参与考核的制度化和法律化。

四、法理诠释：社会评议的公共性与权利属性

实施社会评议，使依法行政考评不再局限于政府系统内部，因而不能简单地以内部行政行为加以对待，那么在依法治国框架下，依法行政考评社会评议，需符合法治精神。从法理学的角度看，从整体上的社会评议，到将其进一步分解为公众满意度评价和专家评价，都彰显其内在的法理价值。

（一）是依法行政及依法行政考评公共性的需要

传统法治政府理念认为"管得越少的政府就是越好的政府"，奉行政府的"守夜人"角色和"无法律则无行政"的"法律至上主义"，在这样的法治模式下，政府仅有有限的国防、外交、警察、税收等最弱意义上的国家职能，彼时政府的依法行政则为消极的依法行政。而新中国成立后的很长一段时间，我国所奉行的是"管理行政"，在理念上，行政机关被视为公共利益的代表，被视为管理的主体，而社会公众或个人则居于管理的客体地位，① 法律则被视为政府管理的工具。彼时，政府行为渗透在社会生活的方方面面，是典型的"强政府-弱社会"的形态，社会公众对政府提供的公共产品和公共服务只能被动接受，而无反对的权利。改革开放后，特别是近二十多年来，法治政府建设不断进展，法治意识不断深入人心，现代法治政府和现代行政法治理念逐渐取代"管理行政"，而转向"服务行政"。

政府行政行为由"管理行政"的权力本位转向"服务行政"的能力本位，这极大地改变了政府部门及其工作人员的行政意识，这要求所有的行政行为唯有以"服务"为目的才具有正当性，唯有不断提升行政能力和服务能力为人民提供优质服务才符合现代政府的要求。现如今有限政府、责任政府、服务政府、阳光政府、诚信政府和依法行政的政府的有机统一已成为现代意义上的政府的典型特征。② 党的十八届三中全会作出的《中共中央关于全面深化改革若干重大问题的决定》也将"建设法治政府和服务型政府"作为"转变政府职能"的重要目标。概而言之，现代意义的法治政府就是一个服务型的政府，一个依法行政的政府就是全面开放的政府。从这个意义上说，考评政府的依法行政情况，实则是考评政府的开放性的外部行政行为。这在 2015 年中共中央、国务院《法治政府建设实施纲要（2015—2020 年）》所确定的法治政府的衡量标准中得到确认：政府职能依法全面履行，依法行政制度体系完备，行政决策科学民主合法，宪法法律严

---

① 王锡锌，章永乐. 我国行政决策模式之转型——从管理主义模式到参与式治理模式 [J]. 法商研究，2010（5）：3-12.

② 刘旺洪. 法治政府的基本理念 [J]. 南京师大学报（社会科学版），2006（7）：24-29.

格公正实施，行政权力规范透明运行，人民权益切实有效保障，依法行政能力普遍提高。2021年中共中央、国务院《法治政府建设实施纲要（2021—2025年）》也要求"构建职责明确、依法行政的政府治理体系，全面建设职能科学、权责法定、执法严明、公开公正、智能高效、廉洁诚信、人民满意的法治政府。"显然，对依法行政的开放性，社会公众最有体会。所以，引入社会评议既是依法行政考评民主性与正当性的本质内涵，更是依法行政公共性的内在要求。

（二）是知情权、参与权、表达权、监督权的实现机制

人民的知情权、参与权、表达权、监督权（简称"四权"）是我国《宪法》赋予人民的权利，是实现人民民主的四项基础性权利。党的十九大报告把保障人民知情权、参与权、表达权、监督权，作为"巩固基层政权，完善基层民主制度"的重要举措。党的二十大报告明确要求"拓展民主渠道，丰富民主形式，确保人民依法通过各种途径和形式管理国家事务，管理经济和文化事业，管理社会事务"。显然，如能充分发挥依法行政考评社会评议"四权"的价值功能，"确保人民依法通过各种途径和形式管理国家事务"，将有利于形成我国理性和自由的权利制约权力的机制和格局。

第一，依法行政考评社会评议有助于保障人民知情权。知情权是现代政治民主的基本特征和要求，是公法领域的重要概念，核心要义指向社会公众有对政府公权力运行情况的知悉、了解的权利，是对公权力的一种约束机制。就依法行政而言，就是要让社会公众知悉、了解政府立法、执法等政府行政的情况，而这恰是开展依法行政考评社会评议的前提。也就是说，依法行政考评社会评议内置了社会公众在参与社会评议时知情权应该得到充分行使。同时，作为开放性评价政府的制度，评议结果向社会公开，亦是题中之义。显然评议结果，就是对政府依法行政情况最直接的评价。如此两方面，将对保障公众知情权具有一定促进作用。

第二，依法行政考评社会评议有助于保障人民参与权。依法行政考评社会评议的核心就在于公众参与，是保障社会公众参与权的直接体现。与一般意义上的参与权所涉及的选举、投票、听证会等不同，在依法行政考评社会评议中的参与是直接参与，参与的是对政府的直接评价。实践中，评议总是需要大样本的社会

公众（不确定的社会公众）参与其中，因其不设参与门槛，使社会公众得以广泛参与，因而可以说这是党的十九大报告所提出的"党委领导、政府负责、社会协同、公众参与、法治保障"，以及党的二十大报告所提出的"健全人民当家作主制度体系，扩大人民有序政治参与"和"拓宽基层各类群体有序参与基层治理渠道"的社会治理体系现代化的直接载体，充分体现了以民为主、人民当家作主的民主要义和有中国特色的社会主义民主政治进程中的人民的主体地位。

第三，依法行政考评社会评议有助于保障人民表达权。《宪法》第35条规定，我国公民有言论、出版、集会、结社、游行、示威的自由，这是一般意义上表达权实现的途径。在依法行政考评社会评议中，具体表现为参与者对政府依法行政情况的赞扬或批评，直观地表现为评议的分值。在政府主导下，这一分值往往具有"指挥棒"作用，从而使社会公众所表达的意见、建议能反映到考评对象（政府），能促进考评对象改进工作，提高社会公众满意度。显然，其形成了政府通过社会评议获知公众意见（"众意"），社会公众促进政府改进工作的双向互动关系，彰显了社会评议中所承载的"表达权"的价值。

第四，依法行政考评社会评议有助于保障人民监督权。批评权、建议权、控告权、检举权是监督权的表现形式，核心都在于约束公权力。党的二十大报告指出，要"完善权力监督制约机制，以党内监督为主导，促进各类监督贯通协调，让权力在阳光下运行"。同时，强调要始终接受人民批评和监督，强化行政执法监督机制和能力建设，强化对司法活动的制约监督，加强对干部全方位管理和经常性监督，等等。开展社会评议，本质上就是要求政府的行政行为要暴露在社会公众的注视之下，社会公众则可直接评价政府是否依法、政府行使公权力的行为是否让社会公众满意。也就是说，社会评议可以为社会公众监督权的行使铺就道路、搭建桥梁，并使监督作用能及，这样就使社会公众对政府的监督不再只是空中楼阁。

五、评议范式：社会评议的方法论

所谓范式，指向理论、观念、方法的集合，为研究有关问题提供基本框架和所需遵循的方法论。就依法行政考评社会评议而言，就是要构建符合社会评议内在价值及其目标的理念导向、路径和操作原则。

（一）以结果和公众满意为评议导向

根本上，社会评议是主观评价，是基于社会公众对政府依法行政的情况的认知、经历、体验而作出的主观判断。简单来说，认知就是对政府依法行政情况的了解、熟悉；经历就是自身有过到政府部门办事或接受执法等相关经验；体验包括直接体验和间接体验，前者即自己亲身经历，后者指通过自身观察或他人转述等渠道获得的体会。对于社会公众来说，能影响其主观判断的认知、经历与体验往往指向政府依法行政行为的结果，如政府办事的效率、执法的结果、行政人员的态度等。而对这些结果作出的评判，在主观评价中又往往表现为满意或不满意，是为社会公众的情感体验。因此，结果和公众满意应成为社会评议的基本导向。

第一，结果导向。依法行政考评内部考核以政府系统的统计数据作为考核依据，时常表现为是对政府依法行政的过程性指标的考核，因此内部考核往往体现的是过程性考核，是对政府行政行为的过程性管控。实践表明这有效地发挥了行政权在其中的作用，有效地约束了政府行政行为。但是与内部考核可以仰仗行政权力不同，社会评议是社会公众参与的对政府行政行为的评议，社会公众对政府内部运行及其过程甚少接触、较少了解，如果以同样方式进行过程性评议，显然不合适。从社会评议的内在价值看，以结果为导向最为适宜。因为结果导向下的公众评议以价值正义的实现程度、实质性法治的实现状况为切入点，那么相关法治政府建设指标可以更容易为社会公众所理解，并能有效促进社会公众对其作出量化评价。也就是说，结果导向下的社会公众评议，可以通过对法治政府价值实现的程度作出判断，形成价值性评价进路。基于我国政府推进型的法治政府建设模式，价值性评价进路更有助于法治评价正确地面对中国的法治问题，是更适合本土语境的评价进路，以此可以更好地带动评价的量化提升，是可行的。①

进一步，政府依法行政的最终成果，反映的是政府依法行政的实质效果。也就是说，结果导向关注的重点不仅在于政府依法行政工作"做了什么"（反映的

---

① 王朝霞. 法治评估的量与质 [J]. 宏观质量研究, 2016 (2)：94-101.

是"实然性"结果)，更关注的是"应该做什么"(体现的是"是否符合社会公众的期待"，即"应然性"结果)。① 因此，实施政府依法行政考评社会评议就是为了可以将公众对依法行政成效的真实意见以具体直观"量化数据"的形式反映给政府，那么社会公众对政府依法行政情况的评价得以"具象"化，形象地反映政府依法行政"实然性"结果与"应然性"结果的差距，从而形成倒逼机制，促使政府机关不断改善流程、优化管理、提高效率，符合社会公众的需求，实现公众满意，② 由此增强考评的合目的性。当前，我国的依法行政考评仍为地方性实践，地方政府处在面对社会公众的第一线，所提供的公共产品和服务为社会公众所能直接体验、感受，是国家政权稳定的基础，在"坚持以人民为中心"的发展理念下，更要以结果为导向，推进社会评议。

第二，公众满意导向。党的十九大报告强调要"增强政府公信力和执行力，建设人民满意的服务型政府"。党的二十大报告强调要"扎实推进依法行政""提高行政效率和公信力"。逻辑上，人民满意的政府才是有公信力的政府，指向政府行为的应然性结果；同时，人民满意的前提在于强化政府的执行力，提升服务质量，指向政府行为的实然性结果。这是现代政府的典型特征，也是法治政府应有之义。因此，新时代法治政府建设及其"依法行政"，应以人民满意为终极目标，换言之，依法行政考评的理念及落脚点在于体现公众满意导向。

进一步地，在我国，绝大部分的法律和法规都由政府组织实施，直接对象为公民、法人和其他社会组织，均可视为社会公众。显然，没有政府的依法行政，依法治国则无从谈起；没有社会公众的认可，政府依法行政工作则失去正当性。一般认为，作为政府依法行政效果的最终感受者和直接受影响者，数量众多的社会公众参与，是可以较好地反映法治政府建设成效的。③ 实施公众满意度测量，根本上说，可以为社会公众参与法治政府建设、评价法治政府建设成效提供有效的路径和平台。内容上，建设人民满意的政府是政府本质的题中应有之义。党的

---

① 郑方辉，陈磊. 法治政府绩效评价：可量化的正义和不可量化的价值 [J]. 行政论坛，2017 (3)：86-92.

② 郑方辉，冯健鹏. 法治政府绩效评价 [M]. 北京：新华出版社，2014：68.

③ 孟涛. 论法治评估的三种类型——法治评估的一个比较视角 [J]. 法学家，2015 (3)：16-31，176.

十八大、十九大都把建设人民满意的服务型政府写入了报告中，作为我国行政体制改革的目标。党的二十大报告强调要"转变政府职能，优化政府职责体系和组织结构，推进机构、职能、权限、程序、责任法定化，提高行政效率和公信力"。随着政治民主化进程的发展，公众本位的价值取向在政府改革中体现得越来越明显，由此，政府行为应以公众满意为导向，将其作为衡量政府绩效的终极指标。①

（二）以主观评价为社会评议路径

依法行政考评的目的在于推进法治政府建设，但法治政府不仅仅要求政府依法行政，还要求建成有限政府、责任政府和服务政府。也就是说政府的公共权力运行必须具有合法性、公开性、责任性，核心在于以法治保障善政，其目标指向约束公共权力。② 由此观之，法治政府建设不仅具有政府职能的建设完善任务，更有价值目标追求。刘旺洪就指出评价一个国家法治政府的实现程度应包含四个方面的标准：法治政府的价值标准、职权范围标准、行政体制构造标准和依法行政的标准。③《法治政府建设实施纲要（2015—2020 年）》指出法治政府应该按"政府职能依法全面履行，依法行政制度体系完备，行政决策科学民主合法，宪法法律严格公正实施，行政权力规范透明运行，人民权益切实有效保障，依法行政能力普遍提高"的标准来衡量。2021 年中共中央、国务院《法治政府建设实施纲要（2021—2025 年）》指出要"构建职责明确、依法行政的政府治理体系，全面建设职能科学、权责法定、执法严明、公开公正、智能高效、廉洁诚信、人民满意的法治政府"。但这些标准是否都能予以客观量化考核呢？已有研究表明，客观量化考核始终存在局限性。

事实上，无论哪个评价，不管多么科学完备，都只是评价的工具，不是法治（政府）本身，对法治（政府）并不能绝对、完全、彻底地量化。"不存在不受

---

① 郑方辉，尚虎平. 中国法治政府建设进程中的政府绩效评价 [J]. 中国社会科学，2016（1）：117-139，206.

② 郑方辉，尚虎平. 中国法治政府建设进程中的政府绩效评价 [J]. 中国社会科学，2016（1）：117-139，206.

③ 刘旺洪. 论法治政府的标准 [J]. 政法论坛，2005（6）：160-166.

价值影响的指标"，每个评价指标的设计都必然带有强烈的价值倾向，① 因此其评价得出的结果都只是从某个视角对法治（政府）建设现状的反映，依法行政考评亦然。

基于此，依法行政考评走出了单一的内部量化考核的模式，开放社会公众参与考评。但显然囿于社会公众对政府运行的不了解，要对政府依法行政情况实施评价，可行的路径便是主观评价。国际上，较为成熟的法治评价均以主观评价为主，而主观评价的主体又进一步划分为普通公众和专家。如世界正义工程法治指数设置了两种有针对性的问卷，一是面向普通社会公众的"普通人口调查问卷"（GPP），二是"专家型受访者调查问卷"（QRQ），两者均为主观评价问卷。联合国法治政府评价采用主客观评价相结合的方式，其中主观评价的方法为公众问卷调查法和专家问卷调查法，主观评价的指标占全部指标的76%。世界银行"全球治理指标体系"的大量评价数据源自企业、市民、专家、思想库、非政府组织和国家组织的调查。

借鉴国际上成熟的经验，我国的有关法治评价实践也以主客观评价相结合的方式开展，其中主观评价也以公众调查和专家调查相结合的方式为主。如香港法治指数问卷调查对象以学术界、政府界和企业界人士为主，2008—2009 年学术界分别占 62% 和 55%、政府界分别占 22% 和 24%、企业界分别占 16% 和 21%。② 余杭法治指数的评议一般来自四个方面，包括群众满意度评估（占总指数的 35%）；内部组评估（17.5%），成员来自党委、人大、政府以及司法机构中直接参与法律工作的公务员；外部组评估（17.5%），成员来自大学教授、企业家、新闻记者等人员以及专家组评估（30%）。③

从国内外实践看，在依法行政考评社会评议中采取主观评价的模式，构建公众满意度评价与专家评议相结合的路径，成为可行方案。这一路径的具体化，将在第三、四、五章中作深入论述。

---

① 侯学斌，姚建宗. 中国法治指数设计的思想维度 [J]. 法律科学，2013（5）：3-11.

② 朱未易. 地方法治建设绩效测评体系构建的实践性探索——以余杭、成都和香港等地区法治建设为例的分析 [J]. 政治与法律，2011（1）：141-155.

③ 钱弘道，等. 法治评估的实验——余杭案例 [M]. 北京：法律出版社，2013：252.

（三）社会评议中的权力主体类型划分

社会化评议是依法行政考评的组成部分，社会评议中的权力主体就是拥有依法行政考评权的主体。考评主体决定评议公信力，"谁有权对党政组织开展考评是整个考评工作最重要的问题"。① 逻辑上，所有具有言论自由的人类都拥有考评政府的权力，但"谁能成为依法行政考评最佳的价值判断者"，我们认为，可以采取吴建南教授提倡的"利益相关主体理论"来对依法行政考评的主体进行分析。② 钱弘道教授也认为，"从方法论的角度，将公共政策评估的'利益相关者'理论引入法治评价分析是一种有效的方法"③。依法行政考评亦是法治评价的类型之一。研究依法行政考评的理论主体的核心问题在于如何运用"利益相关者"理论分析和界定考评主体。原则上，依法行政的主体仅包括行政主体和行政相对人两类主体。但实践证明，利益关系是一切社会关系的基础。作为行政关系中的利益相关者，从理论上来说，行政主体（上、下级政府）、行政相对人（社会公众）、行政监督主体（人大）、行政救济相关主体（行政机关和司法机关等）以及第三方组织都关心了解考评对象的信息，并据此进行价值判断，都应该是依法行政的价值判断者，即考评主体。

1. 行政主体（上、下级政府）。行政主体，是指享有国家行政权力，能以自己的名义行使行政权，并能独立地承担因此而产生的相应法律责任的组织，包括行政机关以及依照法定授权而获得行政权的组织。行政主体作为考评主体是行政机关自我监督、自我管理、自我发展、自我完善的一种方式，属于组织内部管理的范畴，是基于行政监督理论而产生的一种监督机制。行政主体是内部自我考评主体，包括上级政府对下级政府的考评、本级政府自评、本级政府对同级政府部门的考评。内部考评主体通常具有以下特点和优势：一是数据收集的难度小，内

---

① 冉敏，李爱萍，王学莲. 中国政府绩效评估法制化立法宗旨和立法原则研究 [J]. 青海社会科学，2012（3）：91-95.

② 吴建南，阎波. 谁是"最佳"的价值判断者：区县政府绩效评价机制的利益相关主体分析 [J]. 管理评论，2006（4）：46-53，58，64.

③ 钱弘道，戈含锋，王朝霞，等. 法治评估及其中国应用 [J]. 中国社会科学，2012（4）：140-160，207-208.

部主体可利用行政资源，较方便取得相关数据；二是考评工作的效率高，自上而下的体制内考评，多根据上级的部署安排，使得考评工作可控性较强、动员效率较高；三是考评经费具有保障，体制内的考评工作由政府统一拨款，具备充足的财力资源；四是考评结果具有执行力，内部考评的结果通过通报公式、抄告相关机关、奖惩措施等形式倒逼相关政府部门改进和提高工作。但内部考评主体同时存在着自我考评容易出现主观性偏差，评价非标准化和非程序化操作，非专业化导致的评价质量不高，会夸大成绩，逃避责任以及考评结果缺乏公信力等劣势。

2. 行政相对人。行政相对人指向社会公众。行政相对人行使评价权在理论上是不可或缺的。一是从考评标准的角度来看，应增加社会公众作为考评主体。二是从组织管理民主化的角度来看，也应扩大社会公众的参与度。关于公众参与的正当性和必要性，前面的章节中已有较多论述，在此不再赘言。需要特别说明的是现实中，公众因信息匮乏、认知偏好和弱势地位的原因，往往在实践中对政府依法行政难以作出客观、公正的评价，如何解决这一现实矛盾，亦是值得思考的重要难题。

3. 行政监督主体。政府在行使行政职能过程中必然受到行政监督，人大组织对行政机关进行考评亦是人大行使监督权的形式之一。"在我国当前的政治体制和权力架构中，人大是国家权力机关，人民代表大会是由人民选出的代表组成的，在很大程度上可以代表民意，对当地的法治状态进行评估亦是其履行监督权的需要。如果由人民代表大会启动并主导评估，然后发布具有法律意义的评估结果，将更具有代表性和公信力"。① 实际上，人大组织作为考评主体亦存在矛盾，正如吴建南教授所言，"一方面，人大参政可以获取比公众更丰富甚至更真实的信息资料，据此能够作出更加客观和全面的分析、判断，再加上人大是一级组织，较之公众相对理性；另一方面，参政行为本身容易使人大按照政府组织的思维和行为方式行事，更由于一些客观的制度性障碍和其他人为因素，其在现阶段是否能作为理性而公正的评价主体是值得商榷的"。②

① 金善达. 法治指数评估的制度建设路径研究——基于系统论的分析视角 [J]. 上海政法学院学报（法治论丛），2014（5）：5-13.

② 吴建南，阎波. 谁是"最佳"的价值判断者：区县政府绩效评价机制的利益相关主体分析 [J]. 管理评论，2006（4）：46-53，58，64.

4. 行政救济相关主体。行政救济的途径主要有两种：一是行政机关救济，即行政复议；二是司法机关救济，即行政赔偿和行政诉讼。行政复议机关、行政赔偿的法律责任主体、人民法院以及作为行政相对人的社会公众都是行政救济的相关主体。理论上，行政救济的相关主体可就政府在行政救济过程中是否依法办事具有评价权。但在我国实践中，因体制设置的因素，行政复议机关、行政赔偿的法律责任主体都是行政机关。行政主体和行政相对人作为行政救济的双方当事人，自己对自己所涉的"纠纷"进行评判，往往带有较强的偏袒性，其评判结果的公信力易遭质疑。而人民法院在坚守其独立性特性的基础上，可作为政府是否依法行政的评价者。

5. 第三方组织。第三方组织并非是政府依法行政的直接利益相关者，甚至是完全独立于政府，基于第三方评价的独立性、客观性、公正性、专业性等特征，第三方组织是最为理想、最为科学的考评主体。第三方组织包括学术研究组织、商业机构、民意调查组织、社会中介组织等，常被称为"科学共同体"，也叫做外部评价主体。第三方组织具有以下特点和优势：一是评价立场的独立性，第三方评价独立于政府系统之外，与政府组织没有隶属关系和利益关系，立场超然，体现"结果导向"；二是评价工作的专业性，"第三方"拥有自己专业的评价人才和评价技术，审时度势地选择合乎社会发展的评价导向，对评价工作作出整体的规划；三是评价过程的公正性，评价的整个过程由第三方独立运作，不受评价对象的干扰；四是评价结果的公信力，透明、公开、开放性的评价过程既能让公众更好地参与评价过程，又能接受公众的广泛监督，保证了评价结果的客观公正，提高了评价结果透明和公信力；五是评价参与主体的多元性，评价的参与者有律师、法官、学术教授、新闻记者、社会工作者和一般民众等，使得第三方评价成为国家治理主体多元化的具体手段。据此，第三方评价克服了政府部门"既当运动员，又当裁判员"的矛盾。

（四）社会评议应遵循的基本原则

在结果导向和公众满意导向下，依法行政考评社会评议需遵循责任原则、程序原则、公开原则、便民原则。

1. 责任原则。"坚持以人民为中心"，政府的唯一权力是为人民谋福利。就此而言，与其说是权力，毋宁说是责任。一个为人民服务的政府，其实就是一个责任政府，在我国这一责任所体现的就是"全心全意为人民服务"。所以责任贯穿法治政府建设的始终，指向两个方面，一是对谁负责，二是承担什么样的责任。① 关于前者，无疑是要对人民群众负责，这在民主国家已是确定无疑的了。关于后者，有学者指出"责任政府既是现代民主政治的一种基本理念，又是一种对政府公共行政进行民主控制的制度安排。它要求政府必须回应社会和民众的基本要求并积极采取行动；政府必须积极地履行其社会义务和职责；必须承担道义上的、政治上的、法律上的责任；政府必须接受来自内部的和外部的控制以保证责任的实现"。② 简言之，责任政府建设要求政府能够积极地对社会民众的需求作出回应，并采取积极的措施，公正、有效率地实现公众的需求和利益。③ 由此，社会评议目的是促进更好的履行政府法治职责，提升政府公信力，提高公众满意度。

2. 程序原则。程序是看得见的正义，程序正当是保证社会评议民主价值得以实现的重要制度设计。正当程序在法治史上具有举足轻重的作用。在民主框架下，程序是预设的，蕴含中立、理性、排他、可操作、平等参与、公开等价值追求，程序一经设定，即成为具有约束力的规则，不能轻易变更，任何评议行为必须按预先设定的程序执行。程序，从法理学的角度来看，主要体现为按照一定的顺序、方式和手续来作出决定的相互关系，其普遍形态是：按照某种标准和条件整理争论点，公平地听取各方意见，在使当事人可以理解或认可的情况下作出决定……程序通过促进意见疏通、加强理性思考扩大选择范围、排除外部干扰来保证决定的成立和正确性。④ 在社会评议中，社会公众处于参与地位，良好的程序有利于社会公众可以在平等、公开的环境下对政府依法行政情况进行公正的评判，避免受到"领导影响""暗箱操作"，从形式和机制上保障社会评议民主价值的实现。

3. 公开原则。"阳光是最好的防腐剂，公开是最好的监督"。我国《宪法》

---

① 董幼鸿. 我国地方政府政策评估制度化建设研究［D］. 东北师范大学，2008.
② 张成福. 责任政府论［J］. 中国人民大学学报，2000（2）：75-82.
③ 张成福. 责任政府论［J］. 中国人民大学学报，2000（2）：75-82.
④ 季卫东. 程序的比较论［J］. 比较法研究，1993（6）：1-46.

第 2 条规定："中华人民共和国的一切权力属于人民。人民依照法律规定，通过各种途径和形式，管理国家事务，管理经济和文化事业，管理社会事务。"宪法赋予了人民参与和监督政府工作的权利，但是往往政府信息的不公开或公开不够，导致信息不对称，人民很难参与评判和监督政府工作。在社会评议中，应该做到两方面的公开，一是制度的公开，要求关于依法行政考评的相关规定、程序，依法行政考评的主体、对象及其权力（权利）与职责（义务），依法行政考评的指标、指标权重等要公开，包括对相关政府及其组成部门和公务人员公开和对社会公众公开。二是社会评议结果公开，要求打破现在的依法行政考评结果只向少数人公开或内部公开而社会公众难以知晓的局面，面向全社会公开，让社会公众知道各个政府及其组成部门的依法行政考评结果。进一步地，强调考评结果的公开和运用，既是开展考评的逻辑结果，也是满足公众知情权、实施监督权的必然要求。

4. 便民原则。便民，简单地说就是方便人民群众。便民原则是政府为人民服务的具体要求，是服务型政府建设的重要内容，是提高公众参与依法行政考评的重要条件，也是实现上述几项原则的重要保障。因此，便民原则要求社会评议的制度便于公众理解，相关决策、管理活动和政府绩效评价便于公众参与。一方面，制度文件具有相当固定的表达范式，其严谨、规范的用语往往与生活用语相距甚远，在公众素质参差不齐的状态下，即使做到全面公开，也不能为公众所理解。因此，要公众参与的前提必然是让其理解和接受。这就要求政府在制定相关制度规定时，应尽量考虑到公众的接受能力，在保证文本严谨、规范的基础上，尽量让公众理解，或者制定与之配套的解读指南，并加以广泛宣传，让公众对相关制度规定能理解接受。另一方面，为公众提供参与的便利，这是防止相关工作形式化、表面化的重要举措，也是衡量政府绩效的重要标准。这就要求在依法行政考评社会评议中，特别要引导甚至要求相关政府及其职能部门和公务人员务必为社会工作的参与提供各种便利条件，包括降低参与门槛，简化参与程序，使用现代化技术手段，使公众能方便、快捷、有序、有效的参与。①

---

①　黄洪旺 . 我国公民立法参与的制度化研究［D］. 福建师范大学，2012.

本章小结

严格来说，依法行政考评社会评议是民主的范畴，公众参与彰显民主法治价值。依法行政考评社会评议涉及民主法治理论、中国特色社会主义法治政府建设理论、法治政府评价理论和政府绩效评价理论。社会评议目的在于畅通社会公众参与依法行政考评的渠道，打破原有的自我考评藩篱，体现考评的价值理性、工具理性和法治价值。依法行政考评社会评议具有宪法依据、法律法规依据，以及中央和地方的有关规范性文件要求。同时，社会评议是依法行政考评的需要，是以人民为中心的发展思想的要求，更是人民知情权、参与权、表达权和监督权的实现机制。体现社会评议公众参与性，结果导向和公众满意导向的理念，主观评价具有特殊的功能和地位，其中主要指向公众满意度评价与专家评议。

第三章　依法行政考评社会评议体系构建

体系被视为"若干有关事物或思想意识互相联系而构成的一个整体"。这种"相互联系"体现为"有关事物或思想意识"外在的组合秩序和内在的逻辑关联。在依法行政考评社会评议中，"体系"指向组织体系和技术体系。其中，组织体系的核心为评价主体、评议主体及其关系，决定评价的公信力；技术体系的核心为评议内容、指标设计和评议方式，决定评价的科学性。

一、制度框架：社会评议体系构建的基础

依法行政考评社会评议是依法行政考评发展到一定阶段的产物。社会评议的提出和兴起，适应了权利制约权力的需要和在公共领域公众满意度评价不断拓展的要求。社会评议在依法行政考评中具有重要的地位和意义。总体而言，依法行政考评社会评议，属于依法行政考评的外部评议部分，与依法行政考评的内部考核相对应，两者耦合构成完整的依法行政考评体系，因此两者要有内在的统一性。从依法行政考评的实践看，现有的制度框架应作为社会评议的遵循。

（一）依法行政考评的制度设计

纵观地方实践，依法行政考评仍停留于地方自发阶段，以省级及以下的地方政府具体组织实施为主，在国家层面虽有相关纲领性文件作为指导，但操作层面尚无具体的统一安排。总体上，各地的依法行政考评内部考核制度设计框架遵循2004年国务院《全面推进依法行政实施纲要》、2008年国务院《关于加强市县政府依法行政的决定》、2010年国务院《关于加强法治政府建设的意

见》、2015 年《法治政府建设实施纲要（2015—2020 年）》和 2021 年《法治政府建设实施纲要（2021—2025 年）》，彰显地方特色及"政府推进型法治政府建设模式"。

表 3-1 选取几个地方依法行政考评实践为样本展开讨论。主要特点为：

表 3-1　　　　　　　国内部分地方依法行政考评实践情况

地区	考评主体	考评对象	负责、牵头部门	考核的主要内容	考评基本办法
北京	市政府	区县政府	市推进依法行政工作领导小组、领导小组办公室	1. 依法行政的意识和能力；2. 转变政府职能；3. 行政决策；4. 行政立法；5. 行政执法；6. 防范和化解社会矛盾；7. 行政监督。	考核采用计分制，基础分为 100 分，考核计分方法采取扣分制。考核结果在全市范围内通报。
江苏	省、市、县各级政府	市县乡政府及其所属部门、垂直（双重）管理部门	省市县本级推进依法行政工作领导小组办公室	1. 依法履行职责；2. 科学民主决策；3. 加强制度建设；4. 规范行政执法；5. 强化行政监督；6. 防范化解社会矛盾；7. 落实推进依法行政保障措施。	采取百分制计分方式。内部考核 80%，外部评议 20%。考核结果是否公开未做说明。
吉林	省、市、县各级政府	市县乡各级政府、长白山管委会及其所属部门、垂直（双重）管理部门	省内县级以上人民政府法制部门	1. 依法履行职责；2. 科学民主决策；3. 加强制度建设；4. 规范行政执法；5. 强化行政监督；6. 防范化解社会矛盾；7. 落实推进依法行政保障措施。	采取百分制，考核机关根据办法制定年度考核实施方案，内部考核与外部考核相结合。考核结果内部通报，并采取适当方式向社会公布。

续表

地区	考评主体	考评对象	负责、牵头部门	考核的主要内容	考评基本办法
广东	省、市、县各级政府	市县乡各级政府及所属部门、直属机构、垂直（双重）管理部门	省市县级政府设立的依法行政（法治政府建设）工作领导协调机构	1. 制度建设；2. 行政决策；3. 行政执法；4. 政府信息公开；5. 社会矛盾防范和化解；6. 行政监督；7. 依法行政能力建设；8. 依法行政保障。	按百分制计分，内部考核不超过80%，社会评议不低于20%。考评结果在行政系统内部进行通报。
湖南	省、市、县各级政府	市县乡各级政府及所属部门、垂直（双重）管理部门	省内县级以上政府法制部门	1. 转变政府职能，深化行政管理体制改革；2. 科学民主决策；3. 提高制度建设质量；4. 规范行政执法行为；5. 防范化解社会矛盾；6. 行政监督；7. 提高依法行政观念和能力；8. 依法行政的组织领导；9. 推进依法行政的其他工作。	采取百分制计分方式，外部评议分值不低于20%。考核结果应当在行政机关内部通报，并采取适当方式向社会公布。
河北	省、市、县各级政府	市县乡各级政府及所属部门、垂直（双重）管理部门	省内县级以上政府法制机构	1. 依法行政意识和能力；2. 依法行政制度建设和实施；3. 依法、科学、民主决策；4. 行政执法；5. 化解社会矛盾纠纷；6. 推进依法行政、建设法治政府取得实际效果。	考核可采取百分制计分方法，在年度考核方案中设定分值和评分及加分、减分标准。向被考核单位反馈考核结果并予公布

续表

地区	考评主体	考评对象	负责、牵头部门	考核的主要内容	考评基本办法
广西	区、市、县各级政府	市县乡各级政府及本级政府部门、垂直管理部门	区市县本级政府依法行政办公室	1. 依法行政的组织领导；2. 民主决策机制；3. 规范性文件监督管理；4. 行政执法；5. 行政监督；6. 行政争议解决机制；7. 行政机关工作人员依法行政、依法办事意识和能力；8. 区人民政府要求对依法行政工作进行考核的其他内容。	考核以计分制 100 分为标准，分解确定各项分值。年度考核指标和评分标准由自治区依法行政办公室制定，并于每年年初公布施行。考核结果是否公开未做说明。

注：根据各地方"依法行政考评办法"整理。整理时间截至 2018 年 7 月。

一是考评主体统一为上级政府，基于我国的政治体制，政府实际上在党的领导下工作，所以这里的政府可以做广义上的理解，即包括了党委。事实上也是如此，因为具体牵头实施的主体一般为跨部门成立的"推进依法行政工作领导小组"，党委领导与政府领导一般担任小组长，下设"领导小组办公室"，负责日常考评的组织实施工作。作为一个议事协调机构，"领导小组办公室"主要挂靠在政府法制部门，处理日常事务。由此不难看出，依法行政考评的主体表现为"领导小组"，由"领导小组"代表上级党委政府行使考评权，"领导小组办公室"以政府法制部门为依托行使考评组织权，换句话说，该权力的行使，事实上为政府法制部门。当然，目前各地的依法行政考评并不局限于政府系统内部，还实施外部评议即社会评议，这一环节往往以授权的方式委托第三方组织实施，如各地的社科院、国家统计局设在各地的调查队、省（市）情调查研究中心、高校、科研院所等，极少数委托专业调查公司。根据我国的实际情况，上述一些第三方组织形式上并不隶属于政府，但是事实上也处于体制内。因此，总体而言当前地方政府依法行政考评实际上是政府完全主导下进行的。而参与社会评议的有一般的社会公众，有些也请专家参与，体现了我国法治具有专门机关法治和民本法治相结合的独有特性，① 但这些群体的意见仅是为政府提供了基本的信息，基本属于民意收集，并不能决定考评结果。2016年国务院《党政主要负责人履行推进法治建设第一责任人职责规定》进一步强化了政府主导推进的地位。

二是考评内容基本一致，以制度性进路为主要依托，各地的考评内容事实上遵循中央的纲领性文件，体现自上而下的一贯性，这些纲领性文件主要有《全面推进依法行政实施纲要》《关于加强市县政府依法行政的决定》《关于加强法治政府建设的意见》《法治政府建设实施纲要（2015—2020 年）》《法治政府建设实施纲要（2021—2025 年）》等，但同时，又基于考评的地方性，考评内容各地又有所区别，根据地方需要在中央纲领性文件的内容基础上，有所增减。考核的数据来源则为政府依法行政情况的统计数据。根本上说，在"政府推进型法治政府建设模式"下，依据国务院文件制定地方考评指标，符合我国"单一制国家"的体制特征，具有权威性和正当性。

三是考评模式以内部考核为主，社会评议一般仅占 20%，部分地方占比为30%。其中内部考核为客观量化考核，数据来源为政府系统的年度统计数据；社会评议是主观评价，通过大样本的社会公众调查问卷获取数据，尤以满意度评价为普遍手段。此外少数地方还采取了书面审查与实地考察相结合、普通社会公众调查问卷与专家访谈（调查）相结合等形式。总体而言，内部客观考核基本一致，但社会评议的具体方式、方法各异。

四是考评结果以政府系统内部通报为主，向社会则是"以适当方式公布"。在结果应用上形式上体现为作为领导班子和领导干部综合考核评价的重要内容，及作为考评对象奖励或处罚的依据。也就是说考评结果直接作用于考评对象及其政府负责人，充分体现了政府主导下的"科层体制"优势，根本上体现了"以评促建"的组织管理激励机制，与我国"政府推进型法治政府建设模式"相符合，突显了行政体制的优势，具有中国特色。实践表明，地方政府自上而下地依法行政考评，指标体系的层层沿用和分级适用，推动下级行政机关实现上级预设

---

① 凌斌. 法治的中国道路 [M]. 北京：北京大学出版社，2013：78.

的目标，符合行政系统科层制的特点，同时表明考评属于传统的目标管理模式。①

（二）依法行政考评制度评析

实践表明，当前的依法行政考评政府居于主导地位，充分地发挥了其强大的政治资源，在推进法治政府建设进程中发挥重要作用。一方面通过考评促使地方政府在法治政府建设上注入精力，为法治政府建设提供动力。我国具有强大的政治资源，行政主导的依法行政考评有利于调动各种行政资源来进行考评工作，从而令考评工作本身在上级政府重视的情况下能够具有比较高的效率。② 同时，在政府主导下，通过层层考评，将考评结果与政府绩效、官员晋升、奖金发放相结合，形成自上而下的压力和激励。③ 另一方面有效地维护了国家法治政府建设的统一性。法治政府既是一种状态，又有其价值蕴含。不同的实践主体，价值偏好不同，最终的结果或许会各异。在行政主导下，依法行政考评主体为上级政府，可以有效地将国家的法治理念、目标及实现路径通过考评体系和机制往下传导，保障下级政府的法治建设不走样，如此便可有效地解决法治建设过程中可能出现的价值偏差问题。④

但是内部考核的前提是假定目标的正确性，指向法治政府"正在建设什么"，并非"应该建设什么"，与法治内涵的民主价值形成悖论。⑤ 甚至出现考评指标部门利益化的现象，导致考评权异化，凸显了"政府推进型法治政府建设模式"下依法行政考评的"工具主义"，带来了诸多弊端。一是考评指标的目标导向性，强化了法治政府建设的"唯上化"。考评指标由上级政府有关法治建设目标分解、

① 黄涧秋. 国务院《纲要》框架下的依法行政考核［J］. 中共南京市委党校学报，2014（4）：76-83.

② 郑方辉，冯建鹏. 法治政府绩效评价［M］. 北京：新华出版社，2014：63.

③ 谢能重，郑方辉. 依法行政考评：行政主导、工具理性与法律依据——基于 G 省的实践审视［J］. 学习论坛，2018（5）：52-60.

④ 谢能重，郑方辉. 依法行政考评：行政主导、工具理性与法律依据——基于 G 省的实践审视［J］. 学习论坛，2018（5）：52-60.

⑤ 郑方辉，卢扬帆. 法治政府建设及其绩效评价体系［J］. 中国行政管理，2014（6）：26-31.

细化而来，指向的是"做了什么""做到何种程度"，在此导向下，为了获得好的考评成绩，以彰显地方政府法治建设的"政绩"，将必然在工作中对标指标体系，迎合上级政府喜好，上级政府的权威性在考评过程中得到彰显，但是也势必会助长下级政府"对上负责"的弊病。二是定性描述指标在考评指标体系中占比较大，强化了考评的主观性。例如，有些地方的"依法行政考核办法"中考核指标为"重大决策或与管理相对人权利、义务相关的规范性文件合法、合理"，显然这一指标主观性太强，难以把握评判标准，这必然给考评主体更大的"自由裁量"空间，强化了上级政府管控的可能性。三是考评结果限于内部公开，强化考评的内控性。就地方的有关规定而言，都表明要公开考评结果，但事实上只是有限地向社会公开，具体细节社会公众无从知晓。因此，这形式上表现了考评的公开性，但实际上却是强化了考评的内部管理属性，即内控于政府系统内部完成。简言之，这种目标导向下自上而下的内部考核具有天生的"既当运动员又当裁判员"的弊病，所体现出的管控思维和工具主义倾向，背离了法治的基本理念。①

（三）社会评议体系的框架限制与突破

理论上，社会评议体系涉及"为什么要评议、谁来评议、评议谁、评议什么、怎么评议、评议结果如何应用"等问题。其中关于"为什么开展社会评议"，指向评议的目的、理论和依据，这在第二章中已进行充分论述，在此不赘言。

关于"谁来评议"，这涉及两个方面的问题，一是"谁来组织评议"，指向评议的"组织权"问题；二是"谁有权对考评对象发表评议意见"，指向"评议权"问题。逻辑上，社会评议是依法行政考评的组成部分，与"内部考核"相对应，由此可以明确，社会评议的组织权必然由依法行政考评的主体"政府"来承担。这在依法行政考评的制度规范中也已十分清楚明确。至于第二个问题，谁拥有"评议权"呢？这是社会评议的核心问题。从依法行政考评制度设计上看，

---

① 谢能重. 依法行政考评：变迁、功能与转型 [J]. 法治社会, 2017 (1)：38-48.

仅明确了要实施外部考评、社会评议，但关于"外部"或"社会"的内涵、外延并无具体规定，这给本研究留下了深入拓展的空间。从合法性角度看，哪些主体可行使"评议权"，决定了社会评议的正当性与否；从合理性角度看，这些主体之间的关系是什么，是否具有代表性，是否有能力进行评议，则决定了社会评议的科学性。因此，合理确定社会评议的主体，既有价值意义，也有技术意义。这是本书的重要内容之一。

"评议谁"，即评议的对象由哪些主体构成。表面上，依法行政考评的目的便决定了考评对象是履行法治建设职能的"政府"，狭义上作为考评对象的"政府"仅包括本级政府组成部门和下级政府，但事实上在我国的政治体制中，履行法治建设职能的并不局限于狭义上的政府，因此各地实践中就出现了考评对象各异的安排。甚至即使在同一省内，也会出现不同的年度的考评对象不同的现象。① 对这一现象，不少研究进行了分析，有些认为狭义的政府作为考评对象适格；有些则认为基于我国的政治制度，广义上的政府均应成为考评对象。理论上，对此进行深入探讨很有必要，但这不是本书研究的重点。因为，作为政府主导下的依法行政考评的一部分或一个环节，评议对象自然由作为考评主体的政府指定，因此社会评议环节无须多加考虑。

关于"评议什么"，即评议的内容，细化为评议的指标。同样，作为依法行政考评的一部分或一个环节，逻辑上需符合依法行政考评整体设计，也需与内部考核匹配，如此才能保证依法行政考评的整体性。那么，社会评议"评议什么"就自然需与内部考核的考核内容相同。因此，这不作为本书研究的重点。当然，毕竟社会评议与内部考核的性质、模式及参与主体差异性大，所以如何使评议的内容为评议主体所认知，使评议具有操作性，则是本书要深入探讨的了。

关于"怎么评议"，是社会评议的关键，即评价技术体系决定社会评议的科学性。评议的方式方法多样，如何更有效、更具针对性地实施评议，成为本书研究的重点。需要强调的是，社会评议是主观评价，主观评价的科学性往往

---

① 如广东省 2014 年的考评对象有 72 个，分为四类；2015 年的考评对象有 70 个，分为三类；2016 年、2017 年的考评对象相同有 64 个，分为 3 类。

被质疑，在第一章的文献综述中已呈现了诸多研究者的顾虑，这也是本书研究的问题的原点，如何突破这一难题，成为本研究的重中之重，也是本书的价值所在。

关于"评议结果如何应用"，这既受限于既定的依法行政考评制度安排，但又有其特殊性，即社会评议的开放性，决定了评议结果应用对社会公众的回应性，因此如何发挥社会评议结果的效用，体现社会评议的价值，也成为本书要解决的问题之一。

综上所述，依法行政考评的制度设计为社会评议体系构建明确了方向和基本框架。但鉴于社会评议的特殊性和在制度规范、实践操作中的未明确性，社会评议体系的构建应着力解决"谁来评议"和"怎么评议"等问题，前者指向"组织体系"，后者指向"技术体系"。

二、实践经验：法治评价的实践与经验启示

法治评价源于西方国家，在我国以依法行政考评为主，自 1997 年以来，历经 20 年的发展已逐步完善。近年来关于法治评价、依法行政考评的研究与实践也日益成为热点。审视国内外的法治评价实践，对于构建依法行政考评社会评议体系具有重要的借鉴意义。

（一）国外及我国其他法域关于法治评价的实践经验

关于法治评价及其指标体系的研究，现有研究表明，最早始于 1968 年，美国学者 W. M. 伊万通过统计分析来自联合国等多个世界组织的资料，设计出了一个包括 70 项具体指标的法律指标体系。此后，各国学者不断尝试设计了不同的关于法治评价的指标体系。目前比较有代表性的法治评价项目有世界银行"全球治理指数""联合国法治指标项目""世界正义工程"法治指数。我国的香港和台湾地区，实施的有关法治评价充分借鉴了国际上的成熟经验，目前也已较为成熟，主要有香港法治指数和台湾公共治理指标体系。关于这些法治评价情况，可以通过表 3-2 进行比较分析。

表 3-2　　　　国外及中国香港特区、台湾地区关于法治评价的实践情况

项目	世界银行"全球治理指数"	联合国法治指标项目	"世界正义工程"法治指数	台湾公共治理指标体系	香港法治指数
评价主体	由世界银行发起	联合国维和行动部、人权事务高级专员办事处与联合国政治事务部、法律事务部、儿童基金、发展规划署、难民署、世界银行等联合发起	由美国律师协会发起	由台湾"行政院研究发展考核委员会"委托"台湾公共治理研究中心"组织实施	香港社会服务联会
评价对象	针对 200 个左右的国家和地区	针对被评价国家的警察机关和监狱	针对全球 100 个左右的国家	针对台湾地区	针对香港特区
评价内容	政府效能、法治与贪污 3 个基本维度，涉及话语权和责任、政治稳定性和不存在暴力、政府效率、规管质量、法治和腐败控制等内容	绩效、廉洁、透明度和问责、对待弱势群体的态度以及能力 4 个维度，84 个指标，其中警察机关 41 个，监狱 43 个	限制政府权力、消除腐败、开放的政府、基本权利、秩序与安全、监管秩序、民事司法、刑事司法、非正式司法 9 个维度，52 项指标（2014 年 6.0 版）	法治化程度、政府效能、政府回应力、透明化程度、防治贪腐、课责程度、公共参与程度等 7 方面，设 20 个二级指标，121 个三级指标	法律的基本要求、依法的政府、不许有任意权力、法律面前人人平等、公正地施行法律、司法公义人人可及、程序公义 7 个方面

续表

项目	世界银行"全球治理指数"	联合国法治指标项目	"世界正义工程"法治指数	台湾公共治理指标体系	香港法治指数
评价方式	不自主组织调查,而是采用30多个权威机构(主要为商业机构和非政府组织)的调查数据,这些数据主要通过民间调查和专家调查获取	主客观评价相结合,客观评价数据来源于官方数据、内部数据和文件,主观评价采用公众问卷调查和专家问卷调查相结合的方式	主客观评价相结合,以主观评价为主。数据主要来源于普通人口调查和专家型受访者调查,少量来源于特殊事件的统计数据	主客观评价相结合,客观评价数据来源于地区的政府统计及国际组织统计资料,主观评价数据通过有关研究报告和专家问卷调查获取	主客观数据相结合评价,以客观数据和调查数据为基础,借助专家进行评价,专家随机从政府官员、执法官员、法官、立法会议员,以及法律专业人士中拣选,同时设外来专家对专家评价做检视

资料来源:1. 钱弘道等. 法治评估及其中国应用 [J]. 中国社会科学,2012(4):140-160,207-208;2. 李蕾. 法治的量化分析——法治指数衡量体系全球经验与中国应用 [J]. 时代法学,2012(2):25-30;3. 孟涛. 法治的测量:世界正义工程法治指数研究 [J]. 政治与法律,2015(5):15-25;4. 郑方辉,黄怡茵. 法治政府评价的国际经验 [J]. 华南理工大学学报:社会科学版,2016(3):53-62;5. 何志强,邱佛梅. 国内法治评价指标体系:现状与评析 [J]. 华南理工大学学报:社会科学版,2016(3):71-78;等等。由作者综合整理。

从国外的实践看,相关的法治评价指向的是一个国家整体或特定的地区,而不是针对政府本身。因为,在西方政治逻辑中,现代政府是法治的产物,所以法治政府是一种应然状态,相关的法治评价指向的是政府的实际作为与法治要求存在的距离,而非政府本身是否合法。①

由表可知,国外及中国香港、台湾地区的法治评价虽然目的各不相同,但

---

① 郑方辉,黄怡茵. 法治政府评价的国际经验 [J]. 华南理工大学学报(社会科学版),2016(3):53-62.

是在组织模式、评价方式上却有着诸多鲜明的特点，一是评价主体均为独立于政府的第三方组织，台湾地区虽然由"行政院研究发展考核委员会"发起评价，但其具体委托"台湾公共治理研究中心"组织实施，也具有一定的独立性。同时，参与评价的主体多元化明显，既有普通的社会公众，也有来自各行各业的专家学者，专家在评价中的地位突出。二是评价的内容具有鲜明的指向性，以法治内涵为根本遵循，既有体现法治形式正义的指标，也有体现法治实质正义的指标，客观上为倡导和推动法治提供载体。尤为明显的是世界银行"全球治理指数""联合国法治指标项目""世界正义工程"法治指数的评价内容更加反映法治的普遍意义，因为其评价对象针对世界上的多个国家，而各国的情况差异巨大，要使一套指标适用于国情迥异的各国，唯有遵循法治精神实质。三是评价方式既有定性评价也有量化评价，以量化评价为主，定性评价为量化评价提供参考。主观评价数据来源于大样本的普通社会公众调查和专家调查，其中专家调查是数据的重要来源，凸显专家知识理性在评价中的重要作用。四是评价结果由评价主体向全社会公布，成为各国（地区）法治水平及营商环境的参考依据。

（二）国内第三方组织关于法治评价的实践经验

虽然我国的法治评价主流是政府主导的依法行政考评，但近年来有关法治第三方独立评价活动在全国兴起，被视为法治政府评价的一道风景线。[1] 代表性实践活动有：自 2007 年起由浙江大学主持的"余杭法治指数"、自 2012 年起华南理工大学法治评价与研究中心持续开展的"广东省法治政府绩效满意度调查"、自 2013 年起由中国政府大学法治政府研究院持续开展的"中国法治政府评估"等，详见表 3-3。

---

① 郑方辉，陈磊.法治政府绩效评价：可量化的正义和不可量化的价值 [J].行政论坛，2017（3）：86-92.

表 3-3　　　　　　　　国内部分第三方组织开展的法治评价情况

项目	"余杭法治指数"	"广东省法治政府绩效满意度调查"	"中国法治政府评估"
评价主体	杭州市余杭区委区政府委托浙江大学法学院实施	华南理工大学法治评价与研究中心	中国政法大学法治政府研究院
评价对象	余杭地区（分四个层次：余杭区总体、区级机关、乡镇、农村社区）	广东省 21 个地级以上市	每年选取 100 个左右城市作为评估对象
评价内容	党委依法执政、政府依法行政、司法公平正义、权利依法保障、市场规范有序、监督体系健全、民主政治完善、全民素质提升、社会平安和谐（2007 年的内容）	政策公平、执法公正、政务公开、服务态度、服务效率、政府廉洁、市场监管、社会治安、总体表现（2012 年的内容）	机构职能及组织领导、制度建设和行政决策、行政执法、政府信息公开、监督与问责、社会矛盾化解与行政争议解决、公众满意度调查（2013 年的内容）
评价方式	分内部组、外部组和专家组开展评价，其中内部组成员由党委、人大、政府及司法机构中直接参与法律实践的工作人员组成，外部组成员由大学教授、中学教师、律师、记者、企业家等人员组成，专家组成员由有较高知名度和专业权威的专家组成。其中数据来源于各单位的统计和民意调查，专家组的评估则是对内部组和外部组数据采样的分析。	在全省范围内开展大规模的公众满意度调查，评价每个评价对象的调查样本超过 1000 人。对每个评价对象的调查，深入到其所辖的县（市、区）。	由中国政法大学法治政府研究院教师和研究生组成的专业评估团队分别对一级指标项下的二级和 　三级指标展开评估。包括网络搜索数据、申请公开、实地调研等方式。

资料来源：1. 钱弘道等. 法治评估的实验——余杭案例 ［M］. 北京：法律出版社，2013；2. 郑方辉、冯健鹏. 法治政府绩效评价 ［M］. 北京：新华出版社，2014；3. "中国法治政府评估"课题组等. 中国法治政府评估报告（2013）［J］. 行政法学研究，2014（1）：3-10，143；笔者对有关内容进行了整理。

与政府主导的依法行政考评不同，第三方组织开展的法治评价主要有以下几个特点，一是评价主体为独立的科研机构，具有自发性、自主性和独立性。评价主持者主要为法学专家学者，具有丰厚的法治知识，参与评价的有普通的社会公众（参与问卷调查），也有专家学者，其中专家学者具有重要地位。二是评价对象具有区域性，如余杭法治指数仅对余杭区开展评价，区域范围较小；广东省法治政府绩效满意度调查也仅限于一省范围内。三是评价的内容各异，是基于各评价者组织一定的研究成果基础上确定的，具有兴趣偏好，但以法治内涵为依据，有些还将法治作广义化理解，但总体而言侧重对法治结果的评价，具有结果导向。四是评价方法以主观评价为主、客观评价为辅，主要通过大样本的社会公众问卷调查获取数据，同时通过专家咨询、调查获取专家评价数据，有些还以通过实地调查、对政府网上主动公布的客观数据等为数据源实施评价。五是评价结果每年均向社会主动公开，形成了大量的研究成果，虽然不能如政府主导的依法行政考评那样给地方政府带来压力，但是却也已形成对依法行政考评起到相辅相成的作用，越来越受到政府的关注，成为推进我国法治政府建设不可忽视的力量。

（三）国内外实践的特征与启示

从国内外法治评价、依法行政考评实践看，每一项评价、考评都有其独特之处，国外的法治评价实践迥然不同于国内的依法行政考评实践，根本原因在于其不同的法治历史背景、文化传统，也源于不同的评价主体作出的制度安排。国内的依法行政考评也与由第三方独立实施的法治评价有较大差异。也正因为这些差异，为进一步完善我国的依法行政考评提供了不一样的参考样本，尤其是国外和国内第三方的法治评价，其主体都独立于政府系统，具有广义上的社会评议的特点，为建立、完善我国的依法行政考评社会评议提供了重要启示。

一是考评（参与评议）主体多元化是法治评价的趋势。从国外和国内第三方组织的法治评价看，从考评主体到参与评议的主体均不局限于一类或少数几类主体，主体的多元化有利于更广泛地获取"众意"，为法治政府建设提供更为广泛、多元的信息基础，促进社会公众的有序参与，保证考评的公信力。从国内地方政府的依法行政考评社会评议实践看，政府主导、委托第三方实施、广泛开展社会公众问卷调查，事实上也体现了主体多元化的趋势。因此我国的依法行政考评社会评议中宜考虑除政府外的其他主体在考评中的地位和作用，尤其要重视一般社会公众和专家学者参与考评的制度化安排。

二是考评的内容、指标体系构建以制度安排为进路符合我国实际。基于法治建设模式、法治传统、文化背景和法治评价目的不同，国内外体制外的法治评价注重的是水平评价，侧重测量实质法治水平的实现程度；政府主导的依法行政考评注重的是法治政府建设成效（状态）评价，侧重测量形式法治达到的程度，以督促地方政府加强法治政府建设，推进法治进程。当前我国的法治建设任务的重心在于推进法治政府建设，所以，我国的依法行政考评应以制度性进路为主，但借鉴体制外评价经验，社会评议指标（内容）及问卷设计既要符合社会评议的大众化又要体现法治的专业性要求。

三是考评以主客观相结合的方式，重视专家在考评中的作用，是社会评议的主流。政府的法治职能具有不能完全量化的属性，因此开展法治评价（依法行政考评）应采取主客观评价相结合的方式，从现有的各类法治评价实践看，这是普遍采用的模式。其中面向社会公众的问卷调查具有广泛性、随机性特点，从我国政府评价、法治评价实践看，实施公众满意度评价具有可行性。满意度反映的是评价者的个体偏好，主观感受性强，无专业性、技术性要求，每一个社会公众都可以参与发表意见，有利于广泛收集民意。但法治评价、依法行政考评不同于一般的民意调查，因政府依法行政具有专业性，需具有专门知识的人才能作出针对性的评价，体现评价的专业性、科学性，因此在以主观评价为主的社会评议中，还要加强专业评价的功能，注重引入专家学者，发挥专家学者在社会评议中的知识理性作用，提升社会评议的有效性。

四是考评结果公开和有效发挥作用，是法治评价的应有之义。考评只是手段，以考评推进建设才是目的，因此发挥考评结果的作用十分关键。从我国的依法行政考评实践看，考评结果与官员奖励息息相关，成为推动法治政府建设的重要力量。但这还不够，因为当前的考评结果仅为政府系统内部公开，社会公众不得而知，因而有"自娱自乐"之嫌，尤其是社会评议中，社会公众参与了，但却对结果无从知晓。从体制外的各类法治评价实践看，公开就是最好的结果应用，因此政府主导的依法行政考评要重视考评结果的公开效力，特别是社会评议环节的结果公开，既是对社会公众参与的回应，也是促进政府推进法治建设的压力和动力。

三、公信力：政府主导下多元主体参与的社会评议组织体系

社会评议的组织体系涉及由谁来组织实施、评议的对象是谁、评议的程序流程怎么安排、评议的结果该怎么应用等问题，这些都需要一套系统、完备的规则加以确定和规范。技术上，科学合理的组织体系是评议运行的基础保障，决定着评议的公信力。前已述及，基于社会评议在依法行政考评中的属性，社会评议的组织体系是在依法行政考评体系基础上的个性化，因此关于社会评议组织体系的构建，本书主要就评议主体及其逻辑关系进行论述。

（一）社会评议中的关联主体

主体的确定问题，更深层次的是涉及社会评议的主导权、组织权、实施权、评议权的多重权力关系问题，也就是社会评议中的权力分配问题。简单地说，主导权就是在社会评议中的宏观管理权，对评议的各要素、全过程具有决定权，居于评价中各种权力的核心地位。在现行的依法行政考评中，政府（一般表现为考评领导小组）居于主导地位，拥有主导权；在国外和国内第三方组织开展的法治评价中，第三方组织主导整个评价活动，拥有主导权。组织权就是在社会评议中对社会评议的过程进行总体设计和组织实施，并得出评议结果的权力。具体表现在依法行政考评中，考评"领导小组办公室"具体负责组织，拥有组织权。实践中，"领导小组办公室"作为一个议事协调机构，不是一个实体，因而具体实施考评的只是"领导小组办公室"所挂靠的政府法制部门，也就是说行使实施权的是政府法制部门。在社会评议中，具体实施评议工作的往往又表现为第三方组织，事实上这就是实施权的外包。评议权，就是参与到依法行政考评中的个体所行使的评议政府的权力，在依法行政考评中可表现为：上级领导评下级政府，下级官员（职员）评上级政府，同级政府（部门）官员（职员）评其他政府（部门），以及政府系统外的主体（包括个人和组织）对被考评对象（政府或部门）的评议，其中发表评议意见的个人（或组织代表）就拥有评议权。本书研究的核

心，就在于最后一种情形，即由哪些主体，通过什么途径，对被考评对象进行哪方面的评议。关于这些权力的划分，以及由谁来行使这些权力，在评价政府的各类活动中，都处于核心地位，决定着评价的公信力。从世界各国的实践来看，总体趋势是考评主导权、组织权趋向于统一主体实施，只有统一起来，才能进一步统一评价技术体系及结果应用，将目前各类纷繁复杂的考评整合进一套考评体系中。①

就依法行政考评社会评议而言，涉及的主体包括主导整个依法行政考评的主体（简称考评主体），组织实施社会评议环节的主体（简称实施主体），参与评议的主体（简称评议主体），同时评议主体又可以由不同类型的主体构成。具体而言，依法行政考评社会评议是价值导向与工具理性密切关联的活动，离不开公众参与，作为具体的参与方式，公众满意度评价体现民主和法治的本义，专家评议以知识理性弥补满意度评价不足，为确保社会评议的价值理性和工具理性相统一，构建多元主体的依法行政考评社会评议新模式具有逻辑一致性与现实可行性。基于我国政府主导的法治政府建设模式和依法行政考评及其社会评议的功能定位，社会评议的组织体系核心在于构建"政府主导-第三方实施-公众满意度评价（公众参与）-专家评议（专家参与）"的多元主体参与评议的组织体系。关于这一组织体系的内在关联，将在接下来的几部分一一进行详细阐述。

（二）政府主导是中国特色社会主义法治政府建设的本质特征

实践表明，政府的主导（政府作广义解释，因此政府主导内含党委的领导）凸显中国特色社会主义法治政府建设优势，新时代更应强化政府的主导作用。

从中国特色社会主义法治政府建设历程看，缺乏现代法治传统的土壤，因为有了中国共产党强大的政治力量，才使我国走上了如今的中国特色社会主义法治道路。在此背景下，我们党的先进性、政府的人民性和建设时间的紧迫性，决定了建设中国特色社会主义法治政府必须也只能走在党的领导下，自上而下政府主

---

① 曹小华，张兴. 立足于解决问题的佛山绩效管理 [J]. 中国行政管理，2014 (8)：53-56.

动推进与自下而上人民广泛参与相结合的道路。① 党的十九大报告指出 "中国特色社会主义最本质的特征是中国共产党领导，中国特色社会主义制度的最大优势是中国共产党领导"，"党的领导是人民当家作主和依法治国的根本保证"，"必须把党的领导贯彻落实到依法治国全过程和各方面，坚定不移走中国特色社会主义法治道路"。在全国人大十三届一次会议上通过的宪法修正案，将 "中国共产党领导是中国特色社会主义最本质的特征" 写入宪法总纲第一条，进一步明确了中国共产党的领导地位。党的二十大报告强调，"坚持和加强党的全面领导" 是前进道路上必须牢牢把握的重大原则，要 "把党的领导落实到党和国家事业各领域各方面各环节"。中国特色社会主义法治政府建设凸显中国共产党的领导地位，这是区别于西方国家法治政府的最本质特征。

追根溯源，这一模式的诞生有着深厚的历史渊源。一方面，在中国历史上，法治资源缺乏。改革开放后，中国逐渐融入全球化浪潮，市场经济兴起，亟须法治对经济社会发展的保障，于是在法治资源缺乏的情况下，构建起了以国家权力来设计和推行法治的 "政府推进型法治政府建设模式"，走以政府推进为进路的法治化道路是时代和国情需要。另一方面，自上而下的依法行政考评源于目标责任制考核。目标责任制考核最早在企业管理中被运用并大获成功，随后在改革开放建设进程中被引入政府管理，形成推动政府改革和政府经济、社会建设职能实现的有力手段。把这一机制引入依法行政考评，具有对现有成功路径的依赖。从制度变迁角度看，这种路径依赖是在缺乏法治传统土壤上推动现代化的法治政府建设的现实需要，有利于在不确定条件下去识别和消除对无效制度的探索，为加快推进法治政府建设赢得时间。②

在政府的推进下，中国特色社会主义法治政府建设具有很强的强制性，即通过上级政府设立法治政府建设目标，依托政治资源，层层传导压力，强制要求各级政府逐级整合资源，强力推进法治政府建设。有目标，就有逐级分解落实的过程，就有逐级考核的机制。如 2004 年国务院《关于印发〈全面推进依

---

① 马凯. 加快建设中国特色社会主义法治政府 [J]. 求是，2012（1）：8-12.

② 谢能重，郑方辉. 依法行政考评：行政主导、工具理性与法律依据——基于 G 省的实践审视 [J]. 学习论坛，2018（5）：52-60.

法行政实施纲要〉的通知》就强调要"认真组织制订落实《纲要》的具体办法和配套措施，确定不同阶段的重点，做到五年有规划、年度有安排，确保《纲要》得到全面正确执行；地方各级人民政府和各部门的主要负责同志要加强领导，切实担负起贯彻执行《纲要》、全面推进依法行政第一责任人的责任，一级抓一级，逐级抓落实；加强对贯彻执行《纲要》的监督检查，对贯彻执行不力的，要严肃纪律，追究责任"。往后的有关推进法治政府建设的纲领性文件，无不强调目标分解细化、考核落实的重要性。所以，以依法行政考评为主要手段的推进法治政府建设的考评应运而生。自1997年党的十五大报告就明确"实行执法责任制和评议考核制"这一依法行政考评的最初形式以来，依法行政考评日趋完善，已成为一种以微观手段驱动政府宏观目标实现的手段。①2016年国务院印发《党政主要负责人履行推进法治建设第一责任人职责规定》，明确党政主要负责人是推进法治建设第一责任人。2021年党中央、国务院印发《法治政府建设实施纲要（2021—2025年）》，强调"各级政府及其部门主要负责人要切实履行推进本地区本部门法治政府建设第一责任人职责，作为重要工作定期部署推进、抓实抓好"。因此，为保证法治政府基本建成目标实现，更要坚持政府的主导地位。

（三）公众参与是法治政府建设的题中之义

依法行政是法治政府建设的核心内容和根本路径。回望历史，在我国的法治政府建设进程中一度认为依法行政的政府即是法治政府。新中国成立后的很长一段时间，我国的政府部门主要是"依政策办事"，改革开放后逐步过渡到"依法办事"，②直到1993年才在国家层面提出了"依法行政"的概念，③并被认为"依法行政是依法治国的重要组成部分，在很大程度上对依法治国基本方略的实

---

① 郑方辉，尚虎平．中国法治政府建设进程中的政府绩效评价 [J]．中国社会科学，2016（1）：117-139，206．

② 1984年4月，彭真在首都新闻界座谈会上的讲话中明确指出"要从依靠政策办事逐步过渡到不仅依靠政策，还要依法办事"。

③ 1993年3月，在第八届全国人大一次会议上的政府工作报告提出"各级政府都要依法行政，严格依法办事"。这是我国在国家层面首次提出"依法行政"的概念。

行具有决定性的意义"。① 2004 年国务院印发《全面推进依法行政实施纲要》，首次明确了"全面推进依法行政"的核心目标是"建设法治政府"。

显然，从改革开放初期到本世纪初的 20 年时间里，从"依政策办事"到"依法办事"再到"依法行政"，凸显的是"法律工具主义"，认为只要政府部门及其工作人员严格按照"法律"行政，即是"依法行政"。所以 2008 年国务院印发的《关于加强市县政府依法行政的决定》就明确指出"市县两级政府处在政府工作的第一线，直接涉及人民群众具体利益的行政行为大多数由市县政府做出，各种社会矛盾和纠纷大多数发生在基层并需要市县政府处理和化解。市县政府能否切实做到依法行政，很大程度上决定着政府依法行政的整体水平和法治政府建设的整体进程"。所以要加强对市县两级政府的"依法行政考核"，着重解决"一些行政机关及其工作人员依法行政的意识不强，依法办事的能力和水平不高；一些地方有法不依、执法不严、违法不究的状况"。并明确了"依法行政考核"的标准和要求："把是否依照法定权限和程序行使权力、履行职责作为衡量市县政府及其部门各项工作好坏的重要标准，把是否依法决策、是否依法制定发布规范性文件、是否依法实施行政管理、是否依法受理和办理行政复议案件、是否依法履行行政应诉职责等作为考核内容。依法行政考核结果要与奖励惩处、干部任免挂钩。"明显地，依法行政考核凸显了政府管理自上而下的目标导向和"工具主义"。其背后的根本逻辑预设是，法律由人民代表大会制定，体现的是人民的意志，政府"依法行政"即具有了合法性基础，反之则是违背人民意志的。在我国"管理主义模式行政"体制下，上级政府往往代表着公共利益，上级政府"依法"设置的行政目标和行政活动规则即是对相关法律在操作层面的分解、细化，据此而对下级政府开展"依法行政考核"，显然具有"代表人民"的合法性。那么由上级政府依据其制定的考核体系对下级政府实施考核，以明确政府及其工作人员的行政行为是否与法律规定、是否与上级政府制定的行政目标和行政活动规则相一致，形成"法律一致性考核"，确保考评的合法性。

---

① 1999 年国务院颁布《关于全面推进依法行政的决定》，开宗明义"依法行政是依法治国的重要组成部分，在很大程度上对依法治国基本方略的实行具有决定性的意义。""依法行政"的具体内容和要求首次在国家层面予以规范，"依法行政"由理念转为全国性的具体实践和要求。

但在我国"管理主义模式行政"体制下，政府及其工作人员并不是消极地依法行政，其所体现的"创制法律"的主动性、行政过程中的"自由裁量"和为社会提供公共产品、公共服务的主动性，都已经超越了人民代表大会制定的"法律"的规定范围。那么仅由上级政府为主体实施的内部考核则显得"不合理"，开展社会评议则具有紧迫性和正当性。一方面，公众参与是现代法治的根本体现。在政府积极行政背景下，政府的诸多行政行为，如行政决策、行政制度创制等，在一定程度上体现了"政治过程"，① 而"公众参与、专家咨询、政府决策"已成为这些"政治过程"的"标配"，那么社会公众参与评议政府及其工作人员是否"依法行政"则成为法治政府建设的重要要求。另一方面，公众参与是社会公众民主权利实现的重要体现。知情权、参与权、表达权和监督权是公民的基本权利，在"强政府-弱社会"背景下，社会公众只有被动接受的机会，而没有主动参与的途径和机制，这与"参与"的理念相悖，因而政府主导下的依法行政考评主动开放评价权，吸纳社会公众参与评议，构建多元主体参与的考评模式，符合国家治理现代化的要求，也是法治政府所具有的价值意蕴，更为保障公民基本权利创设了有益的渠道。

（四）专家参与是社会评议合理性的体现

依法行政考评服务于推进法治政府建设，在当前，核心任务是推进"法治政府基本建成"的目标实现。在此目标导向下，自上而下的各级政府将逐一分解、细化目标，使之形成年度计划、一段时期的中长期计划，一个完整的计划理应包括目标水平、可衡量的标准与方式、实施的程序、手段、技术和投入等，依法行政考评的根本任务则在于对计划实施一段时间后，将已经实施的活动与原计划目标进行对照、验证，以得出这段时间的工作是否达到既定的计划目标的结论。显然，庞大的政府法治职能的履行和法治政府建设目标的制定与实施是极具技术化

---

① 王锡锌认为，政治过程的本质，是不同利益的表达、竞争、交涉、妥协并在此基础上达成合意的过程。行政机关本应是对"政治过程"所产生的明确意志或指令的执行，但事实上行政机关的公共决策、行政立法等行政行为往往是根据宽泛的标准对大量相互竞争的利益冲突进行权衡和协调解决的活动，因而本质上就是一个行政治过程。王锡锌. 依法行政的合法化逻辑及其现实情境 [J]. 中国法学，2008（5）：63-76.

和专业化的工作，特别是计划的实施需要高度专业化的程序、标准和手段，体现政府法治职能履行的行政技术性、法治政府建设的知识性和公共管理的专业性。① 如此，作为衡量法治政府建设水平工具的依法行政考评对知识理性和技术理性的需求显而易见。显然一般面上的社会评议无法满足依法行政和依法行政考评的技术性要求，增强社会评议的技术性和知识性成为必然。面对依法行政及其考评的技术性需求，专家评议成为不二之选。实践中，专家评议在国内外有关法治评价中地位显著，是世界上有关法治评价的主流，如世界正义工程法治指数专门设有"专家型受访者调查问卷"，受访者由民商法、刑法、劳动法和公共卫生等领域的专家学者组成；联合国法治政府评价中通过专家调查而获得评价数据的指标有 78 项，占全部指标总数的 58%；世界银行"全球治理指标体系"的大量评价数据源自代表商业评级机构和非官方组织的专家评议意见；香港法治指数的社会调查对象以学术界、政府界和企业界人士为主。在我国的法治政府建设过程中，专家同样具有重要的作用，"专家咨询"已成为法治政府建设，特别是行政立法和政府决策过程中的法定程序。在各类法治评价中，专家评议亦占据较低比重，如"余杭法治指数"将"专家评审"在总分中的占比达 30%，华南理工大学课题组构建的法治政府绩效评价指标体系，专家评议指标有 13 项，占全部指标的 31.7%。这些都反映出我国的法治（政府）评价对专家及专家理性的期待。符合主观评价的主流趋势。

进一步，专家的价值中立性体现评议的公信力。具体表现为专家评议针对的是政府依法行政情况的实然层面而非应然层面，对所有考评对象均持同一标准，在考评的所有环节上都保持相同的标准尺度，始终坚持独立自由的地位。② 所以说专家评议的公信力是一种建立在科学理性基础上异于传统强制性的知识话语权。③ 综合而言，在法治评价领域，基于专家的技术理性，专家评议针对的是法治政府建设的现状与法治理念相互间的差距；基于专家的价值中立性，专家评议所持的是外在视角，摒弃个人的感觉、经验和利益追求，使得他们能够更专业

① 谢能重. 依法行政考评社会评议中的公众参与和专家评议互补互证 [J]. 广西社会科学，2018（3）：133-138.
② 陈骥. 五问专家评价 [J]. 中国统计，2011（4）：17-18.
③ 徐文新. 专家、利益集团与公共参与 [J]. 法律科学，2012（3）：47-59.

地、更客观地评价法治政府建设中的得与失，从而更能够获得国家、社会的认同。① "余杭法治指数"主持人钱弘道就指出"之所以增加专家组的评审，目的在于尽量避免法治指数可能出现不合理的情况，同时专家组的评审更具有公信力，更能让社会群众接受，法治指数也更能客观、全面、真实地反映余杭区法治状况"。②

（五）第三方组织实施是社会评议运行有效性的保证

各类法治评价的主观评议环节虽然形态各异，但有一点是得到共识的，那就是由第三方组织实施主观评议，开展公众满意度评价和组织专家评议。在各地的依法行政考评中，社会评议环节由第三方组织实施也已成为常态。社会评议作为外部评议与政府内部考核相对应，从程序上来看，第三方评估更能体现形式正义。③ 而且其具有天然的超然地位，因而考评结果公信力较强。④ 一方面第三方组织实施保持了社会评议外部评价属性，避免外部评价的政府操纵嫌疑，保证社会评议主体的公信力；另一方面第三方组织，独立于政府，一般由有关方面的专家、学者或其他专业技术人员组成，既具有独立性，又有其专业性，因而可以避免由政府自行组织实施所存在的弊端，也可保证评议的专业性和公信力。

综上而言，第三方组织是最理想的社会评议主体，也是国外的法治评价中最常用的组织方式。但将之引入国内的实践，则会产生"橘生淮南则为橘，橘生淮北则为枳"的窘境，根本原因在于获取政府全面的信息较为困难，又基于我国的基本国情，因而既要把政府作为考评主体，又要依托第三方组织的力量。在此模式下，政府是主导者，但第三方具体组织实施，包括组织公众满意度评价和专家评议，同时为了体现第三方组织的作用，从问卷设计、样本抽样及组织形式均由

---

① 张建. 论法治评估的立场与类型 [J]. 常州大学学报（社会科学版），2016（5）：74-81.

② 钱弘道. 2008 余杭法治指数：数据、分析及建议 [J]. 中国司法，2010（3）：33-41.

③ 章友德，张伟. 论依法行政的评估主体选择 [J]. 甘肃联合大学学报（社会科学版），2010（2）：15-17.

④ 谢能重，周礼仙. 法治政府建设进程中的依法行政考评 [J]. 华南理工大学学报（社会科学版），2016（3）：63-70.

第三方组织具体负责，政府不予干涉，由此形成"政府主导-第三方组织实施-公众满意度评价（公众参与）-专家评议（专家参与）"的社会评议模式。一方面充分发挥政府的主导作用，通过政府内部权力对下施加影响，保障评议过程的顺利、通畅；另一方面也尽可能地避免了由政府直接组织实施的弊端，发挥第三方组织作为独立、理性组织者的优势，从而更好地贴近社会公众，争取获得社会公众的认可，保证社会评议的公共性、有效性与公信力。

四、执行力：大众化与专业性相结合的社会评议技术体系

技术体系决定考评的有效性和可操作性，一套完善的技术体系是最终评议结果科学、合理的基础保证。可以说，技术规则体系从技术层面体现了法治政府建设及其评价的工具价值，也是实现其理性价值的具体支撑。社会评议的政府主导框架，要保证社会评议的执行力，指标体系、调查问卷设计是关键，评议方式方法是核心。

（一）评议指标的统一性与差异性

从现实看，评议指标或评议内容的统一性和差异性矛盾是最突出的问题，一方面我国是单一制国家，需要法制的统一。另一方面，我国地区差异大，完全统一的指标体系不利于发挥地方主观能动性。因此在关于指标体系设置规则设计上，既要遵循全面性原则，也要考虑因地方差异所需要的区别对待的问题；要遵循可操作性原则，既要考虑社会评议简便易行，又要考虑评议指标的针对性，服务依法行政考评全局。关于这些原则，更多地要在依法行政考评制度设计上予以强化。换句话说，依法行政考评的指标体系具有自上而下的统一性，已经通过顶层设计统一设置，在社会评议中关键在于如何把这些指标转化为可为社会公众所接受和评价的内容、可为专家评议反映法治政府建设实质的专家问卷。

也就是说，具体到社会评议中，更为重要的是注意公众满意度评价的广泛性与依法行政的专业性的矛盾解决和专家评议的专业性与社会评议的公共性相结合的问题。因此，在社会评议的问卷设计上，要注意统筹协调各类评价量表的统一性和差异性、量表内容的专业性和量表问题的生活性，以保证量表既能够准确反

映所对应的指标，又能易于为公众、专家所理解和评判。同时，公众满意度评价趋向政府依法行政的价值实现和社会公众的利益偏好，收集到的是民意信息，因此，关于价值判断的内容需交由公众满意度评价获得。而专家评议趋向对事实真相的判断，在依法行政考评社会评议中主要涉及的是政府依法行政的相关工作，如行政立法、行政决策和行政执法等环节是否按照目标、规则、方案执行到位，显然一般社会公众难以判断这些，需要通过专家的技术理性和专业知识予以判断，体现的是专家知识的针对性，凸显考评的工具理性。所以，针对社会公众与专家设计两套不同的评议指标，基于社会公众所具有的知识能力，指标设计要更具操作性；基于专家在评议中所应有的功能，指标设计要更具针对性和具体化。两套指标要具有内在的关联性，并能与内部考核指标体系耦合，最终共同构成依法行政考评的量化分值。

（二）公众满意度评价的民主性与合目的性

政府依法行政所反映出的成效与公众满意度是相辅相成的，要获得高的公众满意度，必须要有高质量的依法行政表现。[①] 建设人民满意政府是法治政府的应有之义，因为"人民满意不满意，高兴不高兴，赞成不赞成"体现了新时代"坚持以人民为中心"的发展与治国理念。

公众满意度评价作为技术性的工具折射两重功能：一是民主性。公众满意度评价以公众满意度作为衡量政府依法行政的标准，充分体现了以民为主、人民当家作主的民主要义和有中国特色的社会主义民主政治进程中的人民的主体地位。同时，其参与门槛低、易于实施和反复使用的技术特性，可以更好地吸引和鼓励社会公众参与对法治政府建设成效、政府依法行政情况的评判，为社会公众有序政治参与、充分表达民意、行使监督权架起有效的桥梁，从而使社会公众零散的、孤立的、感性的民意得以收集起来，进而集合成系统性的民意结果，成为促进法治政府建设的民主力量。二是目的性。社会科学研究通过主观调查将目标量化，进而形成评价结果是一个通行的方法。公众满意度反映公众期望，体现公众

---

① 谢能重. 依法行政考评社会评议中的公众参与和专家评议互补互证 [J]. 广西社会科学, 2018（3）：133-138.

目的，这与依法行政目的相一致。根本上说，依法行政的核心要义是要监督约束政府行政权力，更好地保障和维护社会公众的合法权益。公众满意度评价，畅通了社会公众参与监督政府运行的渠道，使社会公众对政府的监督不再是"空中楼阁"。同时，考评所具有的"指挥棒"作用，可以把社会公众对政府的期待融入政府行政中去，促使政府按照社会公众的意愿和偏好调整行政行为、提供更符合社会公众的公共服务和公共产品，由此增强了考评的合目的性。

（三）专家评议的专业性与针对性

在依法行政考评社会评议的参与者中，依据其身份特征设立专家角色，根本目的在于发挥专家的知识理性，以独立的、理性的、中立的立场对政府依法行政情况加以评判，解决依法行政考评社会评议中"专业技术知识"供给的问题。

"专业性"是现代行政基本特征。逻辑上，政府依法行政的"专业性"需要专业的评判。基于当前的实践和从评价的角度看，依法行政考评主要从制度建设、行政过程、行政目标实现、行政成本等维度展开。其中，制度建设主要涉及行政立法的民主性、科学性、规范性等方面；行政过程包括行政执法、民主决策、政务公开等方面；行政目标实现涉及政府制定的各项政策、措施的实现程度；行政成本则涉及"投入-产出"问题。显然，这些内容并非一般公众容易接触、了解到的，也不是一般公众凭主观感觉就能有效评判的。这样，专家理性显得尤为重要。一方面，专家具有"专业性"。专家的本质在于拥有系统性知识，对"技术性问题"作出科学判断或专业分析。具体表现为，一是专家可以对事实性的"是什么"的问题和技术性的"逻辑推理"问题进行精确地分析；二是专家评议所依据的知识、技术或方法是可检验的、可重复的，是基于客观事实所作出的"科学性"判断。另一方面，专家评议具有"针对性"。与公众满意度评价倾向模糊评价不同，专家评议可凭借其知识理性和技术手段评判政府依法行政的现状、存在的问题及其原因，使人"知其然更知其所以然"。主要表现为：一是专家以其知识、技能对政府依法行政的丰富内涵加以解构，使现实中交织在一起的各种情况得以作类型化区分，如政府行政行为的规范性、科学性、经济性、效率性和效益性，以便透过现象看本质；二是依据所掌握的知识、技术的不同将专家划分为不同类型，从而有针对性地对具有权威性和专业性的不同考评对象或不同领域的考评指标内容进行评议，保证评议的权威性，如政府法制部门官员对制度建设情况所作的评议显然更具权威性。

五、运行机制：依法行政考评社会评议机制构建

组织体系和技术体系的确定，最终需要落到具体实践中，那么运行机制就是保证评议顺畅运行的关键因素。其中重要的是建立起良好的组织领导机制、协调激励机制、监督实施机制、运行保障机制。

（一）组织领导机制

依法行政考评自上而下通过制度性进路推行，是与我国的行政体制相适应的。2021 年《法治政府建设实施纲要（2021—2025 年）》要求"各级政府要在党委统一领导下，履行法治政府建设主体责任，谋划落实好法治政府建设各项任务，主动向党委报告法治政府建设中的重大问题。各级政府及其部门主要负责人要切实履行推进本地区本部门法治政府建设第一责任人职责，作为重要工作定期部署推进、抓实抓好。各地区党委法治建设议事协调机构及其办事机构要加强法治政府建设的协调督促推动。"早在 2016 年的《党政主要负责人履行推进法治建设第一责任人职责规定》，就明确了在依法行政考评中组织领导机制的重要性。因此，首先要加强党的领导，实施"一把手工程"。党是领导一切的，强化各地党委对依法行政考评尤其是社会评议的领导，切实保障考评及评议的方向性，坚持党的领导、人民当家作主、依法治国有机统一，这是中国特色社会主义法治政府建设的根本内涵要求，也是最大优势所在。尤其是，在具体推进过程中，"一把手"的作用非常重要，正所谓"老大难，老大主抓就不难"，所以必须发挥"一把手"的领导作用，大力推进和保障考评实施。其次，改革组织实施机制，全面落实法治政府建设职责。当前的组织实施模式形式上由政府主导、考评领导小组具体负责，然而领导小组是临时的议事协调机构，作为领导小组办公室的政府法制部门表面上具有组织权，但事实上受制于各部门，也就是说作为考评对象的政府部门（下级政府）其实也同样承担一定的涉及考评的工作，因而出现了考评权力异化的现象。具体来说表现为，一方面把考评作为落实部门法治政府建设

职责的工具，把部门利益灌输到考评指标（内容）中去，最终导致整体考评分高即领导满意，而社会公众不满意的现象。另一方面，为获取漂亮的考评成绩单，有被考评对象迎合考评"做材料"甚至虚报数据现象，体现在社会评议中就是在考评前做表面功夫迎合社会公众偏好，甚至在公众满意度评价进行中派人参与填写问卷的现象。要革除这些不足，需改革现有的组织实施机制，统一考评权，把考评的组织、实施工作统一归口一个部门。建议在现有机制上进行适当改革，即把政府法制部门调整为"法治部门"，统一负责本地法治建设工作（包括法制建设与依法行政考评等工作），而不仅仅是"考评领导小组办公室"，切断考评中被考评对象对考评工作的"渗入"管道。在社会评议中，则体现为"法治部门"通过委托第三方组织实施，对第三方进行指导和协助，同时监督被考评对象，防止被考评对象在社会评议中的"参与"行为。

（二）协调激励机制

依法行政考评及其社会评议是一项系统工程，涉及面广，任务繁重，需要在面上给予大力的协调和激励。

一方面，要建立协调机制。社会评议，涉及评议主体和评议对象，内部关系和外部关系，这些相关方的关系协调是社会评议运行顺畅的重要因素。一是多元主体间的协调，要求明确各个主体间的主导地位和参与地位，由主导者统筹评议工作的各个环节及其相互间的关系，其他主体各就其位各司其职，但又要体现其主体地位，因而彼此间的相互协调，是十分必需的。二是被考评对象与社会公众的协调。被考评对象与评议者间在地位、信息上是不对等的，所以会出现政府的努力得不到社会公众认可，而社会公众所期望的却不被重视的情况。其中就缺乏了两者的互动协调，导致了彼此间的不知情、不了解，所以加强彼此的协调沟通是考评的应有之义，也是提升政府依法行政公众满意度的必要之举。三是被考评对象与专家的协调，如前所述，专家评议所关注的是政府依法行政的实际效果，而要准确评议被考评对象，就需要建立专家与被考评对象之间的互动关系，这就要求两者间要有良好的沟通协调的机制和平台，以利于保证评议的准确性，以及促进被考评对象完善依法行政工作。

另一方面，要建立激励机制。此处所言之激励机制与评议的结果应用无关，只关乎实施依法行政考评及其社会评议这项工作本身，涉及具体负责该项工作的部门及其工作人员和参与到相关环节工作的人员（如参与考评的普通社会公众）。一是对具体负责该项工作部门及其工作人员的激励，他们不是考评的主体，但却为整项工作提供最基本、最基础的实施保障，也会在一定程度上对考评结果产生一定的影响，适当的激励可以更好地调动他们工作的积极性，发挥他们的主观能动性，为考评工作提供优质的服务，且可以在工作中及时发现存在的不足，加以总结分析并上报，为完善考评提供基础依据。当然，这项工作本身属于他们的本职工作，与激励机制相应而存在的必须有惩罚机制，概而言之就是要奖优罚劣（包括懒惰）。二是对相关者如参与考评的普通社会公众、专家的激励，在当前的社会环境下，良好社会评议氛围尚未形成，公众和专家的参与意识尚未得到培育，很多公众往往存在"事不关己高高挂起"的心态，如此使得考评工作质量不高，也影响了最终的考评质量。如是，加强对相关者的激励是保证评议效果的重要因素。

（三）监督实施机制

社会评议的实施过程需要监督，以保证公正实施、合理实施，不走样。从监督主体和监督模式看，可分为内部监督和外部监督。一方面，内部监督，主要是依法行政考评系统内部的自我监督，包括党委的监督、人大的监督、行政系统内部监督。首先是党委监督，党委作为领导核心，是人民根本利益的代表，监督依法行政考评及社会评议是履行领导职责的本质所在，同时也有利于党委更好地领导政府实施好依法行政考评。其次是人大监督，这是人大作为权力机关、立法机关监督政府行为应有的职责，从人民主权论的观点看，其行使对政府行为的监督即是代表人民行使对政府的监督权，可以更好地督促政府履行本职。最后，政府的自我监督，是政府自己给自己设置的一道关卡，是政府自我完善的体现。另一方面，外部监督，就是与依法行政考评没有利害关系的政府系统以外的主体对依法行政考评及其社会评议的实施进行的监督，包括社会公众的监督、媒体的监督和第三方组织的监督。首先，社会公众的监督，是公民直接履行自我的监督政府的权利的直接体现，是现代民主国家民主的直接体现，也是公民本身具有的宪法权利。其次，媒体的监督是媒体以其敏锐和专业的视角对政府行为进行的监督，往往媒体以其"无冕之王"的姿态实施的监督是最有威慑力的，现代社会，媒体的监督是保证社会民主和政府依法行政的重要力量。最后，第三方组织的监督，是最具专业视角和技术含量的，也是民主社会必不可少的监督力量，通过第三方组织的监督，可以更敏锐地发现依法行政考评在组织实施和技术方法上的优缺点，以保证政府的行为更加具有专业性和公信力。

（四）运行保障机制

考评技术功效的发挥需要厚实的支撑保障。依法行政考评及其社会评议需要知识、技术、人文环境的保障。一是知识保障。考评的组织实施对人才的依赖性很高，需有专门的人才队伍。一方面，需要一支专门的工作队伍。从依法行政考评本身而言，其涉及法学、管理学、统计学、经济学、政治学、社会学及其相关技术科学等诸多学科的知识和技术，需要相关工作人员具备一定的理论知识和技术能力，以保障日常运行。此外，多元主体背景下的依法行政考评社会评议，各主体本身也需要加强相关理论、技能的学习，如此才可以更好地实施考评和评议。另一方面，除基本的工作人员队伍，还需一支专业的专家团队提供智力支持。实践证明专家团队的参与，不仅可以提升考评的科学性、合理性及专业性，更有利于提升考评的公信力，降低实施阻力。二是技术保障。在信息化时代，依法行政考评需要与之匹配的信息管理系统，为考评提供智能信息化支撑。就社会评议而言，通过信息管理系统，既有利于政府与社会公众、专家的沟通互动，也是促进政府信息公开的有效途径，如此评议者可以更全面地了解和把握政府依法行政情况，从而作出更为客观的评判。三是人文环境保障。公众满意度评价有赖公众的参与，但从我国的实际情况来看，公民社会的发展尚不成熟，尚未孕育出直接评价政府的社会土壤，① 因此加强公民评价政府的人文环境成为必须。

本章小结

依法行政考评社会评议扩大了公众参与，并与内部考核相耦合构成完整的考

① 郑方辉，等. 政府整体绩效评价：理论假说及其实证检验 [J]. 公共管理学报，2011 (3).

评体系，两者具有内在统一性。但社会评议更侧导引法治政府"应该建设什么"，体现考评的价值理性。在我国"政府推进型法治政府建设模式"框架下，借鉴国内外的法治评价实践经验，为增强社会评议的公信力和执行力，应构建"政府主导—第三方实施—公众满意度评价（公众参与）—专家评议（专家参与）"的组织体系和大众化与专业性相结合的技术体系。其中，公众参与使法治政府建设彰显民主价值；专家参与是法治评价的技术要求，体现社会评议的合理性。在运行机制层面，为保障依法行政考评社会评议组织体系和技术体系的有效运行，应建立起良好的组织领导机制、协调激励机制、监督实施机制、运行保障机制。

第四章 依法行政考评社会评议
公众满意度评价

公众满意度评价是政府绩效评价的重要形式及其组成部分。依法行政考评是对政府的评价，社会公众拥有评议政府的权力。满意度评价源自企业营销中的消费者评价，导入政府管理领域体现了现代治理理念，它既是公众参与的重要方式，也是评价政府的方法论。对依法行政考评社会评议而言，公众满意度评价具有理论依据和现实意义。

一、公众满意度评价的理论分析

（一）公众满意度评价的内涵

满意度起源于消费心理学的研究，最早为顾客满意度，所反映的是顾客在购买商品或接受服务时的感受与其购买商品或接受服务前的预期的比值。上世纪90年代，顾客满意度的理念被引入政府和公共部门，形成以满意度为导向的社会公众评价政府的公众满意度评价。即通过组织社会公众对政府进行满意度评价，得出社会公众对政府满意或不满意的结果。一般情况下，可用公式 $PSI = q/e$ 加以描述，其中 PSI（Public Satisfaction Index）表示公众满意度，q（quality）表示公众对政府提供的公共产品或服务质量的感知，e（expectation）表示人们的期望值。[①] 显然，q 与 e 存在是否具备一致性的问题，当 q>e 时，说明公众对质量的

---

① 郑方辉，张文方，李文彬. 中国地方政府整体绩效评价理论方法与"广东试验"［M］. 北京：中国经济出版社，2008：309-310.

感知大于其事前的期待，那么 PSI>1，表示满意度高；当 q<e 时，说明公众对质量的感知小于其事前的期待，那么 PSI<1，表示满意低；当 q=e 时，说明公众对质量的感知与其事前的期待相当，那么 PSI＝1，满意度则处于中等适度水平。由此可知，公众满意度的高低，取决于公众的事前期待与实际接受政府及其部门提供的服务时的感知。因而具有很强的主观性、模糊性、层次性、相对性和可测性。[1]

首先，主观性表现为公众作出满意与否的评价，所根据的是自身的主观感受，与其自身的经历、知识、生活经验息息相关，体现不同评价主体的价值偏好。其次，模糊性表现为公众满意度所呈现的是一个模糊化的结果，也就是说公众作出评价时并没有明确的界限，无法反映满意或不满意的边界。再次，层次性所反映的是基于满意度的主观性，因而处于不同阶层、具有不同需求、所处地域不同的公众，往往因其认知处于不同的层次，因而作出的评价也呈现一定的层次性。第四，相对性表明公众所作出的评价结果是相对的，不是一成不变的，也就是说评价结果可能因时因地而异，有时作出的评价或者是相对于其他部门的工作而言，有时可能相对于过往的经验而言。最后，可测性表明虽然公众满意度有这样或那样的不确定性，但是社会公众心中始终存在一个评价的值，这个评价值或许是在接受政府服务时产生的或者是在接受服务后产生的，有时可能只是一念之间，而通过模糊测评方法，还是可以将社会公众内心的这个评价值具体化为量化数值，因而公众满意度评价具有可行性。

从公众满意度产生的机理看，公众满意度可以从过程性满意度和结果性满意度两个维度加以认识。一是过程性满意度，表现为社会公众基于其接受政府服务的某一次经历或基于某一件具体的事项而作出的评价，这一评价针对的是单一过程或单一对象，是在接受政府服务的过程中作出的。二是结果性满意度，指向对政府整体表现的评价，是基于接受政府一系列的服务后作出的积累性评价，针对的是整体而不是某一具体经历或事项。这一评价的根据或许是基于经历多件事之后的集合而形成的对政府整体的评价，也可能是虽未事实上与政府有直接接触，但是作为普通社会公众可以概括性地感受政府所为及其成效，从而作出评价，如对社会治安的评价，即使没有实质接触有关部门，但是可以对自身生活所在地的

---

①　郑方辉，冯建鹏. 法治政府绩效评价［M］. 北京：新华出版社，2014：221.

治安状况有概括的感受，因而同样可以作出评价。

基于社会公众接受政府服务不是单纯的一次性经历，所作出的评价也不仅仅基于单一的事件，往往是多次经历或综合性因素对其评价产生影响，因而诸多研究认为，公众满意度评价是积累性、结果性评价。因此，理论上实施公众满意度评价时，可以通过单一问题而获得公众的满意度评价结果，而不必需要将问题分解成几个方面的细化问题，加权出最终结果。

(二) 公众满意度评价的理论背景

公众满意度评价有多学科性背景和基础。一是政治学基础，"主权在民"以及人民主权的思想，表明人民是国家的主人，有权力评价政府。也就是说，政府的价值导向应以人民为导向，以人民是否满意为评价标准。民主行政理论更为直接地指出"支持公民更多地参与公共政策的发展、管理与评估，以确保更高程度的社会公平"①。新公共行政理论、新公共服务理论的兴起，为社会公众评价政府提供了坚实的理论源泉。二是心理学基础，满意度本身是心理学概念，社会心理学、消费心理学对此作了深入研究。其中适应水平理论表明，社会公众在社会生活中会逐步形成一种期望水平，即适应水平，他们在接受政府服务时，如果结果超出这种适应水平，则会有较高的满意度，反之则满意度低。公平理论则表明，社会公众作出满意度评价除了取决于期望与实际效果的比较外，还取决于政府行为是否公平合理。归因理论表明，社会公众对美好事物的向往，往往会投射到政府身上，也就是说社会公众的期待能够实现与否，往往会"外归因"于政府，因此政府的形象和行为往往成为社会公众评价政府的重要因素。需要层次理论表明，人的行为受其需要所决定，当其某一时期或在某一区域的需要占据内心的主导地位时，此时的需要得到满足，那么作出的满意度评价将是积极的，反之则满意度低。所以政府行为需因时而变，不断满足社会公众美好期望。三是管理学基础，作为公众满意度的源头顾客满意度来源于企业管理，从企业管理的角度，讲究"投入-产出"最大化，重视产品和服务的顾客满意度，形成了以顾客

---

① ［美］康特妮，［美］马克·霍哲．张梦中译．新公共行政：寻求社会公平与民主价值［J］．中国行政管理，2001（2）：43-46.

满意度为导向的企业管理模式。在顾客满意度的基础上，受新公共管理理论的影响，形成了顾客满意度与公共管理相结合而产生的公众满意度。新公共管理理论主张，政府管理要借鉴企业管理的理念、机制和模式，打破冗繁的官僚体制，提高行政效率和效益，并将顾客满意度迁移到公共管理中，倡导公众满意度，并以此作为评价政府的依据。四是社会学基础，社会学认为人的个人特质和生活的文化环境因素对其判断具有较大影响，因此在公众满意度评价中，要关注分析评议主体的个人特质，如性别、职业、年龄、受教育程度等。同时，评议主体成长的背景、所处的经济发展状况，往往也会影响社会公众的判断。因而在实施公众满意度评价时，要注意这些变量。

（三）公众满意度评价的经典模型

随着公众满意度研究的不断深入，学者们依据其研究结论，构建了各类公众满意度评价模型，并投入实际应用。较为成熟的模型有，瑞典 SCSB 模型、美国 ACSI 模型、欧洲 ECSI 模型和中国 CCSI 模型。

瑞典 SCSB（Swedish Customer Satisfaction Barometer）模型是成型最早的满意度评价模型，受到广泛认可。SCSB 模型构建了感知绩效、顾客期望、顾客满意度、顾客抱怨、顾客忠诚等 5 个结构变量，它们彼此间又形成了 6 组关系，其中顾客满意度为核心变量，指向的是顾客的积累性满意度。如图 4-1 所示。

图 4-1　瑞典 SCSB 模型

SCSB 模型中，感知绩效对顾客满意度具有正向作用，感知绩效越高则顾客满意度越高，顾客期望也对感知绩效具有正向作用。顾客满意度处于中心地位，而顾客满意度的结果指向顾客抱怨或顾客忠诚，若顾客满意度低则会引起顾客抱怨，从而导致顾客流失。顾客忠诚是模型的最终变量，若顾客抱怨则在商品或服务选购中不会或减少再次选购，即忠诚度低。反之，则顾客忠诚度高，即顾客满意度越高，顾客越对该商品或服务的忠诚度越高，越易激起顾客再次甚至多次购买或选择。

美国 ACSI（American Customer Satisfaction Index）模型，较瑞典的 SCSB 模型，ACSI 模型中增加感知价值变量，构成了感知绩效、顾客期望、感知价值、顾客满意度、顾客抱怨、顾客忠诚等 6 个结构变量，它们彼此间形成了 9 组关系，其中对顾客满意度起作用的是感知绩效、顾客期望、感知价值三个因素，而感知价值又由感知绩效、顾客期望决定，顾客抱怨、顾客忠诚则是顾客满意度指向的两个结果因素。如图 4-2 所示。

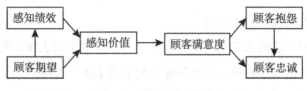

图 4-2　美国 ACSI 模型

在 ACSI 模型中，感知价值由两个因素决定：一是在给定质量下对价格的评价，二是在给定价格下对质量的评价。也就是说要改变感知价值，可以从质量或价格两个路径实现。从 ACSI 模型，感知绩效和顾客期望可以直接作用于顾客满意度，也可以通过对感知价值的影响而作用于顾客满意度，因此感知价值在 ACSI 模型中具有较重要的影响。

欧洲 ECSI（European Customer Satisfaction Index）模型是在继承 ACSI 的基础上，经过调整后形成的模型。较之 ACSI，ECSI 最大的变化是去掉了顾客抱怨这个变量，增加了企业形象 1 个变量，并将感知绩效分解为感知硬件质量和感知软件质量两个变量。如图 4-3 所示。

在 ECSI 模型中，感知硬件质量指向产品质量本身，感知软件质量指向服务质量，说明顾客满意度除了决定于产品本身的质量，还受到与之相关的服务质量的影响。同时，较之 SCSB 模型和 ACSI 模型，ECSI 模型特别强调了企业形象这一变量，说明企业的形象对顾客满意度的重要性。而把服务质量和组织形象置于

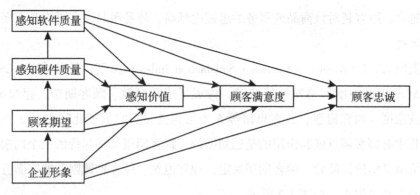

图 4-3 欧洲 ECSI 模型

政府，显然具有很强的启示意义。

当然，如前所述因为满意度的主观性，与评价主体的认知、所处环境具有很强的关联性，所以基于西方文化价值建立起来的上述三大模型，并不能简单地适用于我国，因此我国不少学者也致力于构建适合我国文化传统、制度体制环境的满意度评价模型，其中由清华大学课题组构建的 CCSI（Chinese Customer Satisfaction Index）模型具有一定代表性。

CCSI 模型充分借鉴了 ACSI 模型和 ECSI 模型，构建了由品牌形象、预期质量、感知绩效、感知价值、顾客满意度、顾客抱怨和顾客忠诚 7 个变量组成的模型，如图 4-4 所示。

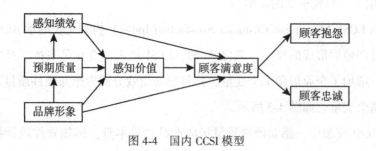

图 4-4 国内 CCSI 模型

与上述三个模型一样，CCSI 模型也是基于私人部门而构建的模型，对政府等公共部门的评价实践较少，因此这几个模型要作为对公共部门的评价模型，必须结合公共部门的特质进行必要的改造。但不可否认的是，这几个模型的成功，为在政府等公共部门开展公众满意度评价提供了良好的借鉴意义。

在借鉴企业满意度评价模型基础上，国内不少学者尝试构建了针对政府等公共部门的公众满意度评价模型。如郑方辉构建了中国政府整体绩效满意度模型,[①] 朱国玮、郑培构建了公共服务公众满意度测评模型（PSCSI)[②]，刘武构建了行政服务中心满意度指数模型（CPSSI),[③] 刘燕构建了电子政务公众满意度指数（EGPSI）模型,[④] 陈磊构建了法治政府绩效满意度概念模型,[⑤] 等等。这些模型都是在有关实证研究的基础上构建起来的，并在实践中加以应用，具有一定的应用价值和借鉴价值，也为改进、完善我国的公众满意度评价提供了良好样本。同时，也进一步说明公众满意度评价的现实可行性。

（四）依法行政公众满意度评价的可行性

本质上说，依法行政考评的核心指向政府的外部行政是否依法，那么作为外部受众的社会公众自然最具有评价权。但是，依法行政是一项专业性很强、内部操作属性明显的工作，社会公众并不能全面地了解把握政府是否依法行政，特别是在政府信息公开不彻底的情况下，更不能全面地考察核实政府部门依法行政情况，所以社会公众参与到依法行政考评中，采用主观评价的方式最为可行，其中公众满意度评价是核心。一方面，建设人民满意的政府是政府本质的题中应有之义。建设人民满意的服务型政府是党的十八大、十九大确立的我国行政体制改革的目标，党的二十大报告强调"必须坚持人民至上""坚持以人民为中心的发展思想"，那么人民满意不满意自当成为检验政府的标准。就法治政府建设而言，

---

① 郑方辉，张文方，李文彬. 中国地方政府整体绩效评价：理论方法与"广东试验"[M]. 北京：中国经济出版社，2008.

② 朱国玮，郑培. 服务型政府公众满意度测评理论与实践 [M]. 北京：科学出版社，2010.

③ 刘武. 公共服务接受者满意度指数模型研究 [M]. 沈阳：东北大学出版社，2014.

④ 刘燕. 电子政务公众满意度测评理论、方法及应用研究 [D]. 国防科技大学，2006.

⑤ 陈磊. 法治政府绩效评价中的公众满意度研究——以广西为例 [D]. 华南理工大学，2017.

以公众满意为导向实施满意度评价则可成为检验政府依法行政情况的温度计和风向标。另一方面，满意度是人的一种感觉状况水平，是在人们比较期望与现实状况后的感觉，这种期望与现实状况的比值即为满意度，通过运用模糊集合理论和模糊测评方法可取得满意度的量化值，① 使主观评价结果也可以实现量化，进而与内部的客观考核结果合成为最终的考评量化结果。由此，在技术上可以使外部社会评议与内部考核相向而行，两者之间形成互补互证的效果，增强依法行政考评的科学性、合理性与合法性。

当然，公众满意度是建立在主观感受的基础上的情感反应，与个人的体验、经历息息相关，受个体的价值判断影响较大，不少实证研究提供了这方面的相关性研究，如有研究认为公众满意度评价结果与 GDP 存在较强的正相关，② 而不同类型的评议参与者也与公众满意度评价结果相关，③ 这些说明在依法行政考评中实施公众满意度评价有利于政府针对性实证、改进依法行政工作，提升公众满意度。而正因为上述诸多复杂因素可能对公众满意度评价产生不同的影响，所以对公众满意度评价的作用需秉持理性的态度，由易及难，由浅入深，而不可一刀切，在操作规则的设计上，要充分考虑评议内容的可接受性、参与评议的积极性和激励、参与主体的认知水平等参数。④ 在结果应用上，政府不能盲目根据公众满意度评价得到的主观评价结果来评判实际的服务质量，必须慎重对待测量结果。⑤

---

① 郑方辉，何志强．法治政府绩效评价：满意度测量及其实证研究——以 2014 年广东为例 [J]．北京行政学院学报，2016（2）：41-48．

② 郑方辉，周礼仙．经济发展能提升法治政府建设绩效吗——基于 2016 年广东省的抽样调查 [J]．南方经济，2016（11）：113-124．

③ 陈磊、唐霄等人的研究认为参与评议的公众背景特征如性别、年龄、职业等与公众满意度评价结果有相关性。参见：陈磊．法治政府绩效满意度实证研究——基于 2014 年广西的抽样调查 [J]．学术论坛，2016（5）：115-121，148；唐霄，李春毅．经济发展与法治政府绩效评价的关系——基于 2014 年广西壮族自治区的抽样调查 [J]．社会科学家，2016（6）：57-60。付景涛、曾莉认为体制内主体的打分高于体制外主体，参见：付景涛，曾莉．对主观型政府绩效评估结果的统计分析——以珠海市"万人评议政府"为个案 [J]．学术论坛，2010（2）：34-38。

④ 黄洞秋．国务院《纲要》框架下的依法行政考核 [J]．中共南京市委党校学报，2014（4）：76-83．

⑤ 曾莉．公共服务绩效主客观评价的一致性论争：来自不同的声音 [J]．东南学术，2013（1）：56-64．

事实上，在有关法治的评价中，公众满意度评价已有不少案例。如广东省自2014 年至今持续在年度依法行政考评中设置公众满意度评价，上海市分别于2009 年、2014 年组织实施了以过去五年为考评周期的依法行政公众满意度评价，《中国法治政府评估报告》将"公众满意度"作为 7 个一级指标之一，华南理工大学课题组独立组织实施"广东省法治政府绩效满意度调查"中"依法行政满意度""行政执法满意度"是重要的组成部分。

综合而言，每项措施并不都是尽善尽美的，在依法行政考评中开展公众满意度评价是大势所趋，在依法行政考评中如何科学有效有针对性地实施公众满意度评价，是发挥依法行政考评在推动"法治政府基本建成"目标实现中的关键。因此，有必要进一步分析依法行政考评公众满意度评价中的影响因素，以完善依法行政考评方案，提升考评的有效性和公信力。同时，通过考评发现法治政府建设进程中的不足之处，为进一步加快法治政府建设提供决策参考。

二、依法行政公众满意度评价主体

依法行政公众满意度评价主体指的是参与到满意度评价中的社会公众，是发表具体评价意见的人，一般情况下可称为"评价者"。社会公众是一个集合概念，按照不同的标准可做不同的分类，而不同群体的评价主体往往带有该群体特有的价值偏好，因此合理区分评价主体类别，明确其各自间的关系，对于实施好依法行政公众满意度评价具有现实意义。

（一）社会公众参与满意度评价的动因

社会公众参与公共事务管理是宪法赋予的基本权利，我国《宪法》第 2 条规定，社会公众可以"通过各种途径和形式，管理国家事务，管理经济和文化事业，管理社会事务"。但事实上，在"强政府-弱社会"文化背景下，我国公众主动参与到公共事务管理中来还不甚积极。那么探讨社会公众基于什么动机才会参与，以及可能会受什么因素影响，对扩大社会公众积极参与到依法行政公众满意度评价中来显然很有意义。

　　社会公众参与满意度评价的动机主要基于以下几个方面：一是主体实现动机。我国《宪法》规定"中华人民共和国的一切权力属于人民"，人民是国家的主人，参与满意度评价是社会公众作为国家主人地位的体现，也反映了社会公众对"国家主人"这一政治地位及政治制度安排的信赖。在现代民主、法治国家，事实上有更多的人基于这一信仰参与社会公共事务，则更有利于国家民主建设和法治建设。二是利益驱使动机。在一般公众心中，政府与社会公众的地位并不平等，即政府始终处于强势地位，社会公众处于被动地位，那么使政府改善自身形象，让社会公众满意，成为社会公众的诉求。而在依法行政公众满意度评价中，社会公众可以借助这一平台发声，表达利益诉求或偏好，以实现心中愿望。正如政治学者王浦劬指出的那样："利益的自我实现性源于人的需要的自身满足，任何需要主体的任何需要，从其产生的那一刻起就带有自我满足的动力基因和目标指向。"① 当然，参与满意度评价与参与听证等不同，其在评价中所反映出的诉求，并不能直接传递到政府案头，也就是说并不能对自我的利益需求产生直接影响。但是，与不参与自身的诉求连发声都不可能相比，显然这一途径是一般社会公众反映诉求的重要渠道。三是从众心理。这在网络平台评价和随机拦截评价中表现得较为突出，主要表现为评价者并无评价意愿的情况下，因为身边人参与满意度评价时，受到影响或被同伴鼓动而参与评价。评价者之间相互干扰，事先评价者的意见影响较大，使得评价数据产生偏差。这是在评价组织中需要注意避免的。四是受被评价对象驱动。实践发现，有极少数评价对象为了在满意度评价中获得高分，明示或以其他方式驱使本单位工作人员或其他相关者参与评价，如在网络评价平台，有组织地发动或暗示多人参与评价。显然这种参与是被动的，是基于外在压力驱使的，明显违背了参与的真正要义："参与的含义就是亲自参与，是自发自愿的，而不是被卷进来的，更不是被迫的。"② 这对于公众满意度评价来说是一种作弊行为，有违纪律规定和道德要求，是坚决要杜绝的。

　　实践表明，当前我国社会公众参与公共事务的管理等事宜的水平和质量并不

---

① 王浦劬. 政治学基础 [M]. 北京：北京大学出版社，1995：55.
② [美] 乔·萨托利著，冯克利，阎克文译. 民主新论 [M]. 北京：东方出版社，1998：127.

高，在依法行政公众满意度评价中亦然。中国的国情决定了大规模的公众评估还需要一个发展的过程。① 可能的制约因素主要有：一方面经济社会发展水平的制约。所谓经济基础决定上层建筑，在经济基础尚未夯实，社会发展水平较低的时候，社会公众还为生活奔波的时候，参与满意度评价的意愿自然不高。正如亨廷顿所言，社会-经济发展促进政治参与的扩大，造成参与基础的多样化，并导致自动参与代替动员参与。② 我国改革开放四十年来，总体而言经济社会得到了较好的发展，但是中产阶级存量并不大，相当数量的人们尚无心于生活以外的事情。另一方面，我国有着几千年的皇权传统，形成了"强政府-弱社会"的文化环境，社会公众处于弱势地位。新中国成立以来，我国的全能型政府，也让社会公众没有太多的机会参与公共事务管理，政府仍处于强势地位。长期以来的文化环境，影响了社会公众的参与意愿。

（二）参与公众满意度评价的主体及其类型划分

与拥有支配性权力的考评主体不同，公众满意度评价的主体是参与主体而不是主导者。因为政府依法行政与每个人息息相关，并无时不受政府行政行为的影响。因此，每个社会公众其实都可以成为依法行政公众满意度评价的主体。一般情况下，我们习惯将政府与社会公众的关系定义为行政主体与行政相对人的关系，但从社会公众与政府的互动关系看，并非这么单一。罗森布鲁姆和克拉夫丘克在论证社会公众与政府公共行政互动关系时，将这种互动关系分为了五类，包括：服务对象和顾客、被管制者、参与者、诉讼当事人、基层公务员，他们认为公众深受公共行政的影响，并经常处在与公共行政管理者的互动之中。③ 这给公众满意度评价主体类型的划分提供了很好的借鉴，即社会公众在与政府的互动中

---

① 谭融，韩玲梅. 从冲动到制度：社会评议政府绩效的相关分析 [C]. 中国行政管理学会 2005 年年会暨"政府行政能力建设与构建和谐社会"研讨会论文集. 2005.

② [美] 亨廷顿，[美] 纳尔逊著，汪晓寿，吴志华译. 难以抉择——发展中国家的政治参与 [M]. 北京：华夏出版社，1989：69.

③ [美] 戴维·H. 罗森布鲁姆，[美] 罗伯特·S. 克拉夫丘克著，张成福等校译. 公共行政学：管理、政治和法律的途径（第五版）[M]. 北京：中国人民大学出版社，2002：474-476.

所处的角色不同，往往会有不同的体验，得出的评价意见也往往不同，甚至是相反的。因此，从广泛性和代表性原则看，有必要对参与公众满意度评价的社会公众做进一步划分类型：

一是政府的服务对象。这类群体在与政府互动过程中获得的是政府的服务，在商业互动关系中这样的服务对象被称为顾客，两者具有一定的相似性，因此将顾客满意度评价迁移到对政府公共行政的评价中来，是有道理的。在这一互动关系中，社会公众获得的是来自政府的服务，一般这样的行政行为被称为"给付行政"，体现的是政府公共行政的给付功能，具体表现为社会公众在就业、救助、救援、医疗保障等方面获得政府的支持和服务。这类群体与政府形成的互动关系较为广泛，也因接受到政府的服务而心存好感，在满意度评价中往往赋分较高。当然这也不是必然的，因为对政府给付行政的期待值较高，而如果政府服务不到位，如在发放救助款时态度僵硬、延时等，那么也会获得低分评价。因此，在依法行政公众满意度评价中，这一类公众往往基于自身与政府的交往过程中，政府工作人员的服务效率、公平性等给他们留下的印象，作为评价的依据。所以收集这类群体的意见信息，有助于检视政府行政工作的效率和效果。

二是行政相对人。广义上与政府行政机关处在相对地位的人都是行政相对人，但为了更好地明确其在依法行政公众满意度评价中的角色，这里可以做狭义的解释，即在政府行政机关的秩序行政中承担一定负担的人。与给付行政中相对人获得服务即享受福利补贴相反，在秩序行政中的相对人，所受到的是政府行政机关的管制，如在公安机关执法行为中受影响的公众。这类群体处于与政府行政机关相对的位置，从心理学的角度看，任何人处在被管制的地位时，对行政机关的评价总是趋于负面的，这就造成了在各类政府评价中，公安机关等一线执法部门的社会评价分值总是较低的原因。

三是公共行政事务的参与者。如当前诸多的听证会、咨询会中的参与者。这类群体数量较少，但公众参与已经成为现代行政的重要特征，在日常生活中参与机会也越来越多。社会公众参与公共行政事务，使其对政府部分的决策、行为模式有直接接触，因而可以更好地了解政府部门。在这一互动关系中，政府部门可以积极回应社会公众关切，让社会公众了解、明白政府行政、决策的缘由，从而有效促进社会公众成为政府部门的"拥护者"。① 在此基础上，基于对政府部门的了解，而在公众满意度评价中可能会偏向积极评价。

四是行政诉讼当事人。随着法治的深入推进，"民告官"已经较为普遍，特别是新《行政诉讼法》的颁布，进一步畅通了"民告官"的渠道。这里的"民"即在行政诉讼中的诉讼当事人，这类群体占社会公众的比例虽然很小，但是却因为其在与政府互动过程中，认为被侵犯了自身权益，从而可揭示政府依法行政情况。有些地方的依法行政考核中还明确以"行政诉讼量""行政机关胜诉率"等为考核指标。

上述四种类型是主要的关系类型，当然在社会公众与政府的互动关系中，还存在其他的关系，本书不再一一列明。而在实践操作中，对社会公众的分类，又往往从其他角度来分列，如在 G 省 2016 年的依法行政公众满意度评价中，参与评价主体被分为"两代表一委员"（包括党代会代表、人大代表和政协委员），企业代表，社会团体代表，省机关代表，省政府直属单位代表，行政相对人和居民等。其中，"两代表一委员"、省机关代表、省政府直属单位代表，具有一定的政治身份，参与政府相关决策，具有公共行政事务参与者的角色；企业代表、社会团体代表、行政相对人，在社会生活中与政府打交道的机会最多，往往处于被管理者的地位；当然，企业在追求经济发展的大背景下，也往往被政府定义为服务对象，在服务型政府建设背景下，一般的社会公众也成为服务对象，因此企业代表与公众，又可定义为政府服务的对象；在法治框架下，上述人群都有可能成为行政诉讼中的当事人。以上，不论以何种视角划分，其背后蕴含的角色定位都与评价者与政府之间的关系相关，而关系的亲疏或接触的深浅、多寡，又会对政府的了解程度产生影响，但无论如何其根本目的都在于实现社会公众参与评价的广泛性和代表性。

---

① ［美］戴维·H. 罗森布鲁姆，［美］罗伯特·S. 克拉夫丘克著，张成福等校译. 公共行政学：管理、政治和法律的途径（第五版）［M］. 北京：中国人民大学出版社，2002：475.

（三）确定公众满意度评价主体的原则

依法行政公众满意度评价是手段而非目的，其根本目的在于通过评价获取社会公众的意见建议，为进一步推进法治政府建设，改进政府依法行政工作提供信息源，因此公众满意度评价主体的广泛性、代表性和易组织方面具有重要意义。

首先是广泛性原则。基于依法行政公众满意度评价的主观评价特性，不同的主体往往因生活阅历、工作环境、收入水平、文化程度、性别年龄的不同而对政府依法行政工作的判断具有不同偏好，因此在选择确定评价主体时，要坚持广泛性原则从各个层面、各个角度抽样，确保评价主体来源的多样性。

其次是代表性原则。与政府的经济建设职能不同，政府的法治建设职能具有专业性、价值性和法律性，因此确定合适的主体参与评价对评价结果非常重要。如对某个部门依法行政情况的评价，那些接受过其服务或管理的行政相对人显然更有发言权。所以所确定的评价主体需具有代表性，即既对被评价对象有一定的接触或了解，又能作出客观的评价。具体操作中就表现为对行政相对人或受服务者的重视，以及抽样时注重对评议者的年龄、身份特征等因素加以合理限制。

最后是易组织原则。依法行政公众满意度评价是目的性和针对性较强的评价活动，有技术的要求和时间的限制，因此在组织评价主体开展评价时，需易于组织。也就是说某些群体对于某一被评价对象而言具有代表性，但是难以组织，那么评价就不好实现。如对于公安机关的评价，显然那些与警察执法产生过交集的群体作出的评价意见更能体现公安机关依法行政情况，但要做到每一个评价人都是公安机关执法的对象，显然难以办到。因此在照顾广泛性原则和代表性原则的前提下，要遵循易组织原则，保证公众满意度评价的顺畅性。在以第三方作为公众满意度评价组织实施者的评价模式中，还需地方政府法治部门或负责依法行政考评日常工作的有关部门予以协助，以利于第三方有效组织实施评价。

三、依法行政公众满意度评价内容与问卷设计

评价的导向性功能，在评价内容进一步细化为评价指标中，彰显得淋漓尽致。因此，在依法行政公众满意度评价中，评价什么，成为关键。进一步地，基于公众满意度评价的群众性、广泛性，如何把评价内容转化为评价问卷，又要适应社会公众的认知能力和体现评价的合理性，显得尤为重要。

（一）评价指标的维度设计

评价指标决定评价的科学性，被誉为量化评价的"世界难题"，因而设置合理的评价指标体系十分重要。首先需科学界定评价指标所要涉及的评价维度，从满意度评价维度看，有学者将之分为特定过程的满意度和积累的满意度，① 前者指向公众对某一件产品或某一次服务经历的评价，也就是说社会公众作出的评价是基于一种对经历的评价；后者指向对某一件产品或某一次服务全部经历积累后的整体性评价，也就是说社会公众的评价是基于全部经历的感受的基础上的评价而不是基于某一次单一经历。这在前文已有述及。与此相仿，有学者将评价维度划分为整体感受满意度和亲身感受满意度。② 前者指向对公共服务的整体性的评价，包括对历次经历后积累后的整体印象，以及在没有特定亲身经历的前提下，对政府的服务表现、服务形象的主观认识；后者则指向社会公众亲身体验后的主观感受，要求受访民众针对个别公共服务事务反映其满意程度，而且是以亲身经验作为评价基础，而非是对服务机关、单位的二手传播或刻板印象。③ 这一维度划分给依法行政公众满意度评价带来很大的启示，一方面亲身经历者的评价，基于其与政府部门的直接接触因而更具针对性，因此指标设计上要涉及社会公众所能经历的过程性满意度指标。但是又要警惕，凭借单一的经历或过程所作出的评

① 刘武. 公共服务接受者满意度指数模型研究 [M]. 沈阳：东北大学出版社，2014：41.

② 陈秋政，江明修，陈定铭. 台湾公共服务满意度指标建立之研究与反思 [J]. 公共管理与政策评论，2013（2）：52-67.

③ 陈秋政，江明修，陈定铭. 台湾公共服务满意度指标建立之研究与反思 [J]. 公共管理与政策评论，2013（2）：52-67.

价或许具有片面性，因此也要避免这种"以偏概全"的现象。另一方面，整体性或积累性满意度，是基于历次经历或总体感受而作出的，更加全面，因而在公众满意度评价中，可设置整体性满意度指标，直接询问这种整体感受是可行的。① 但是同样需要注意，人们的主观感受易受"晕轮效应"的影响，往往会因一次好或坏的经历而泛化到其他经历中去，导致作出的评价客观性不足。从这两方面看，在公众满意度评价指标设计时要均衡考虑其利弊，取长补短，使考评更全面、充分和合理。

从政府法治职能和依法行政与社会公众的关联度角度，郑方辉将衡量法治政府成效的公众满意度指标划分为三个层面，一是与"法治政府"直接关联的政府作为的满意度，二是对"法治政府"要求的政府具体表现的满意度，三是对"法治政府"产出关联较大的社会状态和政府总体表现的满意度。② 三个层面显示社会公众对政府法治职能相关的政府行为、社会要求、具体成效等维度存在不一样的判断标准。换一个角度说，评价政府依法行政满意度涵盖上述三个层面，对应相应的指标。③ 如表 4-1 所示。

表 4-1　　　　　华南理工大学课题组法治政府绩效满意度指标

一级指标	二级指标	三级指标
公众满意	"法治政府"政府作为	政策公平满意度
		执法公正满意度
		政务公开满意度
	"法治政府"政府表现	政府服务态度满意度
		政府服务效率满意度
		政府廉洁满意度
		市场监管满意度

---

① 冯建鹏."法治政府"的主观面向——以广东省青年人群社会调查为例 [J]. 浙江学刊, 2017 (5): 88-98.

② 郑方辉, 冯健鹏. 法治政府绩效评价 [M]. 北京: 新华出版社, 2014: 229.

③ 郑方辉, 冯健鹏. 法治政府绩效评价 [M]. 北京: 新华出版社, 2014: 229.

一级指标	二级指标	三级指标
公众满意	"法治政府" 政府产出	社会治安满意度
		政府总体表现满意度

上述依法行政公众满意度评价指标结构有重要的参考。一是"政府作为"直接作用于社会公众，对公众的权利、利益具有直接影响，是公众接触政府行政的最具体途径，也是反映政府依法行政与否的关键窗口。二是"政府表现"是社会公众能直观感受到的政府行为的外在表现，因政府表现存在于政府行为过程中的方方面面，最为社会公众所能体验，社会公众所作出的评价也最为直观。三是"政府产出"是社会公众对在政府行为中是否能受益的直接载体，如政府花大力气加强治安管理、社会治理，能否让社会公众拥有平安祥和的生活环境，最能为社会公众所感受到。基于这些，在依法行政考评公众满意度评价中，要十分注意所做的评价内容、指标，尤其是问卷设计，务必为社会公众在生活、工作中能接触到、体验到、感受到的，这样才与公众满意度评价的本质属性相匹配，社会公众也才能顺畅地参与其中。

（二）评价内容及指标

根本上说，依法行政公众满意度评价是依法行政考评的一部分，最终与依法行政考评内部考核的结果加权为依法行政考评的整体结果，因此基于中国特色社会主义法治政府建设内涵和依法行政考评的整体性需要，逻辑上依法行政公众满意度评价的内容需与依法行政考评内部考核的内容相一致，具体指标以此为依据展开。

自 2004 年国务院印发《发全面推进依法行政实施纲要》以来，至今已出台了多部关于依法行政和法治政府建设的纲领性文件，这些文件关于依法行政和法治政府建设的要求、标准成为了依法行政考评内容的根本遵循，梳理多部文件发现，关于依法行政和法治政府建设的要求、标准虽随着法治建设的不断深入有所变迁，但精神内涵基本一致，如表 4-2 所示。

表 4-2　　　　　　　　　依法行政考评依据及其考评内容

文件名称	一级指标	二级指标
全面推进依法行政实施纲要	1. 转变政府职能，深化行政管理体制改革；2. 建立健全科学民主决策机制；3. 提高制度建设质量；4. 理顺行政执法体制，加快行政程序建设，规范行政执法行为；5. 积极探索高效、便捷和成本低廉的防范、化解社会矛盾的机制；6. 完善行政监督制度和机制，强化对行政行为的监督；7. 不断提高行政机关工作人员依法行政的观念和能力；8. 提高认识，明确责任，切实加强对推进依法行政工作的领导。	1-1. 依法界定和规范经济调节、市场监管、社会管理和公共服务的职能；1-2. 合理划分和依法规范各级行政机关的职能和权限；1-3. 完善依法行政的财政保障机制；1-4. 改革行政管理方式；1-5. 推进政府信息公开。2-1. 健全行政决策机制；2-2. 完善行政决策程序；2-3. 建立健全决策跟踪反馈和责任追究制度。3-1. 按照条件成熟、突出重点、统筹兼顾的原则，科学合理制定政府立法工作计划；3-2. 改进政府立法工作方法，扩大政府立法工作的公众参与程度；3-3. 积极探索对政府立法项目尤其是经济立法项目的成本效益分析制度；3-4. 建立和完善行政法规、规章修改、废止的工作制度和规章、规范性文件的定期清理制度。4-1. 深化行政执法体制改革；4-2. 严格按照法定程序行使权力、履行职责；4-3. 健全行政执法案卷评查制度；4-4. 建立健全行政执法主体资格制度；4-5. 推行行政执法责任制。5-1. 积极探索预防和解决社会矛盾的新路子；5-2. 充分发挥调解在解决社会矛盾中的作用；5-3. 切实解决人民群众通过信访举报反映的问题。6-1. 自觉接受人大监督和政协的民主监督；6-2. 接受人民法院依照行政诉讼法的规定对行政机关实施的监督；6-3. 加强对规章和规范性文件的监督；6-4. 认真贯彻行政复议法，加强行政复议工作；6-5 完善并严格执行行政赔偿和补偿制度；6-7. 创新层级监督新机制，强化上级行政机关对下级行政机关的监督；6-8. 加强专门监督；6-9. 强化社会监督。7-1. 提高领导干部依法行政的能力和水平；7-2. 建立行政机关工作人员学法制度，增强法律意识，提高法律素质，强化依法行政知识培训；7-3. 建立和完善行政机关工作人员依法行政情况考核制度；7-4. 积极营造全社会尊法守法、依法维权的良好环境。8-1. 提高认识，加强领导；8-2. 明确责任，严肃纪律；8-3. 定期报告推进依法行政工作情况；8-4. 各级人民政府和政府各部门要充分发挥政府法制机构在依法行政方面的参谋、助手和法律顾问作用。

续表

文件名称	一级指标	二级指标
国务院加强县政府依法行政的决定	1. 大力提高市县行政机关工作人员依法行政的意识和能力；2. 完善市县政府行政决策机制；3. 建立健全规范性文件监督管理制度；4. 严格行政执法；5. 强化对行政行为的监督；6. 增强社会自治功能；7. 强领导，明确责任，扎扎实实地推进市县政府依法行政。	1-1. 健全领导干部学法制度；1-2. 加强对领导干部任职前的法律知识考查和测试；1-3. 加大公务员录用考试法律知识测查力度；1-4. 强化对行政执法人员的培训。2-1. 完善重大行政决策听取意见制度；2-2. 推行重大行政决策听证制度；2-3. 建立重大行政决策的合法性审查制度；2-4. 坚持重大行政决策集体决定制度；2-5. 建立重大行政决策实施情况后评价制度；2-6. 建立行政决策责任追究制度。3-1. 严格规范性文件制定权限和发布程序；3-2. 完善规范性文件备案制度；3-3. 建立规范性文件定期清理制度。4-1. 改革行政执法体制；4-2. 完善行政执法经费保障机制；4-3. 规范行政执法行为；4-4. 加强行政执法队伍建设；4-5. 强化行政执法责任追究。5-1. 充分发挥社会监督的作用；5-2. 加强行政复议和行政应诉工作；5-3. 积极推进政府信息公开。6-1. 建立政府行政管理与基层群众自治有效衔接和良性互动的机制；6-2. 充分发挥社会组织的作用；6-3. 营造依法行政的良好社会氛围。7-1. 省级政府要切实担负起加强市县政府依法行政的领导责任；7-2. 市县政府要狠抓落实；7-3. 加强市县政府法制机构和队伍建设；7-4. 完善推进市县政府依法行政报告制度
国务院关于加强法治政府建设的意见	1. 提高行政机关工作人员特别是领导干部依法行政的意识和能力；2. 加强和改进制度建设；3. 坚持依法科学民主决策；4. 严格规范公正文明执法；5. 全面推进政务公开；6. 强化行政监督和问责；7. 依法化解社会矛盾纠纷；8. 加强组织领导和督促检查。	1-1. 高度重视行政机关工作人员依法行政意识与能力的培养；1-2. 推行依法行政情况考察和法律知识测试制度；1-3. 建立法律知识学习培训长效机制。2-1. 突出政府立法重点；2-2. 提高制度建设质量；2-3. 加强对行政法规、规章和规范性文件的清理；2-4. 健全规范性文件制定程序；2-5. 强化规章和规范性文件备案审查。3-1. 规范行政决策程序；3-2. 完善行政决策风险评估机制；3-3. 加强重大决策跟踪反馈和责任追究。4-1. 严格依法履行职责；4-2. 完善行政执法体制和机制；4-3. 规范行政执法行为。5-1. 加大政府信息公开力度；5-2. 推进办事公开；5-3. 创新政务公开方式。6-1. 自觉接受监督；6-2. 加强政府内部层级监督和专门监督；6-3. 严格行政问责。7-1. 健全社会矛盾纠纷调解机制；7-2. 加强行政复议工作；7-3. 做好行政应诉工作。8-1. 健全推进依法行政的领导体制和机制；8-2. 强化行政首长作为推进依法行政第一责任人的责任；8-3. 加强法制机构和队伍建设；8-4. 营造学法尊法守法的良好社会氛围。

续表

文件名称	一级指标	二级指标
法治政府建设实施纲要（2015—2020年）	1. 依法全面履行政府职能；2. 完善依法行政制度体系；3. 推进行政决策科学化、民主化、法治化；4. 坚持严格规范公正文明执法；5. 强化对行政权力的制约和监督；6. 依法有效化解社会矛盾纠纷；7. 全面提高政府工作人员法治思维和依法行政能力。	1-1. 深化行政审批制度改革；1-2. 大力推行权力清单、责任清单、负面清单制度并实行动态管理；1-3. 优化政府组织结构。完善行政组织和行政程序法律制度，推进机构、职能、权限、程序、责任法定化；1-4. 完善宏观调控；1-5. 加强市场监管；1-6. 创新社会治理；1-7. 优化公共服务；1-8. 强化生态环境保护。2-1. 完善政府立法体制机制；2-2. 加强重点领域政府立法；2-3. 提高政府立法公众参与度；2-4. 加强规范性文件监督管理；2-5. 建立行政法规、规章和规范性文件清理长效机制。3-1. 健全依法决策机制；3-2. 增强公众参与实效；3-3. 提高专家论证和风险评估质量；3-4. 加强合法性审查；3-5. 坚持集体讨论决定；3-6. 严格决策责任追究。4-1. 改革行政执法体制；4-2. 完善行政执法程序；4-3. 创新行政执法方式；4-4. 全面落实行政执法责任制；4-5. 健全行政执法人员管理制度；4-6. 加强行政执法保障。5-1. 健全行政权力运行制约和监督体系；5-2. 自觉接受党内监督、人大监督、民主监督、司法监督；5-3. 加强行政监督和审计监督；5-4. 完善社会监督和舆论监督机制；5-5. 全面推进政务公开；5-6. 完善纠错问责机制。6-1. 健全依法化解纠纷机制；6-2. 加强行政复议工作；6-3. 完善行政调解、行政裁决、仲裁制度；6-4. 加强人民调解工作；6-5. 改革信访工作制度。7-1. 树立重视法治素养和法治能力的用人导向；7-2. 加强对政府工作人员的法治教育培训；7-3. 完善政府工作人员法治能力考查测试制度；7-4. 注重通过法治实践提高政府工作人员法治思维和依法行政能力。

文件名称	一级指标	二级指标
法治政府建设实施纲要（2021—2025年）	1. 健全政府机构职能体系，推动更好发挥政府作用；2. 健全依法行政制度体系，加快推进政府治理规范化程序化法治化；3. 健全行政决策制度体系，不断提升行政决策公信力和执行力；4. 健全行政执法工作体系，全面推进严格规范公正文明执法；5. 健全突发事件应对体系，依法预防处置重大突发事件；6. 健全社会矛盾纠纷行政预防调处化解体系，不断促进社会公平正义；7. 健全行政权力制约和监督体系，促进行政权力规范透明运行；8. 健全法治政府建设科技保障体系，全面建设数字法治政府。	1-1. 推进政府机构职能优化协同高效；1-2. 深入推进"放管服"改革；1-3. 持续优化法治化营商环境。2-1. 加强重要领域立法；2-2. 完善立法工作机制；2-3. 加强行政规范性文件制定监督管理。3-1. 强化依法决策意识；3-2. 严格落实重大行政决策程序；3-3. 加强行政决策执行和评估。4-1. 深化行政执法体制改革；4-2. 加大重点领域执法力度；4-3. 完善行政执法程序；4-4. 创新行政执法方式。5-1. 完善突发事件应对制度；5-2. 提高突发事件依法处置能力；5-3. 引导、规范基层组织和社会力量参与突发事件应对。6-1. 加强行政调解工作；6-2. 有序推进行政裁决工作；6-3. 发挥行政复议化解行政争议主渠道作用；6-4. 加强和规范行政应诉工作。7-1. 形成监督合力；7-2. 加强和规范政府督查工作；7-3. 加强对行政执法制约和监督；7-4. 全面主动落实政务公开；7-5. 加快推进政务诚信建设。8-1. 加快推进信息化平台建设；8-2. 加快推进政务数据有序共享；8-3. 深入推进"互联网+"监管执法。

　　根据以上指引，各地根据地方实际制定了以上述内容为基础的依法行政考评内容和指标，并作为依法行政公众满意度评价的指标基础。有些地方的依法行政满意度评价指标设置沿袭内部考核的做法，在一级指标下再设二级指标，使评价指标更为细化，有些则以内部考核的一级指标作为公众满意度评价指标。理论上，作为主观评价，社会公众一般对于法治政府的总体情况会有一个整体性的感受，① 因此以一级指标作为整体感受的评价内容，未尝不可。在"广东省法治政府建设指标"中即采取了以一级指标作为整体感受评价的内容，如在内部考核"制度建设"这一指标框架下，设置的公众满意度评价指标为"社会公众对政府立法和规范性文件制定发布公众的总体满意度"。

　　从这些指标（内容）看，具有较为显著的特征，一是指标（内容）的全面性，依法行政考评的内容或指标事实上几乎涉及了政府的全部职能。换句话说，依法行政考评考核的是政府全方面的行为，社会公众也对这些全面工作加以评价。二是以过程性指标为主，体现为对法治政府建设进程中有关具体工作的要求，表明评价的不是法治政府的状态，而是建设过程。这符合中国特色社会主义法治政府建设的基本规律，即在法治传统缺乏的土壤上要加快推进法治政府建设，首先要求地方政府做到的是在建设过程中有章可循，这些"指标"就是可循的"章"。那么社会公众满意度评价，也就成为监督政府对这些"章"是否遵循。三是上述指标内容的表述比较抽象，需进一步具体化，明确指标内涵，方便公众作出判断。

　　2016 年 G 省依法行政公众满意度评价以《G 省依法行政考评办法》所规定的 8 项考评指标②为依据，制定了如下（表4-3）的评价量表内容。

　　具体而言，上述评价内容涵盖着诸多的政府行为。为增强针对性，《G 省依法行政考评办法》对评价内容进行了细化分解，可视为二级指标。不过，实践中仅对一级指标进行评价。原因在于，一方面，公众满意度评价是概括性评价，积累性满意度的概括性有利于从更广阔的角度收集社会公众的评价意见，而无需拘

---

　　① 冯建鹏．"法治政府"的主观面向——以广东省青年人群社会调查为例［J］．浙江学刊，2017（5）：88-98.

　　② 8 项指标包括：制度建设情况、行政决策情况、行政执法情况、政府信息公开情况、社会矛盾防范和化解情况、行政监督情况、依法行政能力建设情况、依法行政保障情况。

泥于政府行为的各个细节。再说，相关研究表明对细节的评价的加权结果与对整体的评价的结果具有很强的一致性，因此开展积累性满意度评价更具操作性。另一方面，如果过分注重细节，那么必然会使评价量表、问卷显得冗长，从而影响公众参与热情。因此，公众满意度评价内容，在一级指标基础上进行生活化、群众性改造，具有合理性，也更具操作性和针对性。

表 4-3   **2016 年 G 省依法行政公众满意度评价量表内容**

评 价 内 容
政策文件及制度建设成效的满意度
重大决策前公开征求意见的满意度
公正文明执法的满意度
政府信息公开的满意度
化解社会矛盾纠纷效果的满意度
接受新闻媒体或公众监督的满意度
公务员守法意识的满意度
行政救济工作的满意度
依法行政的总体满意度

（三）公众满意度评价问卷设计的原则与方法

原则上，公众满意度评价既要与内部考核相衔接，又要能满足社会公众参与的需要；既要体现政府依法行政的内涵，又要易于为社会公众所理解。因此公众满意度评价问卷设计显得尤为重要。需坚持以下几条原则：

一是以公众为导向原则。公众满意度评价的主体是社会公众，因此务必准确把握社会公众的特点、需求、偏好及其理解能力来设计评价问卷，这是所有公众参与评价最基本的要求。以公众为导向，就是要在满意度评价中体现社会公众的主体地位，而基于社会公众理解能力有限的特点，根本在于通过设计公众能理解、易判断的评价问卷，表达对公众参与的诚意，反之则是在有意无意地为社会公众参与设置障碍，有违公众参与理念。

二是可操作性原则。公众满意度评价结果应为法治政府建设社会效益的风向标，评价结果的公正性十分必要。为此有些评价问卷设计了众多问题，以期更全面地去了解社会公众的偏好、得到更具代表性的评价结果。但是面面俱到的问卷给社会公众在评价时带来不小的负担，进而导致社会公众做评价时敷衍了事。这样的问卷在实际操作中难以进行。

三是有效性原则。有效性的核心在于所设计的问卷确实具有针对性，即能体现政府依法行政的内涵，与政府的法治职能相关，以期通过公众满意度评价所获得的评价意见对改进政府依法行政起到有效性的支持。同时问卷中的测评点之间不能有冲突、交叉。设问的方式不宜太绝对和极端，应尽量采用相对性设问，留给评价主体评价的空间。

四是导向性原则。与内部考核不同，公众满意度评价的根本目的在于掌握"众意"，发现问题，为政府找出社会公众对政府依法行政情况满意或不满意的方面，为改进、完善政府法治建设提供可靠信息。因此所设计的问卷必须具有一定导向性，以有利于实现改善政府依法行政工作目的。

基于以上考量，在实际操作中，可通过设计两套问卷来达成目的，一是公众满意度评价量表；二是公众满意度评价问卷。评价量表以一级指标设问，如"您对本市政府工作人员法治思维和依法行政能力的满意度评价"，设计非常满意、满意、一般、不满意、非常不满意五个选项，分别对应以5、4、3、2、1作为评判分值，最终加权计入总成绩。当然，对于一些评价主体对相关评价指标内容不了解或无法判断，可设"不了解"项，对应以"99"表示，不计入分值。如表4-4。该量表简单，题量小，适合于电话访问、随机拦截等调查方式。但评价量表中的问题整体性、概括性不易深入了解评价主体满意或不满意的成因。

表 4-4　　　　　　　**2016 年 G 省依法行政公众满意度评价量表**

评 价 内 容	非常满意	满意	一般	不满意	非常不满意	不了解
政策文件及制度建设成效的满意度						
重大决策前公开征求意见的满意度						
公正文明执法的满意度						

续表

评 价 内 容	非常满意	满意	一般	不满意	非常不满意	不了解
政府信息公开的满意度						
化解社会矛盾纠纷效果的满意度						
接受新闻媒体或公众监督的满意度						
公务员守法意识的满意度						
行政救济工作的满意度						
依法行政的总体满意度						

公众满意度评价问卷以一级指标为纲，根据二级指标的内容为依据设置 2-3 个问题，供评价主体做评价。与评价量表不同，因每个一级指标下设有一定量的设问，即是对一级指标的进一步细化，可以更全面地掌握评价主体的关注点，也可以为政府提供更准确的信息点。但是评价问卷题量较大，评价主体作评价所花费的时间、精力较多，因此这一形式比较适合于入户调查、网络调查等形式。以下为 2016 年 G 省依法行政公众满意度评价问卷示例。①

1-1　据您所知，2015 年，本地政府（部门）制定政策文件时，是否通过报刊、电视、广播、网络等媒体公开征求社会意见？

1. 有　2. 部分有公开征求意见　3. 没有　4. 不清楚

2-1　您对 2015 年本地政府重大行政决策（如地铁、高速等建设、规划等）表现的满意度？

1. 很满意　2. 比较满意　3. 一般　4. 不太满意　5. 很不满意

6. 不清楚

2-2　您对 2015 年本地政府（部门）重大决策的公开透明（如公开向社会征求意见）的满意度？

1. 很满意　2. 比较满意　3. 一般　4. 不太满意　5. 很不满意

---

①　基于法治政府建设成效的滞后性，考评实践中一般为当年所实施的考评指向上一年度。2016 年 G 省依法行政公众满意度评价针对的是 2015 年，因此设问中也就指向 2015 年。

6. 不清楚

3-1 您对 2015 年本地执法人员公正文明执法的满意度?

1. 很满意　2. 比较满意　3. 一般　4. 不太满意　5. 很不满意

6. 不清楚

3-2 据您所知,本地行政执法人员在执法过程中是否存在吃拿卡要、暴力执法等行为?

1. 比较普遍　2. 偶尔会有　3. 没有　4. 不清楚

3-3 您认为 2015 年本地公众和法人在行政执法中的合法权益是否得到保障?

1. 有保障　2. 比较有保障　3. 没有保障　4. 不清楚

……

同时,不论是评价量表还是评价问卷,都应在评价前细致了解评价者的相关人口学信息,如性别、年龄、职业、收入等,收集这些信息的根本目的在于能够与最终的评价结果做相关分析,从而获知不同特征人群的偏好,以便于政府在了解问题、改进工作时更加有的放矢。以下为 2016 年 G 省依法行政公众满意度评价问卷人口信息调查情况示例。

受访对象基本情况

P1 您的性别:1. 男　2. 女

P2 您的年龄:

18~25 周岁　2.26~35 周岁　3.36~45 周岁　4.46~55 周岁　5.56~65 周岁　6.66 周岁以上

P3 您的文化程度:1. 初中及以下　2. 高中/中专/中职　3. 大专　4. 本科　5. 研究生

P4 您的职业:

1. 公务员　2. 事业单位人员　3. 企业单位人员　4. 个体工商业者　5. 农民　6. 自由职业者　7. 在校学生　8. 离退休人员　9. 无业(失业)　10. 其他

四、依法行政公众满意度评价的操作方法

公众满意度评价，涉及面广，具有群众性、广泛性的特点，在这样的背景下开展有效的评价，需要有力的组织和科学有效的方法。

（一）公众满意度评价主体抽样

按照广泛性、代表性和易组织原则，根据依法行政公众满意度评价的特性，评价主体的抽样办法可采用简单随机抽样、等距抽样、分层抽样等办法确定评价主体样本。具体而言，可根据不同的公众类型采用不同的抽样办法。以 G 省 2016 年的依法行政考评公众满意度评价为例，其针对特定群体、办事现场的行政相对人、普通社会公众、网民就采取了不同的抽样办法。

一是针对"两代表一委员"、企业代表等具有特定身份的群体，通过政府法治部门提供样本框，再由具体实施满意度评价的组织者独立根据等距抽样办法确定评价主体。

二是针对在行政服务大厅办事的"行政相对人"等在特定地点现场抽样的群体，通过随机抽样确定评价主体，具体而言，可通过驻点拦截和主动访问方式实施满意度评价。两方面的抽样要求表现为，驻点拦截访问员在行政服务中心事先选定的若干地点，对办完行政服务事项的人员进行拦截访问，每隔 3 人拦截一人进行访问，若被拒绝顺延下一位。主动访问由访问员主动对正在排队等候的人员进行问卷调查，要求必须是最近一个月内曾经前来办过事的，按照随机确定起点每隔 3 人选取访问对象，同一办事窗口当日不超过 5 人，总计不超过 10 个样本。

三是针对一般社会公众采取入户访问的方式实施满意度评价，具体抽样办法为简单随机抽样，但要杜绝多人相互交流同时填写评价问卷的情况。

四是针对网络平台实施的满意度评价，则随机由网民登录系统填写评价问卷，同时通过技术手段设置 IP 限制策略，限制同一 IP 地址不能多次重复评议。

（二）公众满意度评价数据收集方法

不同的方式方法决定着公众满意度评价数据收集的效果，根据公众满意度评

价的特点和评价主体范围分布情况，遵循广泛性、易组织等原则，公众满意度评价应综合使用以下几种调查方式方法。

一是邮寄调查。这是一种由调查组织者将事先准备好的问卷通过邮政（快递）渠道寄达评价者，评价者作出评价后再寄回问卷的调查方式。评价者由组织者根据抽样办法提前抽样确定。邮寄调查是传统调查中较为常用的方式，具有调查空间范围广、调查成本低、评价者自由度大等优点，但因为邮寄调查，调查员与评价者无法接触，没有言语上的交流，因而不足之处也很明显，主要体现为回收率低、评价的有效性受到影响可能性大、调查结果易出现偏差等。

二是电话调查。这一方式也是传统调查常用的办法，一般情况下对于城镇常住居民评价者，适合采取电话调查方式。当前网络电话使用方便，因此通过采用网络云客服系统绑定电话进行电话访问，成为电话调查的新趋势。通过"云系统"可以有效地保障通话质量、保存通话记录。电话调查具有可交流性、便捷性等特点，在各类调查中广受欢迎。但是要避免一些细节上的因素影响了调查质量，如对话用语及语气态度问题，往往是调查者是否愿意参与评价的首要因素；问题量则是影响评价质量的关键因素，题量太大会占用评价者的时间，使其不耐烦——对有关问题作出适当评价；电话访问的时间也要讲究，尤其要避免在评价者休息的时间进行访问，否则拒访率会很大。针对这些问题，在电话调查前必须进行详细培训，以强化调查员的沟通技巧；调查适合用调查量表而不是调查问卷；等等。

三是入户调查。由调查人员深入居民住所，进行面访调查。在入户调查中，评价者处于其所熟悉的环境，从心理学的角度看，评价者在这样的环境中最为舒适、放松，因此作出的评价也最为符合其内心意愿。同时，因在调查过程中调查员与评价者可以面对面深入交流，有利于评价者理解评价意图和问卷意思，从而保证评价质量。而且，在这样的环境下，评价者可以接受较长的问卷，适宜采用"公众满意度调查问卷"开展调查，如此获得的信息相对较多、较齐。当然，入户调查也有一定的弊端，最要紧的是拒访率高，从而给调查带来较高的成本。

四是拦截访问。指有调查员在特定的场所对可能的评价者进行拦截，请评价者参与评价的方式。拦截访问的对象针对性较强，特别在依法行政公众满意度评价中很适合使用，其中尤以在政务服务中心进行拦截最为可行。一方面政务服务中心的人流量大，可以获得大样本，具有广泛性和易组织的特点；另一方面到政务服务中心办事的人员都能直接与政府发生行政关系，对政府依法行政情况有直接的接触和把握，由这些人群参与依法行政公众满意度评价再适合不过了。相比于上述几种方式，拦截访问的效率是最高的，拒访率也是最低的，因而也是最合适的方式。

五是网络调查。随着互联网的普及，网络调查成为依法行政公众满意度评价最新的评价平台。网络的便捷性、匿名性和实时性，对评价者和评价组织者都带来很大的便利。一方面参与评价的网民都是主动参与评价，而且网络针对面非常广，有利于获取主动的、广泛的民意；另一方面通过网络后台系统，可以实时统计评价结果，进行实时分析，避免人工录入的偏差。当然这种匿名性、便捷性，也往往带来评价的虚假行为甚至作弊行为，导致评价结果的真实性受损，虽然通过技术手段可以一定程度地消解这种弊端，但是却无法完全避免，因此使用网络调查的途径一般都比较慎重，如所占权重相对较低等。

（三）调查质量控制

公众满意度评价及其获取数据的方式方法所具有的主观性、随机性和组织调查过程中可能出现的不足，往往影响了最终的调查结果，为此要对调查质量进行必要的控制。包括对所有调查员进行严格的培训，保证调查实施的质量；配备一定的督导员，全程跟踪督导调查员的调查行为，避免"作弊"风险的发生；对调查问卷进行三级审核，严防问卷作假；对统计数据要从多角度进行验证、确认，确保数据结果质量；问卷的录入和复核要由专人负责，保证录入的数据真实有效。

（四）评价结果应用

评价只是手段而非目的。通过公众满意度评价，收集民意、了解民情，是以人民为中心的发展理念在法治政府建设中的具体体现。将评价结果加以合理应用，有助于法治政府建设规划的实现。在评价结果中，通过公众满意度评价，可以直观地感知社会公众对政府依法行政情况的评价，特别是通过若干周期的调查评价，可以为政府提供直观、可比性的"数据资料库"，量化反映社会公众对政府依法行政情况的满意度及其规律，使社会公众心中的法治、正义理念得以量化呈现，从而为政府提供外部评价数据，以利于政府审视法治政府建设规划的实施是否符合社会公众的期待，进而让政府更加关注政府的外部建设，使法治政府建设规划的实施更加满足社会公众的要求。

从当前的实践看，依法行政公众满意度评价结果主要是依法行政考评结果的组成部分，一般表现为"在政府系统内部进行通报"，属于"有限公开"。根据结果，为考评对象划定等次，以此作为上级政府对政府组成部门及下级政府表扬、批评的依据。更有甚者，考评结果与考评对象的负责人的奖惩挂钩，如《广东省依法行政考评办法》规定"依法行政考评结果应当作为被考评对象的负责人职务任免、职级升降、交流培训、奖励惩处的重要依据"。这样的结果应用，一方面体现了政府推进型法治政府建设模式中政府及其负责人的重要性，以行政手段为推进法治政府建设注入了强劲的动力；但是另一方面，社会评议的要义是公开、参与，然而结果的有限公开显然与之相悖，所以公众满意度评价结果的应用除了作为行政管理的依据外，更重要的是要向社会公众公开，并将行政系统内对结果应用的情况向社会公众公开，如此才能让社会公众获得"参与感"。当然，需要提醒的是，法治政府建设与政府的其他建设工程不同，因为依法行政公众满意度的结果的影响应是十分复杂，相关结果并不完全等同于政府领导的成绩单，不可简单地把考评结果排序和领导人的作为等同起来。①

五、案例分析：F市依法行政考评公众满意度评价实践

（一）F市依法行政考评公众满意度评价主体与指标

2016年F市依法行政考评公众满意度评价主体由"两代表一委员"、机关代表、区属企业代表（大型企业）、行政相对人代表（包括上市企业代表和自然人代表）和居民代表等组成。

评价指标包括制度建设、行政决策、行政执法、政府信息公开、社会矛盾防

---

① 郑方辉，冯建鹏. 法治政府绩效评价 [M]. 北京：新华出版社，2014：124.

范和化解、行政监督、依法行政能力建设、依法行政保障 8 项。根据满意度评价所具有的概括性特征，本次评价还在调查问卷中还增设了"依法行政工作总体评价"的选项（不纳入最终得分计分依据）。也就是说本次满意度评价问卷，根据上述"8+1"个内容设计了问卷，形成"8+1"个指标方面的满意度评价。

（二）案例评析

评价结果表明，不同类型的评价主体的满意度评价结果有较大的差异，其中最高分是行政相对人代表中的自然人代表，最低分是居民代表。如表 4-5 所示。显然，这充分说明了不同主体的偏好和需求。行政相对人代表中的自然人代表是在政务服务中心被拦截下来接受访问实施评价的，他们刚在政务服务中心办事，基于政务服务中心的办事效率、服务态度、服务环境等，给他们留下了美好的印象，从而给出较高的评价。这符合过程性满意度所凸显的因当时的即时性因素影响和形成的过高的"以偏概全"的满意度。而与此相反，居民代表是在入户调查中参与到满意度评价中来的，他们所作出的评价具有整体性、概括性和结果性，是多次或多样经历、经验、感受积累的结果，其所作出的评价相对在拦截中参与的自然人代表而言更具深思熟虑，反映了政府依法行政整体效果在居民心中的形象。"两代表一委员"、机关代表、区属企业代表（大型企业）的满意度居中，所反映的是"单位"主体的稳重性。

表 4-5　　　　F 市依法行政考评不同类型评价主体满意度评价结果

"两代表一委员"	机关代表	区属企业代表	居民代表	行政相对人代表	
				上市企业代表	自然人代表
87.32	84.88	88.83	67.22	71.74	91.40

从考评指标维度看，各项指标得分分布比较均衡，如表 4-6 所示。其中"信息公开"得分略高，为 85.04；"行政能力建设"得分略低，为 83.58，与前者相差 1.46。全部考评对象的 8 项指标得分的总平均分为 84.38，与全部考评对象"总体评价"指标得分的总平均分 84.02 基本持平。说明各项考评指标的综合权

衡得分与评议者对考评对象的总体评价是吻合的。

表4-6　　　　　　F市依法行政考评公众满意度评价各项指标的评价结果

制度建设	行政决策	行政执法	信息公开	化解社会矛盾	行政监督	行政能力建设	行政保障	总体评价
84.99	84.75	83.91	85.04	84.27	84.33	83.58	84.18	84.02

再以各个评价对象的8个指标加权后的分值与其"总体评价"的分值相比，这种吻合性显得更为直观，如图4-5所示。也就是说评价主体对"总体评价"的概括性评分与其对应8个指标分别打分的具体判断总体上基本相符。

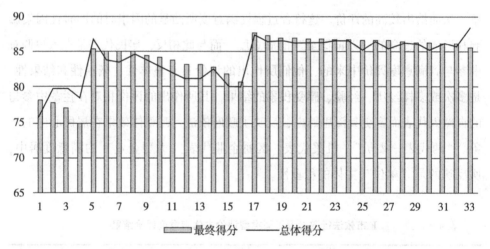

图4-5　F市各个评价对象的8项指标加权分与"总体评价"指标得分比对

本章小结

公众满意度作为法治政府评价的重要手段与内容，兑现以人民为中心的执政和发展理念，体现工具理性和价值理性。实践中，评价（议）主体应具有广泛性、代表性，评议内容既要符合制度性进路考评模式的要求，又要与内部考核的内容相一致。操作层面上，公众满意度评价问卷设计要适合公众特点，具有可操作性、有效性和导向性；评价者可通过简单随机抽样、等距抽样、分层抽样等办法确定；评价结果及其应用要面向社会公众公开，提升公众参与的"获得感"。

第五章　依法行政考评社会评议专家评议

专家评议体现依法行政考评的专业性，可以有效弥补公众满意度评价"科学性"不足等弊端。基于专家的技术理性和立场的中立性，专家评议在依法行政考评社会评议中居于特殊地位。但能否发挥专家的作用取决于多种因素，包括外部社会环境，专家质量与组成，评议组织与实施成本，等等。

一、专家评议的理论分析

专家评议与公众满意度评价共同构成社会评议框架，是对现有的社会评议模式的补充与完善，从理论上对其进行深入剖析，成为必要。

（一）专家的界定及其角色

所谓专家，一般指那些掌握专业技能，并且能够公正、正确、聪明地判断或者决策的人，其所具有的权威是一种建立在科学理性基础上异于传统强制性的知识话语权。[1] 就依法行政考评而言，要求参与评议的专家对我国立法、司法、执法、行政及法治政府建设相关知识、规则及实践有较深的了解及理解。这是一个理想状态。实际操作中，专家并无明确的法律界定，只要在某一领域具有一定的专门知识的人才都可以谓之专家。而且专家的所谓专业性也是相对的，所指向的是专家需在某一领域或对某一事项经过专门的训练，有专门的知识工具，有比较深入的认识，包括理论专家和实践专家。在实际操作中，一般可按其工作的部门或机构分类，如政府法制部门官员、法律工作者、法学或法律研究者、政法类新

---

[1]　徐文新. 专家、利益集团与公共参与 [J]. 法律科学，2012（3）：47-59.

闻记者等。其中，政府法制部门官员，长期承担或接触指导政府部门依法行政、拟定政府依法行政措施、起草或审核政府规范性文件、审查政府部门规范性文件、监督行政执法、承办行政复议案件等工作，对政府及其组成部门的依法行政情况具有较多的接触和了解，对政府及其组成部门的行政立法、行政执法等情况认识较深刻，是政府依法行政工作的直接参与者；法律工作者长期从事法律实务工作，对政府行政行为在实务上的合法律性判断有较多的经验，是对法律、法规等施行的具体实践者；法学或法律研究者，有着深厚的理论功底和丰硕的理论成就，可对政府行为的理论依据、技术规范作出科学的判断，是政府依法行政的研究者；政法类新闻记者长期与政府部门接触，对政府的行政行为有长期的观察，实践经验丰富，也可以对政府依法行政情况予以专业性的评判，是政府的观察者、监督者。虽然，所谓专家仁者见仁智者见智，但是政府法治部门官员、法律工作者、法学或法律研究者、政法新闻记者等人员，相对于一般公众，他们具备比较充分、专业的法律、法治知识和实践，可以对政府依法行政情况作出基于专业知识的理性的评判，因而可异于一般公众，以专家身份发挥专家理性的作用。

专家在依法行政考评中可以充当不同的角色，而这又决定了其参与评议的程度与有效性。根据专家在评议中的参与程度及其所起到的作用，可将专家进一步分为三种角色。一是专家是信息提供者，为考评（包括公众满意度评价）提供信息。一方面，内部考核的封闭性和自上而下的行政导向性，让考评局限于对法治政府建设过程性指标的考核与管控，忽视了法治政府建设的实质效果。专家的参与，从专业的角度对此问题进行评判，为考评主体提供专业意见，有利于发现考评对象为了追求考核成绩而简单迎合考评指标所做的表面文章，避免法治政府建设虚化。另一方面，政府依法行政的专业性和法治政府建设的内控性，加上信息的不对称，公众对此并不能全面了解，容易导致公众满意度评价的简单情绪化。专家的参与，可以为社会公众揭开政府行为背后的专业考量和价值追求，可以为社会公众提供专业的咨询意见，为他们的评价行为提供信息支持。更为重要的是，专家的参与，在为社会公众提供信息的同时，也是对社会公众进行的普法教育、法治教育，有助于社会公众法治意识的培养和社会法治氛围的营造。二是专家是直接的评议者，参与对政府依法行政情况的评议工作。在此情境下，专家成为评议者，专家评议结果将作为社会评议结果的重要组成部分。一方面，专家参与评议问卷的填写，与一般的公众满意度评价相比，专家基于对有关问题的思考、研究、实践，对问卷所设置的问题的背后有更多的理论思考和实践经历，作出的评议将以事实为依据，以法治知识为准绳，进而与公众满意度评价形成互补。另一方面，除了填写问卷，专家的评议意见在依法行政考评中更具价值，通过收集专家们的各类意见建议，可以跳出问卷的局限性，掌握更多关于法治政府建设的成效与不足，获得更多的意见和建议，有些可以成为法治政府建设规划、路径的直接依据，有些可以成为完善依法行政行为的技术方法。三是专家是评议结果的监督者。在内部考核中，因为缺乏外部监督，因而结果公信力不足；在外部评议中，社会公众对政府运作的不了解，以及主观的偏见，所作出的评议结果往往被认为是不科学的。那么专家参与到考评中，则可以对这些结果进行技术的、中立的评判，对结果起到矫正和监督作用。

显然，不论专家在其中被定为什么角色，都具有重要意义。一是作为信息的提供者，在缺乏法治土壤而要加快法治政府建设的当下，不论对于政府还是社会公众而言，都具有普及知识作用，无疑这有助于实质法治建设。二是作为评议者，依据其知识、技术权威，可以更好地对考评对象施加影响，有利于评议结果的应用，而考评的根本目的就在于应用好考评结果，提升法治政府建设成效。三是作为监督者，这是法治应有的程序，即是对政府的一种外部监督，更是基于知识和技术的理性监督，更易获得认可。

（二）依法行政的专业性对专家评议的需求

在积极行政背景下，依法行政已不再是简单地执行法律，其所表现出的更大的自主性和自由裁量空间，已让普通社会公众无法仅从法律这一标准来判断其合法性、合理性。一方面，从行政立法、行政决策等方面看，其中所需要的立法技术、决策技术往往需要专业技术来实现。一是一个具体的行政立法、行政决策的目标确定、程序规则、内容表述及目标实现的手段、方式等，既需要符合立法法的精神，又必须满足行政立法、行政决策的规范性要求；既需要形式上的符合，也需要实质上的满足。充分体现的是对政府开展一项行政立法、行政决策技术上的高要求，而社会公众在参与评议时侧重于对主观价值的偏好，这与立法所体现出的技术要求相距甚远。二是行政立法、行政决策的目标涉及价值追求，体现社会公众的价值偏好，需要"问需于民"，因而"公众参与"必不可少，但是行政立法、行政决策所设定的目标实现，则涉及具体的手段和技术方案，而如何选择优质的实现目标的手段和技术方案，保证"投入－产出"的经济效益，是现代行政科学化的体现，显然已远远超出了公众满意度评价所能判断的范围。另一方面，在行政执法过程中所大量存在的自由裁量，在积极行政理念下，这是被允许甚至被鼓励的。这主要表现在，政府已不再局限于"守夜人"的角色，政府行政行为已经渗透到社会生活的方方面面，行政已不再是简单的执行，而是基于政府的目标而展开的"管理"。① 在"政府推进型法治政府建设模式"下，法律法规以及各类规范性文件往往为建设目标提供法律依据，成为建设目标的来源。但是这一目标该如何实现，在管理方案、手段、技术上则可以有多种选择。目标选择是价值问题，管理方案和手段的选择是技术问题。实践表明，社会公众对行政执法的满意或不满意往往针对的是执法人员的具体"方案"和"手段"，但他们判断的标准往往是以其价值偏好为依据，这背离了行政执法"方案"和"手段"的技术性本质，造成了价值判断与技术理性的越位、错位，得出的结论则往往与事实有较大偏差。②

显而易见，依法行政及依法行政考评蕴含着繁杂的技术要求，体现专业性，这就决定了依法行政考评社会评议对一般的"民意测验"不能简单移植，必须是建立在专业技术和理性知识之上的理性评价，这样才能使之具有合理性和公信力。专家评议也是保持法律共同体交流想法、意见、建议和反馈信息的平台。理论界普遍认为，专家评议是评判法治建设成效的"专业方法"。

（三）专家评议的技术理性

专家评议区别于一般公众评议，代表着评议的技术理性。专家评议的知识理性，促进依法行政考评因理性而合法化逻辑的形成。其逻辑步骤可表现为：第一

---

① 王锡锌. 依法行政的合法化逻辑及其现实情境 [J]. 中国法学, 2008 (5)：63-76.
② 谢能重. 依法行政考评社会评议中的公众参与和专家评议互补互证 [J]. 广西社会科学, 2018 (3)：133-138.

步，专家的知识理性使依法行政和依法行政考评的工具理性得以具体化，即通过对现象的观察、判断，结合理论分析，可以更深层次地说明依法行政以及依法行政考评中所涉及的相关理论内涵、技术要求、衡量标准，有助于外部的社会评议能够更加明晰其中的专业特征，有利于作出更为科学、合理的评判，而不是简单地主观臆断。第二步，借助专业技术，可以科学地判断政府依法行政行为与依法行政目标的差距，即政府依法行政的效果性。依法行政考评是事后评价，是对法治政府建设、政府依法行政行为所达成效的结果的评价，但是这一结果是优是劣，对普通社会公众而言，不能弄清其中的标准，甚至对何为优劣都无法作出明确的判断，如此，专家的介入可较为有效地评价这一结果与法治政府建设、政府依法行政实质应达之效果之间的差距。第三步，基于前两步的分析、比较，对政府依法行政的效果给出评价结论，显然这一结论相比单纯主观评价的公众满意度评价而言更具一定的合理性。第四步，针对缩小现实与目标的差距提出可行性方案和手段，这是专家评议最大的优势所在，也就是说专家评议的根本目的并不单单在于获得一个冷冰冰的结果，更在于通过结果发现其背后的工作、存在的问题及其原因，进而提出解决方案，提升法治建设水平。第五步，根据评价结果和建议的方案手段与政府的回应和反应做对比，有针对性地监督政府更好的履行法治职能、依法行政。这样，依法行政与依法行政考评的目标就得到了"科学化"的分解和评价，并促进其"科学化"的实现，在此过程中技术理性就转化为了依法行政考评合法化的主要资源。

简言之，专家评议以事实为依据，从揭示政府依法行政行为的真相出发，以法治政府建设的目标和有关工作要求、标准、步骤为准绳，进而衡量政府行为是否依法，是否把法治政府建设方案所设计的目标、规则、方案执行到位。这样，就很好地解决了一般满意度评价中存在的"合理性"供给不足的问题，专家的知识理性就转化为了一般公众参与"有效性"的主要资源，从而消弭一般公众参与的主观性、随意性和盲目性。[1]

---

[1]　谢能重. 依法行政考评社会评议中的公众参与和专家评议互补互证 [J]. 广西社会科学，2018（3）：133-138.

二、专家评议实践案例与启示

专家评议在西方国家有关法治评价中有较大的影响力，相关研究成果也被带到了国内，在国内部分专家所主持的法治评价中被应用，如"余杭法治指数"及华南理工大学法治政府绩效评价，专家评议均为其重要组成部分，通过对两个实践案例的探讨，有助于在依法行政考评社会评议中发挥好对专家评议的作用。

（一）"余杭法治指数"中的专家评议

"余杭法治指数"始于 2006 年，由浙江省杭州市余杭区委区政府委托浙江大学法学院设计与实施，被誉为"全国法治试验田""内地第一个法治指数"，备受关注。"余杭法治指数"的数据来源包括内部评估组、公众满意度调查、外部评估组、专家评估组的评估结果，构建了多元主体评估模式，其中公众满意度占总分的 35%，内部评估组和外部评估组共同合称为评审小组，其评审结果占总分的 35%，专家评估结果占 30%。内部评估组的主体为政府内部直接参与法律操作的工作人员，如法官、检察官、公安、司法局人员等；外部评估组的主体为与法律相关的非政府组织机构、学术机构、新闻媒体及参与过司法诉讼的当事人代表，如大学教授、高中教师、企业家、律师、记者等；专家评估组的主体为法学、统计学专家。[①]

参与到专家评估的专家主要由余杭法治评审办公室邀请国内有较高知名度和专业权威的专家组成，他们以内部评估组和外部评估组的法治指数得分和分析报告作为评估的依据，给余杭法治水平打分。为保证评分的公信力，特别要求每个专家必须对每一个条件的打分情况逐一作出书面说明。[②] 专家评审以评审会或通讯评审的方式进行。每年度的评估结果，由余杭区委区政府适时发布。2007 年第一次发布评估结果时，专家评估组的成员还在发布会现场向新闻媒体的提问一一做解答、回应。

---

① 钱弘道，等.法治评估的实验——余杭案例［M］.北京：法律出版社，2013：242.
② 钱弘道，等.法治评估的实验——余杭案例［M］.北京：法律出版社，2013：250.

（二）"法治政府绩效评价"中的专家评议

2012 年华南理工大学课题组借鉴政府绩效评价理念，提出了法治政府绩效评价的概念，构建了一套独具特色的法治政府绩效评价体系，并在广东开展实证研究，至今已连续开展 6 年。专家评议在构建、完善评价指标体系和在法治政府绩效满意度评价中具有重要地位。

一方面，以专家咨询法建立评价指标体系及其权重。通过将为数较多的备选指标分为 5 个维度提供给专家，由专家根据自身知识判断，为每个维度的备选指标评分，在利用 SPSS 统计分析全部指标的重要性程度，再通过隶属分析、相关分析等，最终确定指标体系。在指标权重系数确定上，同样采用专家咨询法，通过六个步骤，最终获取指标权重系数，包括一、二、三级指标的权重系数。最终形成了由法制建设、过程推进、目标实现、法治成本和结果满意 5 项内容组成的一级指标，二级指标有 14 个，三级指标划分为客观指标、专家评议指标和公众满意度指标，分别有 12 个、13 个和 16 个。其中专家评议指标数占 28.9%，专家指标的权重占全部指标权重的 30%。①

另一方面，在法治政府绩效评价中，专家评议是三个数据来源之一。专家来源于高校、研究机构的研究人员，法院、检察院、律师事务所等法律工作者，还有行政执法、行政监督等政府职能部门的政府官员。从专家成员的来源看，具有较广泛的涵盖面，注重的是专家的代表性。实践表明，专家在法治政府绩效满意度评价中具有专业性和易操作性的特点，与一般公众满意度评价可以形成互补互证之势。

（三）两个案例的比较分析与启示

上述两个案例从理论到实践，均加以不断充实完善，都受到广泛关注，具有一定的共通之处，也有所差异。

共通之处体现在，一是学术机构在其中起到了极其重要的作用，"余杭法治

---

① 郑方辉，邱佛梅．法治政府绩效评价：目标定位与指标体系［J］．政治学研究，2016（2）：67-79，127．

指数"依托浙江大学法学院组织实施，同时邀请了诸多国内知名的法学家参与，充分体现了学术研究与实践的结合；华南理工大学法治政府绩效评价课题组，依托华南理工大学政府绩效管理和法学研究的专家，借鉴政府绩效评价的理念，构筑了具有全新概念的法治政府绩效评价，体现了学术研究的独立性、创造性。二是充分体现专家在法治评价中重要地位，"余杭法治指数"和华南理工大学法治政府绩效评价的专家评分占比均为30%，在参与人数较少的情况下，所占比重显然很有分量。三是持续时间较长，已经形成了大规模的数据库，形成了可资比较的历史资料。四是均立足于地方实践，不断深入实施，具有地方特点，体现法治建设的地方知识性。

差异之处体现在，一是主体不同，表面上学术机构在其中具有主体的地位，但是"余杭法治指数"是基于余杭区委区政府的委托实施的，也就是说余杭区委区政府才是"余杭法治指数"的真正主体，浙江大学法学院在其中为组织实施者。而华南理工大学法治政府绩效评价则完全基于学术机构的研究兴趣自行决定、组织实施，是真正意义上的第三方评价。二是数据来源有所差异，"余杭法治指数"的数据来源均为主观评价结果，而华南理工大学法治政府绩效评价则包含了客观数据。三是专家评议的方式不同，"余杭法治指数"的专家通过评审会的方式，对已经具有结果性的内部、外部评估组的结果进行评估，形成专家评估结果，具有间接评估的特点。华南理工大学法治政府绩效评价的专家通过通讯评审方式，填写专家满意度问卷，对考评对象进行直接评价。四是专家的组成人员不同，"余杭法治指数"的专家限定在较窄的范围，主要为法学研究者，而华南理工大学法治政府绩效评价的专家事实上涵盖了"余杭法治指数"中的内部评估组、外部评估组和专家评估组三个类型的人士，范围较广。

综合以上分析，两个案例都有其值得借鉴的宝贵经验。一是需保证专家评议的独立性，专家评议的价值在于其专业性和价值中立性，在"余杭法治指数"中专家由浙江大学法学院邀请并组织考评，华南理工大学法治政府绩效评价中的专家由完全独立的第三方邀请参与通讯评议，这些都保证了专家与被考评对象的相对独立性，避免专家预设立场。二是地方法治评价宜适合地方特性，当前法治和法治政府建设，自上而下推动，但具体实践在地方，专家作为评议主体需对地方的法治实践有所了解才能对现状作出合理的评议。"余杭法治指数"中的专家均为国内知名法学专家，但是却大部分为浙江省以外的专家，且其评议的依据是内部和外部评估组的评议结果，实际上对余杭法治现状并无直接了解，因此其评议余杭法治现状的能力受到质疑。① 而华南理工大学法治政府绩效评价中的专家范围进一步扩大到本地有关专业人士，甚至政府内部的有关专业人员，这具有一定的可行性。三是建立专家库具有客观必要性，在"余杭法治指数"中对内外部评估组的组成人员建立了成员库，每年从其中抽取一定量的人作为评审组成员参加评估，这既保证了评议主体的有效性，又避免了被"俘获"的可能性，因而参与评议的专家，应同样从专家库中抽取。

三、专家评议内容与方法

（一）专家评议的内容维度

法治政府评价依赖于法治精神的支撑，包括法治、法治政府的内涵与理念的明晰，但是"理论的建设永远赶不上现实的多变"。关于法治、法治政府的定义，从古至今未有一个一致的标准，其中最著名的莫过于亚里士多德关于法治的定义：已成立的法律获得普遍的服从，而大家所服从的法律又应该本身是制定得良好的法律。此外还有富勒七项标准、② 韦德关于法治政府的四项标准③以及李步云的十条标准，④ 等等。法治、法治政府的概念和内涵在不断地动态演进，不变的是法治（政府）始终蕴含着强烈的价值取向，但价值取向也是会随着时代的变迁而变化的。从量化评价的角度看，评价是摸得着、看得到的实在，而法治（政府）的价值追求则是"只可意会不可言传"的虚存，要通过评价指标的恒定性来反映不断变化的价值变迁，实在为难。⑤

进一步地，我国的法治建设由政府主导，属外生型法治。也就是说法治对于

① 占红沣，李蕾．初论构建中国的民主、法治指数［J］．法律科学，2010（2）：47-54.
② ［美］富勒著，郑戈译．法律的道德性［M］．北京：商务印书馆，2005：11.
③ ［英］韦德著，许炳译．行政法［M］．北京：中国大百科全书出版社，1997：01.
④ 李步云．论法治［M］．北京：社会科学文献出版社，2008：09.
⑤ 谢能重．依法行政考评：变迁、功能与转型［J］．法治社会，2017（1）：38-48.

社会和公民来说是外在的，是需要被动适应的。自改革开放以来所树立起的法治理念，虽然已被大多数人所理解，但是人们的法治意识并不强烈，法治氛围并不浓厚，我国的法治环境仍然是"虚存"的，那么以一些硬生生的指标来衡量政府法治建设，往往并不能如实反映法治的"实在"。另外，评价毕竟不是法治政府（建设）本身，更不能等同于"法治"，归根而言它仍只是一个技术工具，具有其固有的局限性，面对具有深刻丰富内涵的法治和法治政府，并不是都可以用相应的具体数字来精确表达其实际。正如学者所警惕的那样，"别把指标和现实相混淆"，因为最好地法治指数设计也是对现实"片段"的测量，任何一个指标体系都无法涵盖整个法治建设的体系。① 也就是说，法治政府具有其不易量化评价的属性。因此，专家评议可以较好地弥补这一局限。

专家是特殊的社会公众，专家以其知识理性参与评议，代表着社会公众的理性表达。他们从知识和技术的标准去评判政府依法行政的行为和法治政府建设的成效是否符合公共行政的技术要求和法治政府建设的技术要求，以体现依法行政考评的科学性。因此，专家评议的内容一方面主要针对事实真相的判断，涉及的是政府依法行政的相关工作是否按照目标、规则、方案执行到位。这些需要通过专家的技术分析加以评判。另一方面要针对内涵性较强的政府行为。这方面的内容往往通过公开的信息无法判断，必须借助专家的逻辑推理、理论阐释才能加以评判。这些专家评议功能的实现，关键在于评议指标体系的指引。所以需设计分别符合公众满意度评价和专家评议的指标体系，两者既具有内在的逻辑关系，但又不能简单重复或交叉，一般情况下，为一般公众设计具有操作性和生活化的指标，为专家设计具有针对性和具体化的指标。

具体而言，以 G 省为例，依法行政考评的内容包括制度建设、行政决策、行政执法、政府信息公开、社会矛盾防范和化解、行政监督、依法行政能力建设、依法行政保障等 8 个方面，从评价分析框架看，可如前已述及的，分为制度建设、行政过程、行政目标实现、行政成本四个维度，那么专家评议就是要对这些维度从其前因后果、来龙去脉做比较分析，如针对制度建设，不仅对其所呈现的制度文本的优劣进行评价，更要从制度的制定动因、程序、合法性等方面进行考

---

① 侯学斌，姚建宗. 中国法治指数设计的思想维度 [J]. 法律科学，2013（5）：3-11.

量；针对行政过程，如行政决策、行政执法、政府信息公开等，不仅要评判其是否符合既定的规则（即"依法"），更要深究其是否"合法"（即"正当性"）；针对行政目标实现，从公众满意度评价的角度就是其是否让社会公众满意，但是从法治意义上考量，满意并不能简单地等同于目标实现，在落实政府所推进的依法行政任务完成或某一行政过程完成之后，是否达到既定的目标或更高意义上的是否达到法治目标，则同样需要专家从知识分析、逻辑推理上加以评判；针对行政成本，在政府行政行为内部化的现实中，社会公众是难以获取相关信息的，实施专家评议则是要通过专家知识、技术进行分析评价，对于那些不计成本代价所得到的"结果"，绩效显然不高，那么同样不能获得高分，也就是说依法行政除了依法，还要讲究效率、效益及其经济性，如此才是法治框架下的依法行政应有之义。

综上所述，专家针对政府依法行政的事实的判断，一方面是对面上所能观察到、触摸到、感受到的事实、现象的判断；另一方面是对依据法治精神，通过理性分析、抽丝剥茧后所呈现出的事实的判断。而对内涵丰富的政府行为及其结果的评价，更是要以知识技术加以分析、阐释。归结而言，就是专家评议的"问卷"可以简单，但简单的问卷内容背后所蕴含的法治意义、法治内涵，需要专家进行理性评价。

（二）专家评议的主要方法

考评的方式方法影响考评的目的实现程度，专家评议亦然。与公众满意度评价不同，专家评议的方式方法可有多种，主要集中于以下几个方面。

一是定性评价和定量评价。本质上，定性评价和定量评价都是评价的一种方式，并无优劣之分，因而几乎所有的评价都兼具主观指标和客观指标。在我国现阶段，定量评价往往被认为更为客观科学，而定性评价则显得主观随意。当然，定量评价又往往成为数字的游戏，如有些地方的指标中出现的"破案率""不上诉率"等，甚至有些地方出现操作数据、累积政绩的现象。可以说，两者各有利弊，如何平衡两者的关系，扬长避短，成为评价必须面对的现实问题。在专家评议中，同样要面临这样的问题。从定量评价的角度，专家可根据所掌握的数据、事实，依据专业判断进行量化评分，一般表现为专家对评议量表或问卷的打分。

但问卷所涉及的问题是有限的，专家通过问卷进行量化评价得到的仅是生硬的数字，并不能反映"数字"背后的问题，因此往往会与一般公众的满意度评价趋同，那么这样对于发挥专家的作用则是有限的。而从定性评价的角度，专家可以不受问卷范围的限制，可以就其所了解的情况，进行深入的剖析，既反映存在的问题，又可以说明问题的原因，甚至可以给出解决问题的建议，这对于以发现问题、改进工作为目的的依法行政考评而言，无疑是有益的。但仅是这样定性的评价，如何与公众满意度评价、内部考核的量化结果相衔接、耦合，又成了问题。在这方面，"余杭法治指数"的专家评审的方式提供了一定的启示，即专家评议既要填写有关问卷，又要对每一个问题所做的评分做说明，在最后的结果发布环节，还要面向社会公众，对公众、媒体的问题进行直接回应。也就是说，专家评议不仅是充当了问卷填写者，更重要的是发挥其专家知识对有关问题进行深入分析，以发现真正的问题及其症结所在，使专家评议的技术理性让法治政府建设受益，更通过专家与社会的沟通，为政府与社会公众的交流架起中介桥梁，有利于"政府-公众"的互动。

二是过程性评价与结果性评价。过程性评价，强调对政府法治建设的过程进行监督考核，符合自上而下的政府管理体制的现实要求，也是保证上级政府所设置的法治建设目标得以完成的有效方法。结果性评价则强调对法治政府建设的成效的评判，看重的是最终的成果。然而法治政府建设与其他工作有很大的不同，其不仅是一项政府工作，还蕴含丰富的价值导向。强调过程性评价，则反映的是上级政府的权力，而往往忽视法治政府建设的张力和价值属性，使得评价成为上级政府控制下级政府部门的工具罢了。结果性评价虽然可以避免这种工具主义，但是又往往出现有些地方政府为了结果而不择手段的情况，如数据造假、避重就轻等，陷入"数据政绩"的泥潭。专家评议同样面临这两种模式选择的矛盾，就过程性评价而言，专家如果能够全过程地了解政府依法行政的情况，既能更为全面地知道政府的所作所为，那么所进行的评价将会更为完整合理，据此所给出的问题剖析和结论建议也将更有说服力。但这需要专家付出较大的时间成本对考评对象进行日常性的观察，有时甚至需要专家成为全职的评议专家，但事实上这在实践中是难以实现的，况且我们的专家并不是传统意义上的研究人员，他们来自各行各业，都有自己的工作、事业，不可能在这上面花费那么多的时间、精力。

就结果性评价而言，专家评议的重心指向法治政府职能的实现情况，所依据的是结果数据，这对于考评而言是易于实现的，让专家可以对考评对象的依法行政情况一目了然，可以在不花费太大代价的基础上就可以作出判断。但是，对于这一结果如何产生，对其过程情况则无法知晓，那么据此作出的评价结果是否合理呢。如"余杭法治指数"中的专家评议所依据的是内外部评审组的评审结果，存在"纸上谈兵"之嫌。

三是集中评议与通讯评议，这是专家评议通用的两种渠道。其中，集中评议可以提高评议的工作效率，增强评议的操作性。如"余杭法治指数"中，其借每年"中国法治论坛"之机，召集有关的专家进行集中评议。① 这对于考评主体而言，可以集中有效地获取专家的评议结果，大大地降低成本。但是，这样的集中评议，往往不可避免地会造成相互间的干扰。同时，如果不是借某一项专门性活动之机，要召集那么多的专家同时集中一块，那是很难办到的事情。而即使如同"余杭法治指数"那样，因为每年有固定的会议，有关专家都会参会，易于组织，但是也会出现评议专家每年都是相同的，一方面这些专家会形成刻板效应或光环效应，而对每年的微小变化无法知觉，那么所作出的评价，必然不具合理性；而另一方面固定的专家群体，让被考评对象事先知晓，会不会让专家成为被考评对象的攻关对象呢？这是难以避免的。与集中评议相对的有通讯评议，即由评议组织者通过邮寄等渠道，把问卷、量表或其他评议材料送到评议专家手中，由评议专家评议后再返回评议结果。这一途径，可以实现通过建立专家库，采用有关抽样办法抽取一定数量的专家参与评议，体现专家间的相互独立性，相互没有干扰，即常说的"盲评"，从而降低甚至避免专家被"俘获"的可能。这样一方面专家选择面可以比较广，另一方面可以降低"审美疲劳"所带来的评议结果固化。但这与集中评议相比，成本较大，主要表现在建立专家库和评议结果的收集效率上。专家库的建立需要考虑由各方面的有一定数量的专家组成，要获取这些专家的基本资料，并征得专家的同意，是一件难事。同时，通讯评议的主动权几乎都在专家手中，在他受到评议问卷后，什么时候才能反馈评议结果，这是一个较难把控的过程。而且，回收率往往不高，一定程度上影响了评议结果的科学合

---

① 钱弘道，等. 法治评估的实验——余杭案例 [M]. 北京：法律出版社，2013：252.

理性。根据有效性和易操作性原则，在当前的考评框架下，集中评审成为客观必要。也就是说，专家评议宜在考评主体（党委政府）的主导下，由本级政府法治部门统一组织，下一级政府法治部门协助，按既定的制度规定确定样本框，由第三方抽样和组织相应的专家进行评议。这样的评议机制，既符合专家评议的专业性、代表性的理论设计要求，也体现了专家评议的可操作性和独立性。

四、专家评议的实现机制

专家评议作为公众参与依法行政考评社会评议的一种形式，根本目的在于解决公众满意度评价中的专业性、合理性问题，同时要保证自身的代表性和独立性。为此，专家评议机制构建十分关键。

（一）评议专家分类

专家评议的难点在于评议的有效性（专业性）和可操作性（可实现）。有效性要求专家的评价具有专业性及针对性，能真实、理性地反映实际情况，因此，要求专家对被评对象的依法行政情况比较熟悉和了解，能理性作出专业性判断。可操作性要求评议的环节简便、经济、可行，同时保证评议过程的真实、客观和不被干扰，以保障评议的效果，即评议的结果真实有效。

从专家的来源以及知识构成情况看，专家可分为实践专家与理论专家。实践专家指那些在实践中不断积累经验、技能而获得对事物的认识具有专业知识、专业技术的权威地位的人，他们的知识来源于日积月累的实践积淀，凭借经验可以作出专业的判断。在依法行政考评中，这类专家又可分为有关行政、法律的从业者和可通过身份便利掌握有关政府行政信息者，前者如行政机关工作人员、执业律师、司法工作者、主要从事政务新闻的记者、企业中的法务工作者等，后者如党代会代表、人大代表、政协委员，简称"两代表一委员"，他们是党和国家权力运行的参与者、见证者、监督者，可以借助身份优势掌握更多的有关政府行政的信息和政府行政行为的出发点、目标、要求等，也可成为评判政府依法行政的专家。理论专家，顾名思义就是对有关知识进行深入的理论研究，具有深厚的理论功底，通过理论知识而获得权威地位的人。在依法行政考评中，这类专家主要来源于高校、研究机构的教授、学者。明确区分专家的类型，可以更好地把握在参与依法行政考评中专家的角色定位，有利于更好地发挥其专业技能在考评中的理性作用。当然，专家之所以为专家，就在于其对事物认识的"专"，因此面对纷繁复杂、操作性强并具有一定地方性知识的依法行政而言，专家也会有其局限性。一方面实践专家的判断源于其实践经验，而难以做到通过现象看本质的理论深度剖析，同时也因为其专注于某一定范围、某一地域的政府依法行政行为，而无法对该范围或地域以外的政府行为进行有效判断；另一方面理论专家，拥有理论知识权威，但或许放到具体实践中则会存在认知障碍，如实践现象远远超出理论预设、理论推理。就此而言，专家的选择也要放之于更广的范围。

（二）组建具有针对性的专家库

专家来自各行各业，专业专项各不相同，实践中"两代表一委员"、政府工作人员、法律工作者、法学专家教授等成为专家的重要组成，要合理发挥专家的作用，组建专家库是关键。

专家评议的有效性建立在评议的针对性基础上，为此专家库的建立要根据考评对象的类型来分类组建。一般考评对象可分为下一级政府和本级政府组成部门。针对下一级政府，基于其具有承上启下的连接性，专家库应由两部分构成，包括考评对象本地专家库（简称：本地专家库）和考评主体政府地区专家库（简称：地区专家库），前者由工作、生活的主要范围在考评对象属地范围内的专家组成，后者由工作、生活的主要范围在考评主体政府辖区或对该辖区政府依法行政情况比较了解的专家组成。这些专家包括如前所述的"两代表一委员"、司法和法律工作者、政府相关工作人员、法学或法律研究者、政法新闻记者等。针对政府组成部门，因这些部门一般不直接面向具体的行政相对人，每个部门的职能较为专业和单一，要衡量他们的依法行政情况，必须由对评议对象的职能较为了解，与评议对象有一定接触的评议者予以评议。因此，评议政府组成部门的专家一般为"地区专家库"，此外还应从下级政府及其对应的政府组成部门抽出部分政府工作人员，与"地区专家"共同组成评议政府组成部门的专家库。如 Q 市 2017 年的依法行政考评专家评议中的专家就分为了"本地专业人士"和"Q市地区专业人士"，具有一定的借鉴意义。

（三）专家评议的公信力保障机制

基于以上，专家评议被赋予了"公信力"的期待，然而专家毕竟不是不食人间烟火的神，需要建立一套行之有效的保障机制，以实现这种期待。

一是建立专家自律机制。专家评议的公信力来源于其技术理性与价值中立，本质上就在于专家具有基于对知识尊重的自律性。但单纯的自律往往易于攻破，因此需要建立一套适用于全体专家的自律机制，而通过专家库来实现这一机制成为必要途径。一方面强化专家的职业道德，在组建专家库后，对专家进行必要的培训和引导，强化专家对知识的敬畏，对职业操守的尊重，唤起专家在参与依法行政考评社会评议中的底线意识；另一方面签署自律公约，把专家库建成一个自律组织，由此要求每位专家库成员签署自律公约，明确专家在社会评议中的职责，形成专家库成员互相监督的自律机制。

二是建立专家评议公开机制。包括专家遴选公开、专家库成员公开、专家评议程序公开、专家评议结果公开。遴选专家公开，有助于多渠道、更广泛地获得专家资源，更为重要的是从程序上避免了专家内定的可能性；公开专家库成员，是一种与自律相对的社会对专家的他律机制，把专家放在阳光下，便于全社会对专家的监督；评议程序公开，一方面有利于专家知晓评议的过程及其行使权利的方式方法，这是对专家的尊重，也是法治内涵应有之义，另一方面有利于社会公众掌握专家评议的操作过程，建立起社会对专家评议的信任；专家评议结果公开，切实保障专家评议结果的应用，这是依法行政考评的根本要义，一方面通过把专家评议结果让社会所知悉，既是对评议结果的尊重也是对评议结果的监督，另一方面可有效地刺激被评议对象，使其法治政府建设成效暴露于公众面前，进而可以敦促其依法行政。

三是建立激励保障机制。根本上说，专家并无参与评议的义务，其参与评议既是行使专家作为公民监督政府的权利，也是基于促进法治政府建设的专业使命感，由此，需要对专家评议给予适当的激励，更要赋予必要的保障。如一定的物质和精神奖励、赋予专家评议必要的了解政府信息的权利、制度上充分保障专家脱离本职岗位参与评议的权利，等等。

四是建立专家评议追责机制，有权利必有义务，专家评议政府依法行政情况，行使评议权、监督权，但是如果其不负责任地行使权利，那么理应受到惩戒，包括剔除出专家库，对其徇私舞弊、弄虚作假行为加以通报批评，等等。

五、专家评议与公众满意度评价的互补互证

综上所述，公众满意度评价是公众评价政府的常用手段，依法行政考评社会评议亦然。本研究基于评议要实现价值理性和工具理性，因而认为社会评议应强化专家评议在其中的作用。技术上，为的是追求对二者取长补短，实现二者的互补互证。

（一）公众满意度评价的现实困境

虽然公众满意度评价在依法行政考评中具有重要的价值，但制度安排上的不严谨、不完善，实践中所表现出的合理性不足，不容忽视。

一是评议主体无差别参与，权责不明。几乎所有涉及评议政府的公众满意度评价的突出特征是规模大，体现的是公众参与性，甚至将参与的规模与考评的民主性画等号。如 G 省每年的依法行政考评社会评议的社会公众样本量均为 10000 人左右，《中国法治政府评估报告》的法治政府建设"公众满意度"调查样本量每年不同，在 10000 多人至 20000 多人，平均每个被评价对象（城市）200 人左右；华南理工大学课题组组织实施"广东省法治政府绩效满意度"调查样本量为每年 20000 多人。总的来说，这些参与评议的公众大体可以分为不特定人群和与政府具有一定行政关系或具有特定身份的群体。前者如通过拦截或入户访问的社会公众，或通过网络参与问卷调查的网民；后者如行政相对人、"两代表一委员"、上级政府部门或下级政府部门的代表、企业员工，等等。其中前者的样本总量占比一般较高，如 G 省 2016 年的依法行政考评社会评议中仅通过拦截访问、入户访问或电话访问的样本量即占总样本量的 71.28%。但不管是哪类群体，也不管样本总量占比有多大，这些评议者的参与始终是被动的，并且在实践中往往是无差别地参与。当然，在一些案例中，不同的参与者因其被组织者赋予了不同的角色（参与者本人并不明确其承担的角色）而在计算考评分值时占比不同，表面上看是有所差异，但是在这些参与者参与测评或填问卷的时候，并不知道其代

表什么角色，他的评议意见会有多大的分量。因参与者始终处于被动的角色，尤其是考评方案并未公开让社会公众所知晓，参与者并不能知道其参与其中的权利和责任。

理论上，社会公众参与依法行政考评社会评议，并以主观的满意度作为评价指标，所要凸显的就是政府行政的公共性、依法行政的开放性和依法行政考评的民主性，符合当下我国政治体制改革所强调的民主化和法治化要求，但是明显的，社会公众无差别地参与和没有明确的参与权责，所造成的就是组织的盲目性和参与的无质化。如 2016 年 G 省某市的依法行政考评社会评议的"机关代表"评议环节，集中评议的代表们在该环节给 33 个考评对象打分，问卷设计有近 300 个"格子"需要填写，但绝大部分评议者却仅用时 5~10 分钟，且提交的大多数问卷的"答案"是清一色的同一个"选项"。如此看来，他们是否认真对待考评工作，是值得考虑的。也就是说，这样的情况下，所做的满意度评价的有效性，是大打折扣的。

二是评议标准笼统化，主观随意性大。依法行政考评的对象考评主导政府本级组成部门和下一级政府，少则十数个，多则几十个，考评对象众多及参与主体的广泛性、大众化决定了公众满意度评价不可能精细化，实践操作上往往以笼统性和整体性的指标来设问，具体表现为政府部门笼统性的行政活动为维度，如 G 省 2016 年的依法行政考评社会评议就以"法规及政策建设满意度、重大决策前公开征求意见满意度、公正文明执法满意度、政府信息公开满意度、化解社会矛盾纠纷效果满意度、接受新闻媒体或公众监督满意度、公务员守法意识满意度、行政救济满意度"八个维度设问，评议的标准设有"很不满意、不满意、一般满意、满意、很满意"，由此形成李克特五级量表。这些设计，符合"参与式"评价的一般做法，也可以有效地迎合参与者的需求以吸纳他们参与到评议中来，更便于参与者同时评议多个考评对象。显然，考评主导者通过这些高度凝练、概括化的评议维度和标准，仅能获得社会公众对政府部门宏观职能的主观评价或心理感受，并不具有针对性，甚至可能导致解读的角度不同而产生不同的结果、效应。

更加不容忽视的是，因为评议维度和指标的笼统性、整体性和高度概括化，评议者往往会因为某一次与行政机关或政府工作人员的不愉快经历而将之泛化到考评对象的整体工作上，导致以偏概全的现象发生。事实上，现有的考评实践

（包括其他关于政府的评价实践）中所出现的越是处在服务公众、行政相对人第一线的考评对象的公众满意度越低的现象，以及作出"授益行政行为"为其主要职能的考评对象的公众满意度高于作出"不利行政行为"为其主要职能的考评对象的现象，就是最好的明证。这种完全依据自己主观感受作出的评价的随意性，也使满意度评价蒙上了有效性差的"罪名"。除了受参与者自身的主观感受影响外，公众满意度评价还往往受到社会环境因素和参与者背景因素影响。在对 G 省的依法行政考评社会评议公众满意度评价的实证研究中，我们发现地区人均 GDP 对公众满意度产生较大影响，一般情况下人均 GDP 越高的地方，公众满意度越高；另外，从人口学统计角度分析，男性群体的满意度高于女性，老年群体的满意度高于中年群体，中年群体高于青年群体，呈现老中青逐级下降的趋势，高学历群体的满意度高于低学历群体，职业稳定性强和待遇好的群里的满意度高于其他群体，公务员、事业单位员工的满意度明显高于农民和无业人群。显然，这些与政府依法行政本身并无直接联系，但这确会对公众满意度带来实实在在的影响，这对经济发展落后或评议者构成不合理而导致公众满意度结果低的被考评对象而言，是不公平的。

三是评议程序缺乏，公众参与表面化。程序是看得见的正义，良好的程序规则，可以让参与者预知自己的行为及其带来的影响。但是在各地的"依法行政考评办法"中，对内部考评给予了较详细的程序要求，对社会评议环节却鲜少提及。社会公众只能被动地、盲目地甚至是被操作化地参与其中，使社会评议环节沦为了内部考核的附庸或为依法行政考评装点门面罢了。进一步地，这导致的是公众参与表面化。一方面，因为没有具体的要求，考评主导者只要组织社会公众参与了满意度评价即可，实践中这一环节往往由政府委托第三方实施，最终考评主导者关注的其实只是结果如何，至于这中间的过程如何则交由第三方把握了。另一方面，参与满意度评价的社会公众中，往往会以其身份划分几种类型，如 G 省 2016 年的依法行政考评社会评议主体就有"两代表一委员"、企事业单位代表、政府机关部门代表、行政相对人、普通居民，等等。在最终计算满意度分值时，各类代表都会被赋予不同的权重，显然"两代表一委员"、企事业单位代表、政府机关部门代表等并不是普通的社会公众，G 省的实证结果表明，这些"公众"的满意度普遍高于行政相对人、普通居民等社会公众，如此一来，真正的社会公众在满意度评价中会起多大的作用呢？同时，政府信息公开的不到位，给社会公众的参与增添了障碍；最终测量结果的不公布，则进一步剥夺了社会公众的参与感，这双重影响，往往让社会公众失去参与的热情。最终，社会公众的参与只会是敷衍罢了。

（二）专家评议的现实困境

专家理性评议模式的理想化是建立在专家知识的全面性、价值的中立性的基础上的，但事实上这种理想化情境往往因苛刻而难以实现。一方面，专家知识本身具有局限性，专家在开展法治评估之时可能会将有关法治的理论来强行套用到法治建设现状中并作为评价的基准，而有意无意地忽略法治建设本身具有的复杂性。[1] 占红沄、李蕾就对"余杭法治指数"中的专家评议所存在的一些问题提出了批评，他们指出专家评分在"余杭法治指数"的评价体系中占了30%的权重，但其中部分专家却不太了解余杭区的实际情况，甚至匆匆只来过余杭区一次，[2] 这样的评价有失公允。尽管专家可以凭借理论储备对研究问题进行深度透视，但是专家在学术研究中积累的观点是否符合地区法治现实依旧是有待验证的。[3] 另一方面，专家失灵导致价值偏差。一是，专家并非圣人，在许多实践中，许多专家逾越界限，不仅对涉及价值判断的问题进行了评判，甚至逾越其专业领域，对其他领域进行评价和判断，这使得专家不专，丧失了专业性。[4] 二是，专家被考评主导者或考评对象所"俘虏"，使专家的评议结果成为法治政府建设成绩的"背书"，更有甚者形成"知识-权威"霸权，使专家知识成为公共利益的代言人和为政府私利提供"合法性"的工具。

总的说来，专家评议模式的理想化困境所带来的影响主要是专家评议的公共性沦丧。一是专家的局限性弱化了技术理性所应有的广度和深度，专家评议局限

---

[1] 张建. 论法治评估的立场与类型 [J]. 常州大学学报（社会科学版），2016（5）：74-81.

[2] 占红沄，李蕾. 初论构建中国的民主、法治指数 [J]. 法律科学，2010（2）：47-54.

[3] 李瑜青，张玲. 法治评估实践的效度——基于"余杭法治指数"的文本研究 [J]. 常州大学学报（社会科学版），2016（5）：47-56.

[4] 徐文新. 专家、利益集团与公共参与 [J]. 法律科学，2012（3）：47-59.

于自我的知识能力范畴，针对性、有效性下降，无法顾及依法行政和依法行政考评的公共性知识。二是专家知识理性的天然倾向是将依法行政和依法行政考评的价值问题化解为技术问题，容易造成技术理性对价值理性的篡夺，使依法行政考评陷入为技术而技术的漩涡，从而忽视了社会公众的价值选择，具有反民主倾向。① 三是专家被"俘虏"更使专家的知识技术所应有的理性丧失。所以，必须对专家评议给予必要的功能划分和限制，并通过必要的手段和途径对其可能出现的偏离及时进行校正。

（三）专家评议与公众满意度评价的融合

公众满意度评价与专家评议各自指向社会评议的不同功能，前者指向社会评议的公共性与合法性，后者指向社会评议的科学性和合理性。综合上述内容可知，两者各有长短，两者融合则有利于取长补短，符合依法行政考评所指向的多元价值追求，既兼顾依法行政的"公共性"又有保障依法行政考评的技术理性。从而有效促进彼此间的互补互证，增强社会评议的公信力。

公众满意度评价与专家评议具有互补关系，表现为通过两者的相互补充完善，实现依法行政考评在结构上的完整性。具体表现为功能上的互补和适用范围上的互补。前者主要体现在，公众满意度评价的结果以公众对政府行政行为的感受、体验和经历为评判背景和依据，具有较强的主观性，往往又表现为公众的价值偏好。基于此，要建设人民满意的法治政府，提高公众满意度评价的结果，政府必须对在公众满意度评价中所收集到的公众诉求，或者说民意，进行回应，以满足公众的价值偏好。与此不同，专家评议虽然也为主观评价，但是其依据是基于专家对政府行政行为的专业性、合法律性与合理性的评判，因此所要评价的不仅在于政府的行政行为是否严格按照法律（包括规范性文件）来执行，即形式上的"依法"情况，同时还要研判政府行政行为实质上是否符合法治精神，即实质上的"依法"情况，由此有利于为政府提供科学、专业的法治政府建设依据，以改进政府工作中可能存在的重形式、轻实质的问题，有助于推进建成真正意义上的法治政府。后者，适用范围的互补，主要体现在公众与专家在评议中从不同视

① 王锡锌. 依法行政的合法化逻辑及其现实情境 [J]. 中国法学，2008 (5)：63-76.

角获取不同数据，进而形成互补。一般情况下，公众的满意度评价着眼于整体性评价，易偏向于针对政府整体性、普遍性和表面性的公共行政行为，如政府机关的服务环境、执法人员的态度等，显而易见这些行为普通公众易于接触到和感受到，也容易作出判断。专家评议则不同，其必须针对政府行政的具体性、针对性和强内涵性的行为，如执法人员的执法行为是否符合程序，政府决策、立法等是否符合规范、是否违背上位法等，显然公众对这些要求难以把握，而且有些行为外向性较弱，只有从事相关工作的专家才能接触和评判，这些必然需要专家评议才能进行。

公众满意度评价与专家评议具有互证关系。互证，简单地说就是相互证明，就依法行政考评中的公众满意度评价与专家评议而言，它们之间的互证核心在于相互之间补强、纠偏，从而使考评结果更具科学性、合理性和公信力。它们之间的互证，主要体现在，通过不同的评价方式或者说不同来源的评价数据，从不同角度进行相互证明。其中，公众满意度评价具有大众性，通过大样本调查获取公众的满意度数值，反映民意。但是，基于公众满意度评价的价值偏好，满意度高并不能必然地说明政府依法行政情况就好，反之亦然。专家评议所作出的专业评价，则是经过专家理性思考，在法律规定、技术规范的框架下作出的，反映政府行政行为的规范程度，但是符合法律规定和技术要求的行为，有时并不能为社会公众所知晓、理解和接受。另一方面，法治政府建设需要公众的参与，公众满意度评价虽然满足了这种参与需求，但是由于我国政府的开放性不足，法治社会的发育、建设不完善，以及一般公众法治知识缺乏、理性不足等，所作出的评价科学性不足。而专家评议则可以较好地解决依法行政考评社会评议中"专业技术知识"供给的问题。特别是基于专家的价值中立性，专家评议所持的是外在视角，摒弃个人的感觉、经验和利益追求，使得他们能够更专业地、更客观地评价法治建设中的得与失，从而更能够获得国家、社会的认同。①

综合以上，两者的互补，使得社会评议覆盖各类群体，评议方式既有面上的普遍性也有点上的针对性，增强了社会评议主体、评议方式的完整性。两者的互

---

① 张建．论法治评估的立场与类型［J］．常州大学学报（社会科学版），2016（5）：74-81．

证，使得两者可以充分发挥其优势的一面，也可以得到另一方的纠偏，增强评议的信度。更为重要的是，两者的互补互证，既体现了社会评议所具有的价值理性，也具有技术理性，进一步与内部客观考核形成互相支撑补强之势，增加依法行政考评社会评价的工具价值、监督价值和法治价值。

（四）专家评议与公众满意度评价、内部考核的内在逻辑

专家评议有其独立性，但将其放置在整个依法行政考评的体系中审视，其内在的逻辑关系更为明确。即内部考核、公众满意度评价和专家评议构成了依法行政考评有机体，各自可成为依法行政考评的一个模块。这一有机体的三部分内在逻辑自洽性可从以下两个方面加以阐述。

一方面单一实施上述三种考评模块中的一种都有其内在矛盾性。一是内部考核，基于政府的科层制设计，上级政府具有天然的依法行政目标设置及目标实现的方式、手段选择权和考核权，通过考核政府"依法"行为的现实与目标的差距得出结论，以判断政府依法行政成效，从而证成法治政府建设成绩。但是，从评价学的角度，政府的法治职能，并不能像经济建设职能那样，都可以通过具体的指标加以直接量化，尤其是法治政府以及依法行政具有较强的价值导向及其效果的关联性与滞后性，往往不能简单地数据化，否则容易造成所谓"指标体系"掩盖下的非法治的意图或者结果。① 进一步地，在民主法治环境下，这样的内部考核无法避免"自我评价"的考核主体"不合法"的弊端。二是为避免第一种情境的尴尬引入了社会评议（当前实践中表现为公众满意度评价），使社会公众成为评议政府的主体，符合"主权在民"的民主法治价值内涵，同时通过公众满意度评价，有效扩大公众参与，可以更好地收集民意、反映民情，进而了解、掌握社会公众对政府依法行政的满意度情况，使得第一种情境中的"封闭性"的弊端得以消弭，从而增强依法行政考评的"合法性"。但是这种"合法性"并不能必然地产生"合理性"，因为政府信息公开不足、公众知识能力有限，以及受到其他诸多因素的影响，仅仅开展公众满意度评价，会导致社会评议的"不合理性"。三是专家评议以知识理性，使社会评议增添了技术理性，符合依法行政考评的工

---

① 尹奎杰. 法治评估指标体系的"能"与"不能"[J]. 长白学刊，2014（2）：63-66.

具理性的要求，从而保证了考评的"合理性"。但是这种"合理性"是建立在专家的知识理性、价值无涉性基础上的，这只能说是一种理性假设，因为实践中所发现的专家知识的局限性，以及考评主体、考评对象对专家的"俘获"等现象并不鲜见，这样就造成了专家理性权威演变成为专家霸权，使专家评议丧失了"公共性"。

另一方面，将三者有机融合可以避免上述采用某一单一模块所出现的矛盾，促进依法行政考评的内在自洽逻辑。第一步，在内部考核模块，上级政府以依法行政的目标为根据，考察核实政府行为"依法"（本处指狭义的法律法规和上级政府制定的依法行政方案、任务）的现实情况与"依法"目标的差距，因"法"具有合法律性，如果政府的"依法"行为符合"依法"目标的要求，那么便可证成"法治政府基本建成"。第二步，在社会公众评议即公众满意度评价模块，基于政府的权力来源于人民的授权，社会公众天然地具有评议权，社会公众的满意度则天然地可以成为法治政府建设成效的"试纸"，如果社会公众的满意度高，说明社会公众对政府的依法行政行为以及法治政府建设情况是满意的，而人民满意的政府则是法治政府的基本前提。第三步，在专家评议模块，知识权威和技术理性价值无涉，本身即具有合法性，专家评议则代表着专家遵从知识和技术的标准去评判政府依法行政的行为和法治政府建设的成效是否符合公共行政的技术要求和法治政府建设的技术要求，显然专家评议得高分则代表着政府行政行为的"合技术性"或"合理性"，那么"合理"的政府也将是合法的政府。

综合以上，政府内部自上而下的依法行政考核以其考察核实政府行为与法律法规的"一致性"而证成法治政府建设的"合法律性"，体现了考核的工具理性。社会评议的引入，吸纳社会公众评议法治政府建设效果，充分保障了社会公众有序政治参与的途径，体现考评的民主价值与合法性。然而公众参与评议的主观评价属性，与生俱来地带有盲目性和价值偏好，使之失去了科学合理性。由此，体现现代行政和法治理性的"专家参与"成为必要。专家评议的知识理性和价值无涉性，增添了社会评议的技术价值与合理性。三者的融合，使依法行政考评确立了因"一致性"而"合法律性"、因"民主性"而"正当性"、因"科学性"而"合理性"的三角形闭环逻辑，成为证成法治政府建设的"合法性"工具。简而言之，三个模块都有其独特的功能和内在的逻辑，一是因"合法律性"而合法；二是因"合民主性"而合法；三是因"合理性"而合法。这三个功能的融合成为证成"法治政府建成"的应有逻辑。鉴于前两种功能及其融合已获得较大共识，本书主要着墨于后两种功能的融合构建。

（五）社会评议融合机制构建

公众满意度评价与专家评议各自功能和作用机制不同，两者融合，符合依法行政考评所指向的多元价值追求，既兼顾依法行政的"公共性"又有包含依法行政考评的技术理性。那么要实现这些目的，其基础在于需要有必要的制度保障。一是，在社会评议功能设计上，要区分公众满意度评价与专家评议的功能。核心是关于价值判断的事项交由公众满意度评价完成，关于事实真相的判断则交由专家评议实现。二是，公众与专家作为两种不同的角色，被赋予了不同的期待，那么就必须对这两种角色进行明确区分和对其承担的权责加以明确，首先需要确定的是建立公众与专家划分的标准，主要是专家如何认定的问题，从而赋予两类人群不同的任务；其次要赋予两者一定的权利，如为了参与考评可以请假，为了获取真相，专家可以查阅有关档案资料，等等；再次要求两者履行一定的义务、承担一定的责任，如专家评议不能弄虚作假、有意偏袒，否则要承担法律责任。三是评议方式要便于实施，如公众满意度评价，其核心要义是"参与式"评价，那么就要创造有利条件便于公众参与，实践中所常用的网络调查、电话调查、拦截访问、入户调查等均有其合理性，其中尤以在政务服务中心拦截访问与依法行政考评相关度最高。针对专家评议，则可通过专家问卷的形式，收集专家意见，但专家评议又不宜仅限于单一的问卷，还可通过专家座谈会的形式，深入听取专家对政府依法行政工作的意见建议，使不可量化评价的内容得以进一步了解。

六、案例分析：Q 市依法行政考评社会评议的专家评议实践

（一）专家评议方案

2017 年 Q 市依法行政考评社会评议的评议主体由普通公众和专家组成。其

中，专家包括"两代表一委员"，司法、法律工作者，大型、上市企业和事业单位，中小微企业、个体工商户，民主党派、群团组织，Q 市政府及其部门代表。根据专家的地域来源，又分本地专家和 Q 市地区专家，前者的专家来源于被考评对象所辖区域内，仅对其所在地的政府进行评价；Q 市地区专家则来源于作为考评对象的上级政府的 Q 市政府所辖区域内，对 Q 市所辖的全部考评对象进行评价。具体安排见表5-1。

表 5-1 **2017 年 Q 市依法行政考评社会评议专家评议主体**

评议对象	评议者类型（%）	评议主体
县（区）政府	本地专家（20）	县级"两代表一委员"
		县级司法、法律工作者（公安、检察院、法院、司法局、县级政府所在地律师事务所律师）
		县属大型、上市企业和事业单位
		县属中小微企业、个体工商户
		民主党派、县属群团组织
	Q 市地区专家（20）	市级"两代表一委员"
		市级司法、法律工作者（公安、检察院、法院、司法局、Q 市区律师事务所律师）
		Q 市政府及其部门代表
市直单位	Q 市地区专家（45）	市级"两代表一委员"
		市级司法、法律工作者（公安、检察院、法院、司法局、Q 市区律师事务所律师）
		Q 市政府及其部门代表
		市属大型、上市企业和事业单位
		市属中小微企业
		民主党派、市属群团组织
	县级政府部门代表（40）	县级政府及其部门代表

　　基于两类专家评议对象不同及其在评议中的角色定位，专门设了两套评议问卷（量表）。一是"调查问卷"。内容根据依法行政考评指标（一级指标）设计问题，每个指标一般由1~3个小问题组成，每个问题一般设很满意、满意、一般、较不满意、很不满意五个等次（分别为5分、4分、3分、2分、1分），同时设"不清楚"选项（归入无效票，不计分），多选、漏选为无效票数，不计分。同时还设计有涉及人口学统计信息等4-6个背景问题，以作为分析的变量。二是"评议量表"。内容根据依法行政考评指标（一级指标）设计量表，其中一个指标即设一个满意度评价点，如履行行政职能过程满意度、法规及政策建设满意度等。量表采用5分制，5分、4分、3分、2分、1分分别对应很满意、满意、一般、较不满意、很不满意五个等次。

（二）案例评析

　　专家评议有其优越性，在实践中已被引起注意，Q市在依法行政考评社会评议中将评议主体明确划分为专家，甚至进一步划分为本地专家和Q市地区专家，具有创新性。一方面，本地专家具有充分的本地知识，掌握的信息更加充分，可以作出更具针对性的评议；另一方面Q市地区专家因其面向的是全市，对全市的基本情况有所了解，可以作出总体性的判断。

　　但是Q市的实践，还处于摸着石头过河的探索期，还有诸多不足。一是专家的组成事实上是具有特定身份的个体，如"两代表一委员"，虽然评议方案明确参与评议的专家所代表的是其个人，但是因为他的身份特征有引起"自己评自己"的疑问，尤其是本地专家所做的评价。二是专家评议以集中评议的方式开展，不可避免地会造成彼此间的影响，如有人先完成了评议问卷，陆续交回问卷的时候，其他本想深入细致评议的，因大部分人已经完成，也会匆忙完成，导致评议效果下降。三是专家评议所使用的问卷，还是以封闭式问卷为主，与一般的社会公众满意度评价问卷类同，没能很好地发挥专家评价的作用。四是Q市地区专家评议的对象较多，同时对这些考评对象有所了解显然是有很大困难的，因此会导致专家"不专"，导致评议针对性不强。

本章小结

专家相对于公众而言，更具专业知识和技术理性。专家评议作为公众满意度评价的互证互补手段，因相对中立性增强了社会评议的公信力。实践中，专家评议一般针对依法行政的过程指标，可采用定性评价和定量评价相结合、集中评议与通讯评议相结合的方式，更加关注依法行政涉及各种主体及其内在关系，这些内容是公众不易评判的。当然，专家评议也有知识局限性和被"俘获"导致不公正的可能性。因此，实践中需要与公众满意度评价相融合，实现二者的互补互证，以保障社会评议的价值理性和工具理性的充分融合。换言之，专家评议、公众满意度评价与依法行政考评内部考核一同构成依法行政考评的自治逻辑，即因"一致性"而"合法律性"、因"民主性"而"正当性"、因"科学性"而"合理性"的闭环逻辑。

第六章　依法行政考评社会评议的实践审视

依法行政考评目前尚无全国统一的规范要求，各地实践体现中央纲领性文件精神，彰显地方特色。本章以 G 省及其下辖的 F 市 2016 年的实践、Q 市 2017 年的实践为案例，力图审视地方依法行政考评社会评议实践得失，为完善社会评议提供佐证。

一、依法行政考评社会评议实践的制度层面分析

（一）G 省和 F 市、Q 市案例选择依据

G 省是我国改革开放的前沿阵地，但区域发展不平衡。2015 年全省人均 GDP 近 8 万元（2016 年的考评针对 2015 年度），其中最高的地市达 16.2 万多元，最低的仅为 2.2 万多元；从地理位置分布看，G 省既属沿海沿江三角洲平原地区，也有少数民族山区（约占总人口的 3%）；既有具有深厚文化底蕴的历史文化名城，也有新兴崛起的现代都市。这些特征在全国有一定代表性和前瞻性。F 市位于 G 省中部，地处 G 省三角洲腹地，是 G 省三角洲经济圈的重要城市之一，全国先进制造业基地、G 省重要的制造业中心，在 G 省经济发展中处于领先地位。2017 年 F 市人均 GDP 为 12.47 万元，位列 G 省前茅。Q 市位于 G 省的中北部，是 G 省陆地面积最大的地级市，是 G 省三角洲经济圈北缘的门户城市，是 G 省较年轻的地级市，建市至今仅 30 年历史，下辖有两个民族自治县，属于 G 省"老少边远"地区。2017 年 Q 市人均 GDP 为 3.89 万元，列 G 省居后位。

2013 年，G 省人民政府颁布实施《G 省依法行政考评办法》《G 省法治政府建设指标体系》，大力开展依法行政考评。自 2014 年以来已连续开展四次考评，

其中社会评议自一开始便注重同步实施，并坚持通过政府采购渠道，公开招标委托第三方实施，形成了自身的特色。F 市、Q 市作为 G 省下辖的地级市，坚持自上而下的原则，依据《G 省依法行政考评办法》《G 省法治政府建设指标体系》结合自身实际，也连续开展了各年度的依法行政考评及其社会评议，但在社会评议环节两市方案有所区别，其中 F 市以 G 省的方案为蓝本，Q 市则自身特点明显。本书选取 G 省的实践，试图从省级层面考察地方政府大范围的依法行政考评社会评议情况。而 F 市、Q 市则从一定程度上是对 G 省有关规定和考评方案的落实或具体化，但两市所处区域不同、经济发展程度不同，又可以从不同的角度衬托 G 省依法行政考评社会评议的实践。为便于研究，本书所选案例数据均为 G 省、F 市 2016 年实施的针对 2015 年度的数据，Q 市 2017 年实施的针对 2016 年度的数据。

（二）三地依法行政考评主体及样本分布

1. 考评主体

G 省 2016 年开展的依法行政考评是按照《G 省依法行政考评办法》规定，考评主体为 G 省依法行政工作领导小组，具体由领导小组办公室（挂靠 G 省政府法制办）负责，并通过政府采购渠道委托第三方具体实施社会评议工作。F 市 2016 年和 Q 市 2017 年开展的依法行政考评也是按照省一级的《依法行政考评办法》规定，考评主体为市依法行政工作领导小组，具体由领导小组办公室（挂靠市政府法制办）负责，同样采用委托第三方具体实施社会评议工作。

根据国务院《全面推进依法行政实施纲要》中关于"上级行政机关应当加强对下级行政机关贯彻本纲要情况的监督检查"相关规定，上级政府行使对下级政府的考评权力，但各地考评的组织实施主体的选择有所不同，主要模式一是上级政府的法制机构，一般是政府法制办公室。例如《南京市依法行政考核试行办法》第 4 条规定："依法行政考核工作由市政府法制办会同市编办、市监察局、市人事局负责。"除此之外，还有河北、湖北、湖南、吉林、海南、四川等省份均采取此种考评模式设置考评机构。二是上级政府推进依法行政领导小组、依法行政考评小组或依法行政工作领导小组。例如，《北京市区县政府依法行政考核办法（试行）》第 3 条规定："市政府，市推进依法行政工作领导小组领导负责，领导小组有关成员单位具体实施。"《广东省依法行政考评办法》第 7 条规定："省依法行政工作领导小组负责对各地级以上市和佛山市顺德区人民政府、省人民政府所属各部门、各直属机构的依法行政状况进行考评。"安徽、广西、江苏、辽宁、甘肃等省份均采取此方式。

从全国来看，一是协作模式与独立模式相结合。浙江省、南京市等地采取政府法制办会同监察厅（局）、编制办、人事厅（局）、统计局等多家单位共同组成考核小组的方式进行考评。而安徽省、湖南省等省则是依托省政府法制办一个单位开展依法行政考评，辽宁省、江苏省等省则依托依法行政领导小组开展考评。二是内部评价与外部评价相结合。有些省份积极引入政府外部人士参与考评，例如广东、广西、安徽、甘肃等省，地方政府增加了人大代表、政协委员、专家学者、新闻媒体、行政执法监督人员等方面代表参与考评，提高了考评的民主性和科学性。三是双重管理、垂直管理的部门由谁负责考评各地方规定不一。如《河北省依法行政考核办法》规定，双重管理部门和垂直管理的部门均由本级地方人民政府负责考核；《江苏省依法行政考核办法》规定，省以下垂直管理部门由上级管理部门考核，实行双重管理的部门由本级人民政府考核；《广东省依法行政考评办法》规定，省以下垂直管理部门由上级管理部门考核，实行双重管理的部门由本级人民政府设立的依法行政（法治政府建设）工作领导协调机构考核，具体见表 6-1。

事实上，体制内考评上级政府（党委）拥有对下级政府（党委）的评价权；评价组织权一般由政府（党委）的职能部门来承担；实施权由职能决定，可能委托外部第三方组织。这种做法能确保考评工作自上而下有序、稳步推进，但也导致评价主体较单一、形式主体、评价结果失真及公信力不足等弊端。

表 6-1　　　　　　　　　全国部分省、市的依法行政考评主体

序	地区	考评依据	考评主体
1	北京市	《北京市区县政府依法行政考核办法（试行）》	市政府，市推进依法行政工作领导小组领导负责，领导小组有关成员单位具体实施。（第 3 条）

序	地区	考评依据	考评主体
2	南京市	《南京市依法行政考核试行办法》	依法行政考核工作由市政府法制办会同市编办、市监察局、市人事局负责。(第4条)
3	河北省	《河北省依法行政考核办法》	县级以上人民政府均可作为考核主体,对所属行政部下一级人民政府实行层级考核。双重管理部门:本级人民政府考核;垂直管理的部门:本级人民政府考核。(第4条)
4	江苏省	《江苏省依法行政考核办法》	县级以上地方人民政府均可作为考核主体,对所属部门和下级人民政府实行层级考核。省以下垂直管理部门:上级管理部门考核;实行双重管理的部门:本级人民政府考核。(第7、8、9条)
5	广东省	《广东省依法行政考评办法》	各地级以上市和佛山市顺德区人民政府、省人民政府所属各部门、各直属机构:省依法行政工作领导小组考核;下一级人民政府和本级人民政府所属各部门、各直属机构:各地级以上市人民政府、各县(市、区)人民政府设立的依法行政(法治政府建设)工作领导协调机构;省以下垂直管理部门:上级管理部门考核;实行双重管理的部门:本级人民政府设立的依法行政(法治政府建设)工作领导协调机构考核。(第7、8、9、10条)

2. 评议主体及其权重、样本分布

(1) G省2016年依法行政考评社会评议主体

评议主体指在社会评议中参与评议的社会公众。G省2016年依法行政考评社会评议主体包括省、市"两代表一委员",省市大型企业、上市企业及事业单位代表,省、市中小微企业代表,省、市社会团体代表,省机关、省政府直属部门和机构代表,高等院校及科研机构代表,城镇居民代表,以及在政务服务中心(办事大厅)接受政府服务的行政相对人。总样本量5521个,其中:对地方政府的调查样本量共5305个;省直单位调查样本量216个。具体见表6-2。

表 6-2　　　　　　**G 省 2016 年依法行政考评评议主体、权重与样本分布**

考评 对象	调查方式	评议主体（权重）		份数	数量	小计	合计
地方 （21）	邮寄	地方"两代表一委员"（15%）		50	21	1050	5305
		企事业 社团组织 （15%）	地方大型、上市企业	5	21	105	
			地方中小微企	5	21	105	
			地方属社团	10	21	210	
		省直单位 （10%）	省机关	15	1	15	
			省府及直属单位	40	1	40	
	拦截	地方政务中心行政相对人（30%）		100	21	2100	
	电话	地方城镇居民（30%）		80	21	1680	
	门户网站	地方城镇居民（10%）		80	21	1680	1680
考评 对象	调查方式	评议主体		份数	数量	小计	合计
省直 （30）	邮寄	省"两代表一委员"（35%）		100	1	100	216
		企事业 社团组织 （25%）	省大型、上市企业	15	1	15	
			省属社团	15	1	15	
			高校科研	10	1	10	
		地方政府（25%）		21	1	21	
		省直单位 （10%）	省机关	15	1	15	
			省府及直属单位	40	1	40	
	省网厅	行政相对人（10%）		10	30	300	300

为增强针对性及有效性，更好地体现评议主体的身份特点，在参照往年经验的基础上，本年度将各种评议主体进一步按类型进行了细分，并依据专家咨询调查的结果赋予相应的权重。具体如下：一是地方政府的评议主体类型及其权重为：地方"两代表一委员"（15%），企事业社团组织（15%，具体包括地方大型、上市企业、地方中小微企、地方属社团），省部门（10%，包括省机关、省

府及直属单位①），地方政务中心行政相对人（30%），地方城镇居民（30%）。二是省直单位的评议主体类型及其权重为：省"两代表一委员"（35%），企事业社团组织（25%，具体包括省大型、上市企业、省属社团、高校科研院所），地方政府（25%），省部门（15%，具体包括省机关、省府及直属单位）。如表6-3、表6-4。

表6-3　G省2016年依法行政考评对地方政府的社会评议主体类型及其权重

评议主体类型	两代表一委员	大型、上市企业	中小微企业	社团	省机关	省府及直属单位	行政相对人	居民	网络调查
评分权重（%）	15.0	15.0		10.0			30.0	30.0	10.0
	90.0								10.0

表6-4　G省2016年依法行政考评对省直单位的社会评议主体类型及其权重

评议主体类型	两代表一委员	社团	高校科研院所	大型、上市企业	地方政府	省机关	省府及直属单位	网络调查
评分权重（%）	35.0	25.0			25.0	15.0		10.0
	90.0							10.0

（2）F市2016年依法行政考评社会评议主体

根据考评方案，评议主体由"两代表一委员"、机关代表、区属企业代表（大型企业）、行政相对人代表（包括上市企业代表和自然人代表）和居民代表等约1700人组成。具体情况见表6-5。

---

① 省机关包括：省委办公厅、省人大常委会办公厅、省政府办公厅、省政协办公厅、省纪委、省委组织部、省委统战部、省法院、省检察院、省总工会、团省委、省妇联、省残联、省社科院、省科协共计15个样本。

省府及直属单位包括：省发展改革委、经济和信息化委、教育厅、科技厅、民族宗教委、公安厅、民政厅、司法厅、财政厅、人力资源和社会保障厅、国土资源厅、环保厅、住房城乡建设厅、交通运输厅、水利厅、农业厅、林业厅、商务厅、文化厅、卫生和计生委、地税局、新闻出版广电局、体育局、工商局、海洋渔业局、质监局、安监局、知识产权局、旅游局、食品药品监管局、审计厅、外办、统计局、侨办、港澳办、金融办、中医药局、人防办、打私办、档案局共计40个样本。

表6-5 　　　　　　F市2016年依法行政考评社会评议评议主体及样本

评议主体身份		计划数量	分　　布
"两代表一委员"		300名	—
机关代表		60名	各单位1名负责人，1名普通工作人员
居民代表		1200名	每街镇各50名代表，每区政务服务中心20人
区属企业（大型企业）代表		20名	每区各5家
行政相对人代表	上市企业代表	10家	—
	自然人代表	120人	—

注：以上各类评议主体身份重叠的，按上述顺序只参加一次考评。上述评议主体中，机关代表、居民代表和企业代表样本的抽取由第三方实施，采取分层、等距或随机抽样选取，同时兼顾地理分布均衡性和经济有效原则，确保样本对总体有较好的代表性。

根据实际和各类考评对象的差异，在评议主体类型和评分权重方面都进行了差异化设计。三类考评对象得分组成、评议主体类型及其权重分配情况如表6-6。

表6-6 　　F市2016年依法行政考评社会评议评议主体及其权重（单位：%）

考评对象	"两代表一委员"	机关代表	居民代表	区属企业代表	行政相对人代表		网络评议
					上市企业代表	自然人代表	
第一类	15	10	50	20	—	—	5
第二类	25	10	—	—	30	30	5
第三类	60	35	—	—	—	—	5

（3）Q市2017年依法行政考评社会评议主体

根据考评方案，从必要性（有效达成目的）和可操作性（简单、方便实施）的有机统一的角度，此次考评将评议主体分为两类：一是普通公众，二是专业性人士（可能代表个人，如专家学者，甚至人大代表，也可能代表组织，如企业代表，政府部门代表）。为确保评议的可操作性和效益性，在权重设计和样本量抽取上，借鉴了G省依法行政考评社会评议的经验做法，并综合委托方意见后最终确定。两类评议对象评议主体构成如表6-7。

表 6-7 Q 市 2017 年依法行政考评社会评议评议主体、权重、样本分布

评议对象	评议主体类型（%）	评议主体	小计	合计	总计
县（区）政府（8）	本地专业人士（20）	县级"两代表一委员"	20	400	1170
		县级司法、法律工作者（公安、检察院、法院、司法局、县级政府所在地律师事务所律师）	15		
		县属大型、上市企业和事业单位	5		
		县属中小微企业、个体工商户	5		
		民主党派、县属群团组织	5		
	Q 市地区专业人士（20）	市级"两代表一委员"	20	50	
		市级司法、法律工作者（公安、检察院、法院、司法局、Q 市区律师事务所律师）	15		
		Q 市政府及其部门代表	15		
	行政相对人（35）	县级政府政务中心行政相对人	50	400	
	城镇常住居民（20）	城镇常住居民	40	320	
	网民（5）	网民	按实际收回有效样本量为准		
市直单位（26）	Q 市地区专业人士（50）	市级"两代表一委员"	20	70	230
		市级司法、法律工作者（公安、检察院、法院、司法局、Q 市区律师事务所律师）	15		
		Q 市政府及其部门代表	15		
		市属大型、上市企业和事业单位	5		
		市属中小微企业	10		
		民主党派、市属群团组织	5		
	县级政府部门代表（40）	县级政府及其部门代表	20	160	
	行政相对人（10）	到市直单位官网或网上办事大厅办事的公众	按实际收回有效样本量为准		

具体而言，县级政府评议主体由四部分组成（存在包含关系）：一是城镇常住居民，指生活在被评价的县（市、区）区域内，对当地政府部门有一定接触或了解的群众。二是行政相对人，指受行政主体的行政行为影响的，处于行政管理法律关系中与行政主体相对应的另一方当事人，包括公民、法人和其他组织。三是专业人士，指对被评对象的依法行政情况比较熟悉，具有相关的专业知识的人。包括"两代表一委员"，司法、法律工作者，大型企业、上市企业和事业单位，中小微企业、个体工商户，民主党派、群团组织，Q 市政府及其部门代表。根据专业人士的地域来源，又分本地专业人士和 Q 市地区专业人士。四是网民，指是通过网络平台接受访问的社会公众。

由于市直单位的职能较为专业和单一，根据必要性和可操作性原则，评议主体由三部分组成：一是行政相对人，二是专业人士，三是县级政府部门代表。其中专业人士的构成与县级政府评议主体基本相同。县级政府部门代表可由与市直单位业务关联性较强（接触较多）的县政府组成部门代表组成。根据实际情况和各类评议对象的差异，在评议主体类型和评分权重方面都进行了差异化设计。两类考评对象评分组成及其权重分配情况如表6-8。

表6-8　　Q 市 2017 年依法行政考评评议对象评分组成及其权重（单位：%）

评议对象	Q 市地区专业人士	本地专业人士	县级政府部门代表	行政相对人	城镇常住居民	网民
8 个县级政府	20	20	—	35	20	5
26 个市直单位	50	—	40	10	—	—

（三）三地依法行政考评内容与指标设计

在考评内容、指标及其权重、量表方面，三个地区的依法行政考评社会评议问卷设计及指标评分具有一致性。均根据省一级的制度设计《省依法行政考评办法》和《省法治政府建设指标体系（试行）》的规定，设计满意度评价指标体系，如表6-9。

表6-9　　　　　　**G省2016年依法行政考评社会评议指标及其权重**

一级指标	制度建设	行政决策	行政执法	政府信息公开	社会矛盾防范和化解	行政监督	依法行政能力建设	依法行政保障
权重（％）	15.0	10.0	20.0	10.0	10.0	15.0	10.0	10.0

基于以上要求，满意度调查对应于指标体系设计调查问卷，主要做法：一是以《G省法治政府建设指标体系（试行）》为依据，围绕建设人民满意的政府提出的各项要求，以上年度考评为基础，坚持以问题为导向，考评应能发现问题，突出年度依法行政工作重点工作。二是针对地方政府和省直单位围绕《指标体系》规定的制度建设、行政决策、行政执法、政府信息公开、社会矛盾防范和化解、行政监督、依法行政能力建设、依法行政保障等8方面设计问卷。同时，满意度评价设置了"依法行政总体表现满意度"（第9项内容），由评议主体对评价对象依法行政情况的作出总体性评价，即形成"8+1"项评价内容，但第9项内容不纳入总分构成，不占权重。三是评议主体按上述"8+1"个方面的指标分别进行评议。四是量表设计了4-6个背景问题，以作为分析的变量。

（四）地方依法行政考评实践范式与评析

从上述G省和F市、Q市三个实践案例来看，我国地方依法行政考评实践已形成基本范式。实际上，我国其他地方的依法行政考评工作也基本上形成了较为成熟的制度机制。尽管各地方政府在实践中力求体现地方特色，但总体上看，受制于高度统一的体制与目标考评思路的进路，全国地方政府实践有着高度的趋同性，共性特点比较明显，已形成"绩效管理型"的地方依法行政考评实践范式。"绩效管理型"的地方依法行政考评实践范式，是自上而下的内部目标考核模式，本质上是对依法行政工作绩效的考核评价。它通常采用构建型法治主义的体制性进路，注重对统一性的法治政府建设目标和政府法定职能的分解与细化，并以"以评促建"为逻辑导向，对法治政府建设与政府转型具有一定的"流程再造"功能。"绩效管理型"地方依法行政考评实践范式的特征具体表现为：

第一，以制度性进路为主，考核内容基本一致。基于"中国法治具有专门机关法治和民本法治相结合的独有特性"① 等历史根源，我国的依法行政考评主要以制度性进路为主，本质上归属于"管理型"绩效评估考核，在考评主体、考评内容、考评范围、考评功能和考评方法上，与西方国家以价值性进路为主的法治指数探讨存在较大区别。实践中，国内考评注重对法治目标考核和法定职能的分解和细化，围绕官方文件对法治政府的制度设计来制定考评的指标体系和确立考核机制。例如，江苏省、吉林省、辽宁省等省份紧密围绕国务院《全面推进依法行政实施纲要》设计指标体系，以是否实现制度建设的规划和要求为评判标准，重点审查职能的落实。其考评内容以及一级指标基本一致，二、三级指标虽在数量上存在差异，但均以国务院《纲要》及《意见》具体目标和要求为蓝本。中国依法行政考评模式通过公权力自上而下地安排与推动，严格统一限定政府依法行政和法定职能，某种程度上促进了地方法治之"法治标准"的一致性，有助于缓和地方法治割据和碎片化现象。但这实际上是一种建构主义的思维取向，有学者将这种以管理型评估为代表的评估类型概括为社会建构的逻辑进路。② 社会建构与科学表征二元争论也成为中国法治评估的热点。但无论是社会建构的逻辑进路还是制度性进路，进路本身对考评模式并无大碍，原因在于社会建构逻辑或制度性进路相当契合我国建构主义法治道路。实际上，依法行政考评融入社会评议制度是对社会建构与科学表征矛盾的初步探索。制度性进路的考评模式，具有较为精准具体的指向性，灵活优化和改进阶段性法治规划，能有效地抓住当前法治政府建设存在的问题，其制度性要素同样也反映了法治价值的形式与工具要素。在进路的选择上，应更具有灵活性、时效性和差异性，重在本土化和融合统一。

第二，自上而下的内部考核，以目标考评为导向。我国各地方依法行政考评发展数十年，其大多数的考评指标体系均服务于体制内自上而下的目标考评，具有高度的趋同性。考评以顶层预设的目标为依据，考评的是地方政府的工作是否按预设的方案开展工作及是否达到预设的目标，是对法治政府建设形式要件的考

---

① 凌斌. 法治的中国道路 [M]. 北京：北京大学出版社，2013：78.

② 康兰平. 表征与建构：量化法治评估的方法论之争及其实践走向 [J]. 理论与改革，2018（1）：152-161.

评。"以评促建、以考代评",使得各地方的实践都依赖于政府主导,凭借目标管理手段推进依法行政,在考核内容上基本一致,指标数量繁多,可操作性不强,客观数据真实性遭质疑,缺乏公信力和科学性。有学者将这种设计与实施理念称之为"法治评估绩效主义",认为实际上体现了某种法治政府建设中的"控制"理念,通过考评设计,达成对法治实施主体的管理与控制,实现法治治理的目标化。① 郑方辉教授提出这种模式以"假设法治目标的正确性和合法性"作为逻辑前提。也有人认为我国法治政府建设面临路径依赖困境。② 另一方面,地方考评实践也存在考评主体单一,多项考评重叠等现象,即政府主导考评,社会公众、专家代表的参与度较小;依法行政考评工作与其他部门的综合性考评活动对依法行政的要求和指标重复,考评权的虚设,实施权单一,组织权分散,导致各自为政、政出多门、重复考评等。无疑这些担忧或存在的问题具有必然性,体现出中国法治理想与组织结构、现实环境之间的博弈,归根结底,政府推进型法治政府建设模式下依法行政考评的目标导向是由中国的权力维度和秩序所决定的,根本目的在于促进政府全面履行法治职能。基于内部考评的公信力、可操作性等若干问题,有部分地区如 Q 市的考评实践的"专家评议"模式,尝试引入社会人士或委托第三方专业机构进行调查,也是对国内外一些比较成熟的法治评价"专家评议"模式的试验,在地方依法行政考评社会评议中具有借鉴意义。因此,应加强引入第三方机构参与考评实施,扩大社会评议的广度与深度。

二、依法行政考评社会评议实践的结果层面分析

为便于研究和增强对评议结果分析的针对性,本书主要以 G 省 2016 年依法行政考评社会评议中针对 21 个地方政府的考评结果为蓝本进行分析。因 G 省 2016 年依法行政考评社会评议事实上仅为公众满意度评价,因此往下的数据分析指向公众满意度评价。

---

① 尹奎杰. 法治评估绩效主义逻辑的反思与重构 [J]. 社会科学战线, 2018 (2): 227-236, 2.

② 邢亮. 法治建设中的"政府悖论" [J]. 东南学术, 2006 (5): 34-40.

（一）G 省 2016 年依法行政考评社会评议概述

G 省评议调查在全省范围内开展，针对 21 个地方政府的评价所设计的总样本量共 5305 个（不含网络调查），其中城镇居民和行政相对人样本量合计 3780 个，占总样本量的 71.25%。最终回收合格问卷总数为 4921（不含网络调查），回收率 92.76%。对合格问卷进行统计后显示，参与测量调查的评议主体具有以下背景特征：一是性别特征。男性占 49.82%，女性占 50.18%。二是年龄结构。18-25 岁占 18.96%，26-35 岁占 43.28%，36-45 岁占 26.33%，46-55 岁占 8.46%，56-65 岁占 2.54%，66 岁以上占 0.43%。三是样本受教育程度。初中及以下占 5.37%，高中、中专、中职占 25.58%，大专占 34.84%，本科占 31.57%，研究生占 2.64%。四是调查样本职业。公务员占 6.86%，事业单位人员占 14.63%，企业单位人员占 36.72%，个体工商业者占 22.56%，农民占 2.77%，自由职业者占 7.88%，在校学生占 5.63%，离退休人员占 1.41%，无业（失业）占 1.54%。经分析比较，上述样本分布特征符合 G 省常住人口基本特征，有较好的代表性，符合研究要求。

（二）G 省 2016 年依法行政考评社会评议结果

根据地域情况，本书将位于 G 省东部地区的四个地方政府分别编号为 D1-D4，位于西部地区的三个地方政府分别编号为 X1-X3，位于北部地区的五个地方政府分别编号为 B1-B5，位于中部地区的九个地方政府分别编号为 Z1-Z9。

根据测量评分方案与调查量表获得的数据统计，G 省 2016 年 21 个地方政府依法行政考评中的公众满意度评价结果（以下简称地方政府公众满意度）如表 6-10、表 6-11、表 6-12 所示。

表 6-10　G 省 2016 年依法行政考评社会评议地方政府公众满意度分值与排名

地方政府	加权总分	排名	地方政府	加权总分	排名	地方政府	加权总分	排名
Z2	82.54	1	B3	80.59	9	X1	80.34	17
Z1	82.45	2	Z7	80.55	10	D1	80.31	18

地方政府	加权总分	排名	地方政府	加权总分	排名	地方政府	加权总分	排名
Z9	81.82	3	D2	80.53	11	Z5	80.27	19
Z3	80.85	4	X2	80.51	12	D3	80.25	20
B2	80.76	5	X3	80.48	13	B1	78.79	21
Z4	80.68	6	D4	80.47	14	—	—	—
B5	80.65	7	B4	80.42	15	—	—	—
Z8	80.61	8	Z6	80.39	16	加权均值	80.68	—

表6-11 　　　　　G省2016年依法行政考评社会评议各项指标分值

制度建设	行政决策	行政执法	政府信息公开	社会矛盾防范和化解	行政监督	依法行政能力建设	依法行政保障	加权均值
72.03	84.67	70.61	80.82	84.87	87.98	89.15	86.14	80.68

表6-12 　　　　　G省2016年依法行政考评社会评议各类评议主体分值

两代表一委员	大型、上市企业	社团	中小微企业	省机关	省府及直属单位	行政相对人	居民	网民	加权均值
87.66	86.82	86.19	81.99	86.71	89.05	76.38	76.89	80.83	80.68

结果表明，本年度21个地方政府公众满意度均值为80.68，高于中位数。按《G省依法行政考评办法》的评分分区指引，总体上达到优秀等次。进一步分析，21个地方政府中公众满意度分值在80以上占95%，表明全省地方政府依法行政情况较好，公众满意度较高。具体而言，Z2、Z1、Z9三个中部城市的公众满意度处于最高层次，分值在82左右。B1（北部城市）满意度处于最低层次，分值仅为78.79，与第一名的分值相差3.75，差距较大。其他17个地方政府的公众满意度处于中间层次，分值分布均匀，在80-81之间，彼此差距很小。综合以上数据，最终结果呈现以下几个基本特点。

第一，按区域分布看，差异明显。四个地区的平均分由高到低分别为中部

81.13，西部 80.44，东部 80.39，北部 80.24，中部地区明显优于其他地区，西部和东部地区分值没有明显差距，北部地区分值最低，但与西部、东部地区差距较小。一般认为，G 省中部地区处于改革开放的最前沿，总体发展水平高于其他地区；北部属于山区，总体发展水平较低；东西部地区处于 G 省的两翼，总体发展水平居于 G 省中位。显然，从调查结果看，政府公众满意度存在明显的地域差异，与区域发展水平有一定关系。

第二，从指标得分情况看，存在明显短板项。按分值划分可分为三个层次，处于高分层次的指标为依法行政保障（86.14）、行政监督（87.98）和依法行政能力建设（89.15），均高于 85，明显优于其余各项指标。处于低分层次的指标为制度建设（72.03）和行政执法（70.61）两个指标，均低于 75。行政决策（84.67）、政府信息公开（80.82）、社会矛盾防范和化解（84.87）三个指标处于中间层次，分值在 80~85 之间。显然，高分层次和低分层次指标的分值存在明显差距，短板明显。表明依法行政仍然存在整体结构不均衡发展问题。

第三，从评议主体类型看，存在两极现象。9 类评议主体（含网民）中，省府及直属单位代表评议的分值处于高位，为 89.05；最低的为行政相对人，为 76.38，二者相差 12.67，差距悬殊。进一步地，各类评议主体的满意度分层明显，普通评议主体（包括政务服务中心行政相对人、城镇居民和网民）对政府依法行政的满意度最低，其中行政相对人和居民的满意度不到 80，按《G 省依法行政考评办法》的评分分区指引，处于最低的一般层次。而其他评议主体，一般具有一定的政治身份或代表某一类单位或团体，绝大部分满意度都在 85 以上。

（三）影响依法行政考评公众满意度的因素分析

1. 地方经济发展水平对公众满意度的影响

前文已简单说明区域的发展水平与公众满意度存在一定关系，具体从经济发展水平看，这种关系呈现复杂态势。

一方面，从 G 省内四大区域的分类统计结果看。G 省中部人均 GDP（以 2015 年度公布的数据为准，下同）大幅领先于 G 省东西北地区，同样其公众满意度亦高出其他区域较多；四者人均 GDP 和公众满意度都呈中部高于西部高于东部高于北部的特征。利用统计学原理，计算 21 个地方人均 GDP 与公众满意度的 person 相关系数为 0.849，且在 1% 的水平下显著，表明两者实际具有较强的正相关关系。如图 6-1 所示。

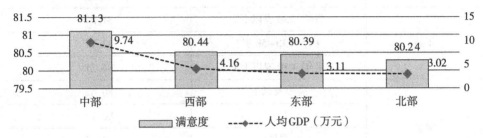

图 6-1　按经济区域分类的 G 省 2016 年依法行政考评公众满意度统计结果

　　另一方面，从各地的统计结果比较分析看，总体而言，人均 GDP 高的地方公众满意度一般也较高，但并不完全正相关。如 B2、B5、B3 等三地市的人均 GDP 排名靠后，公众满意度却较高；而 Z5、B1 等两城市的人均 GDP 排名靠前，但公众满意度相对较低。与上述按四个区域维度的分析结果比较表明，公众满意度与经济发展、人均 GDP 有一定正相关，但这种关系并不是简单的线性关系。这充分说明影响公众满意度的因素是复杂多变的。也进一步说明，量化考评的结果并不能完全精准地描绘现实，因为简单的结果数值往往是平均的结果，必然掩盖了个体或个性差异，不能简单地依据考评结果说明整个地方依法行政水平的高低。但是其所反映出来的大趋势，却具有参考坐标的积极意义。

2. 公众背景因素对满意度的影响

　　从统计结果看，公众满意度与评议主体个体身份背景因素息息相关，即评议主体身份背景是公众满意度的重要影响因素。

　　基于问卷对公众背景问题的设计，为使分析结果分布更具有代表性，本书对部分变量进行处理，将年龄变量按老、中、青划分为三个年龄层；学历划分为四个层级，高中及以下，大专，本科及研究生；职业则划分为公务员等 9 类。在此基础上，对合格问卷录入的数据进行统计，针对性别、年龄、学历和职业 4 个变量的交互分析结果如表 6-13 所示。

表 6-13　　**G 省 2016 年依法行政考评社会评议公众背景与满意度交互分析**

变量	分　组	对地方政府满意度
性别	男	84.61
	女	81.23
年龄	青年（30 岁以下）	81.32
	中年（30~50 岁）	83.13
	老年（50 岁以上）	84.21
学历	高中及以下	80.62
	大专	80.73
	本科	82.45
	研究生	84.67
职业	公务员	85.46
	事业单位	84.31
	企业单位	81.83
	个体工商业	81.42
	农民	80.34
	自由职业	83.71
	离退休人员	82.82
	学生	83.48
	无业	80.45

从交互分析结果看，不同公众个体背景分组的满意度高低分布在地方政府的评议结果中具有如下的特征。一是从性别分组来看，男性群体对依法行政的满意度评价略高于女性，两者相差 3.38。二是从年龄结构来看，各年龄阶段对公众满意度评价存在一定差距，相对而言，老年群体满意度更高，青年群体满意度较低，呈现老中青逐级下降的趋势。三是从学历因素看，公众满意度随评议主体学历层次的上升而逐步提高，相对高学历群体来说，低学历的满意度明显偏低。四是从样本职业来看，职业稳定性和待遇状况对公众满意度评价有重要影响，满意度最低的农民和无业人群与满意度最高的公务员的分值相差较大，公务员、事业

单位受访者满意度明显高于其他职业类别受访者的满意度。

3. 地方政府依法行政满意度影响因素综合分析

为了提升政府依法行政的公众满意度，甄别与分析其影响因素是重要的技术工作。如前所述，影响公众满意度的因素具有多元性与交互性，采用多元回归模型简单方便，操作性强，通过采用 Ordered logit 函数形式进行分析。

将影响公众满意度的因素分为两类：第一类为经济因素，如地方人均 GDP；第二类为评议主体（社会公众）背景因素，即性别、年龄、学历、职业等。利用本次测量调查形成的基础数据库，以公众满意度加权总分为因变量，以上述两类因素为自变量，通过建立多元回归模型，采用 Ordered logit 函数形式进行分析，结果如表 6-14 所示。

表 6-14　G 省 2016 年依法行政考评公众满意度影响因素多元回归分析结果

变量	估计值	标准误差	显著水平（p 值）
经济因素			
人均 GDP	1.291	0.458	0.000
公众背景因素			
男性	1.352	0.507	0.000
老年人	2.011	0.898	0.000
中年人	0.781	0.390	0.019
研究生	2.360	1.236	0.035
本科	1.044	0.447	0.000
大专	1.002	0.501	0.000
公职人员	2.370	1.002	0.000
全职工作	1.787	0.655	0.000
自我雇佣	0.535	0.258	0.080

注：本表省略汇报常数项结果。

由表 6-14 可见，所列入回归的因素及其分组均对公众满意度产生显著影响，且每项因素的作用方向十分明确。从影响方向看：经济因素（人均 GDP）对公众满意度产生正向影响，即一般情况下各地方政府经济发展水平越高，其公众满意度也相对越高。公众背景因素中，男性评议主体对满意度产生显著的正向影响，老年人和中年人相对于青年人的满意度显著更高；研究生、本科和大专学历者相对于其他学历者满意度显著更高；职业状况较好者（如公职人员、全职工作和自我雇佣）相对于其他人的满意度亦显著更高。多元回归分析的系数估计值可定量反映各因素对公众满意度影响力的差异。相比之下，经济、年龄、学历和职业因素对公众满意度的影响作用更为强烈。

4. 测量调查方案的技术因素对公众满意度的影响

技术方案决定测量的科学性。从本次测量调查的技术方案看，有两个因素影响了最终的公众满意度成绩高低。

一是样本量对公众满意度评价的分值的影响较大。一方面 8 类评议主体（不包含网民）中，分值排在前 4 位的分别为省府及直属单位代表、两代表—委员、大型企业和上市企业代表、省机关代表，其中除了两代表—委员外，其他三类评议主体样本量仅为 5 或 10 人（省机关代表计划样本量虽为 40，但最终回收的样本量仅为 10）。另一方面，小样本的评议主体的分值最高分和最低分相差较大，如中小微企业、社团和大型、上市企业，这三类评议主体的样本仅为 5 或 10 个，这三者对 22 个地方政府公众满意度评价的分值最高分和最低分的差距明显高于其他评议主体，如图 6-2 所示。从统计学的角度看，样本量小，很容易受到单个问卷结果的影响，统计的结果难以真实反映现实情况。

二是调查方式对公众满意度评价的分值的影响显著。本项调查采取了邮寄调查、拦截访问、电话访问、网站调查四种方式。其中针对行政相对人采用的是在各地方的政务服务大厅现场拦截到大厅办事的人员填写调查问卷的方式，城镇居民采用的是在公共场所拦截调查与电话调查的方式，其他类型的评议主体则通过与调查员非直接对话的方式（包括邮寄和网络调查）参加调查。从统计结果看，通过直接对话方式途径参与调查的行政相对人、城镇居民的满意度明显低于通过非直接对话的方式参与调查的评议主体的满意度。

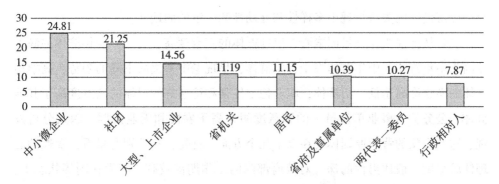

图 6-2　G 省 2016 年依法行政考评社会评议主体评议评分比较

5. 影响因素的成因分析

作为一种心理活动，公众满意度在反映评价对象客观差异性方面并非简单的"非此即彼"。从评价结果看，社会公众对依法行政的各个指标的评价不同，反映了政府依法行政的相关工作获得社会公众认可的程度。各类评议主体的评价结果也有很大差异，说明人们对政府依法行政的期待是不同的，这既与地方发展情况、评议主体的身份背景相关，也与政府依法行政情况和依法行政考评公众满意度评价的技术方案相关。21 个地方政府中，最终的满意度结果有的差距明显，有的差距甚微，从技术层面看，微小的差距有可能处在技术性误差范围之内，所以不宜过多强调彼此之间的分差和总体排名。因为再精准科学的考评，都只是对现实"片段"的测量，任何一个指标体系都无法涵盖整个法治政府建设的体系。但基于量化考评温度计、风向标的功能，G 省 21 个地方政府的公众满意度虽然有层次差异，但总体而言比较均衡。

一是从地方经济发展情况看，地区人均 GDP 对公众满意度产生较大影响，一般情况下，人均 GDP 越高的地方，公众满意度越高，"发展经济能有效推进法治政府建设，但并非线性关系"①。因此不能将地方经济发展情况与政府依法行

---

① 郑方辉，周礼仙. 经济发展能提升法治政府建设绩效吗——基于 2016 年广东省的抽样调查 [J]. 南方经济，2016（11）：113-124.

政公众满意度简单地画等号，因为"法治与经济发展的关系"尤为复杂，法治建设与经济发展的关系呈现出多样性和互动性和一定的周期性。①

二是从评议主体背景因素看，男性群体的满意度高于女性；老年群体的满意度高于中年群体，中年群体高于青年群体，呈现老中青逐级下降的趋势；高学历群体的满意度高于低学历群体；职业稳定性强和待遇好的群体的满意度高于其他群体，公务员、事业单位员工的满意度明显高于农民和无业人群。深入分析发现，这一现象的背后原因体现在以下几个方面。首先，从性别背景看，女性的心理体验程度一般比男性的深，对政府部门的工作期待较高，因而在同等状态下，女性的满意度比男性的偏低。其次，从年龄结构看，老年人群体人生阅历丰富，相比过往，当下的政府工作确实有很大改善，自然让老年人群体比较满意。而青年群体，面对激烈的竞争压力，必然期盼需要更多的帮助和支持，因而对政府部门工作的期待则会更高，当现实与期待并不完全吻合时，必然给出的评价相对较低。再次，从学历因素上看，高学历人群更能适应高速发展和变化的社会环境，对环境的适应性更强，对政府关于就业等对低学历人群的门槛设置方面寄予更高的期望。最后，从职业性质看，公务员、企事业单位的员工工资福利待遇较为稳定，自然对现状相对满意，而农民、无业人群总会面临收入不稳定、受社会环境影响较大等因素，因而更加期望政府能够给予他们更好的就业、生活环境，所以在满意度上就相对较低了。

三是从依法行政考评公众满意度评价的技术方案看，测量调查的方案与最终的结果息息相关，样本量越小，测量结果的波动性越大，影响测量结果的真实性和代表性越显著；测量调查方式则会影响评议主体对考评对象和量表的判断、理解，进而影响最终的公众满意度分值。从评主体对政府依法行政情况的认知程度看，若对相关工作不了解或无法接触、体验，则无法作出合适的判断，由此导致的"获得感"不强，而最终会给予差评的几率高；反之则给予好评的几率高。说明政府与社会互动和政府信息公开的重要性，因此，大力推进政务公开力度并开

---

① 郑方辉，邱佛梅. 比较视角的法治政府与法治社会评价实证研究——以 2017 年广东省为例 [J]. 法治社会，2018（3）：1-13.

放法治信息是法治评估的出路之一。①

从评价的角度看，作为主观评价的依法行政考评公众满意度评价，从内涵界定、指标构建、评价考核、结果分析、结果运用，无不受环境、考评主体（即主导依法行政考评的主体）和评议主体价值的影响。同时依法行政内涵丰富，不仅有技术层面的要求，更因其作为法治政府建设的核心内容和特征，而具有了更为重要的价值意蕴，有其自身独特的价值体系，而这些价值是一种主观的"投射"，是难以量化的。由此，必须理性地对待考评，强化公众满意度评价的制度规范，保证测量的公开、公正，防止量化结果被人为操控，使考评沦为数字游戏。必须理性地看待量化结果，要明确实施考评并非因为其能够解决一切问题，而主要在于它具有把握当前状况、发现短板与潜在问题的能力。② 也就是说，分值高在一定程度上可以反映一个地区的依法行政工作水平，但这并不意味着"分数越高，依法行政水平也越高"。事实上，不同地区的经济发展水平、法治意识、公民素质等存在差异，技术方案上存在不完善之处，单靠一个数字不能反映什么，隐含在这个数值背后的问题和影响因素才是依法行政考评及其公众满意度评价的内在价值。只有将高分与低分、今年的分值与往年的分值相互比较才具有意义。就是说，通过比较，才能反映社会公众对政府依法行政的期待、评价、认可度，高分者说明较为满意，低分者说明需要政府加以重视。利弊相权，更为重要的是，通过公众满意度评价，社会公众有了评价政府的途径、渠道，这是民主政治应有之义。因此，公众满意度评价的分值，所反映的就是社会公众对政府依法行政情况的民意表达。民主能否得到充分自由的表达，以及民意表达发生效能的情况，都是民主程度的重要指标。③ 从这个意义上看，不管满意度分值是否能够全面地反映正义的价值追求，单从社会公众可以通过满意度测量以表达对政府依法情况的看法，就已具有十分重要的意义。

---

① 邱佛梅，谭玮."三位一体"法治建设背景下的法治社会评价体系构建 [J].法治社会，2018（1）：36-46.

② 周尚君，彭浩.可量化的正义：地方法治指数评估体系研究报告 [J].法学评论，2014（2）：117-128.

③ 郑方辉，冯健鹏.法治政府绩效评价 [M].北京：新华出版社，2014：215.

三、依法行政考评社会评议实践存在的问题与反思

作为一项蕴含民主价值和技术理性的制度，依法行政考评社会评议，理应在实践中发挥足够的作用，然而通过对 G 省的实践审视发现，实际操作中却存在着诸多与理念相背离的现象。

（一）社会公众参与开放度有限削弱民主价值

好的公众参与可以支持民主的有效运作、执政的合法性、政策的成功实施及社会效益的实现，而糟糕的公众参与实践会导致差劲的决策，脱离公众。[1] 社会公众参与机制的有效运行彰显民主价值的实现程度。那么，什么是好的公众参与？社会公众参与形式与机制、社会公众参与开放度、社会公众参与有效性等均属判断标准之一。G 省 2016 年依法行政公众满意度评价面上呈现出参与公众类型多样性、广泛性和代表性。但实际上可以简单归结为两类：一是精英公众，二是普通公众。前者包括"两代表一委员"（包括党代会代表、人大代表和政协委员），大型企业、上市企业代表，中小微企业代表，社会团体代表，省机关代表，省政府直属单位代表等；后者包括行政相对人和居民。前者权重占 40%，后者权重占 60%。事实上，这样的精英公众是否能代表社会公众，这是存在争议的。特别是如"两代表一委员"（事实上大部分为行政官员）、省机关代表、省政府直属单位代表以社会公众之名参与满意度测量，往往有"自我评价"之嫌。即使公众满意度评价由第三方实施，但对于这种固定性，实际上第三方只是对政府主导方案的具体执行罢了，甚至成为"提线木偶"。从依法行政考评的地方实践来看，公众参与人群的包容性不够、开放度有限、多样性不足，且公众参与存在着阶层差异，这也是当前法治政府评价兑现"公众参与"所面临的突出问题。与公众满意度评价制度设计应有的开放性、公众性具有一定差距，民主

---

[1] Brodie, E., and Miller, S. (2011). Pathways through participation: What creates and sustains Summary report. October.

法治结合依法行政考评实践的载体性和生产性特征无法凸显，公众参与的民主价值更无从提及。

（二）社会公众参与有效性不足弱化技术理性

有效性不足是公众满意度评价的痛点。从我国的具体实践看，因为"强政府-弱社会"的传统，社会公众的参与水平普遍较低，尚处于"有限参与"阶段，① 社会公众参与的动力和意愿不足，使得公众满意度评价所应有的技术理性无法发挥作用。从 G 省 2016 年的依法行政公众满意度评价看，社会公众参与能力有限，敷衍了事。在 2016 年的公众满意度评价中，调查问卷采用李克特五级量表，设"很满意、满意、一般、不满意、很不满意"及"不清楚"六个选项，为便于进一步分析，其中前两项可定义为"肯定性评价"，后两项可定义为"否定性评价"，"一般"则可定义为"中性评价"，"不清楚"选项可定义为"不清晰评价"。根据统计，8 项指标的上述四种性质的评价比例如表 6-15 所示。

表 6-15　　　　指标分类及其不同性质评价的比例（评价比例单位：%）

评价性质	制度建设	行政决策	行政执法	政府信息公开	社会矛盾防范和化解	行政监督	依法行政能力建设	依法行政保障	均值
肯定性评价	20.62	40.47	20.85	41.29	34.32	45.78	45.81	44.56	36.72
否定性评价	13.35	11.55	18.87	6.65	13.81	12.18	12.12	9.02	12.19
中性评价	33.45	35.08	38.37	42.85	40.34	31.71	38.29	38.07	37.27
不清晰评价	32.58	12.90	21.91	9.21	11.53	10.33	3.78	8.35	13.82

从统计结果看，"中性评价"与"不清晰评价"占比最高，二者合计达 51.09%，其中上述两类评价合计占比最高的指标"制度建设"达 66.03%。这一

① 周志忍．政府绩效评估中的公民参与：我国的实践历程与前景［J］．中国行政管理，2008（1）：111-118.

结果表明，多数参与者，对依法行政的满意度是不明确的，要么不置可否地回答"一般"，要么干脆回答"不清楚"，并未能深入参与，存在敷衍的情况。

公众参与是一个具有内在复杂性和价值取向的概念，大多数的公众参与评估关注的仅仅是范围方式问题，而忽视了参与的质量问题。① 我们认为，技术支撑依然是保障公众参与有效性的最大障碍。尽管各地方积极探索依法行政考评体系中的公众参与机制，尤其是 G 省在全国处于领先水平，但是在解决如何为公众参与提供最便捷途径、保障社会公众参与有效性的问题上，依然面临着很大的技术障碍。从我国社会参与现状与实践来看，中央或地方均未构建起一个能促进多形式的、以公众为中心的、连接公众与当地的公众参与平台。因此，有必要进一步解决公众参与技术支撑问题，进一步研究如何创造可持续发展的社会媒体和公众参与技术战略，以保证充分汇聚群体智慧，保障社会公众参与的有效性。

（三）考评主体对公众的回应缺乏刚性要求

逻辑上，社会评议是政府打破自己主导的依法行政考评"内部化"壁垒，构建"政府-社会公众"诉求与回应互动桥梁的民主架构。在这一框架下，及时回应社会公众反映的意见，是题中应有之义。但现实中，G 省的《办法》仅规定："依法行政考评的标准、过程和结果应当公开，接受社会监督。""依法行政考评主体应将考评结果在行政系统内部进行通报。"至于怎么公开、公开的程度如何并未有明确规定，而关于如何回应公众，特别是如何回应参与了满意度测量的公众，更没有要求。显然这种回应机制缺乏刚性要求，实践中政府的回应往往缺乏诚意，陷入"叶公好龙"的怪圈。如 G 省自 2014 年至 2017 年的 4 年中，考评结果往往以省政府办公厅公报的形式公布，公布内容为当年被考评单位综合最高分、最低分和平均分，以及内部考核与社会评议两个环节的最高分、最低分和平均分。对考评所发现的问题及解决问题的措施有概括式描

---

① Kloppenberg J T. Reading Obama: Dreams, Hope, and the American Political Tradition [M]. Princeton University Press, 2012: 3.

述。如表 6-16 所示。

表 6-16　　　　　　G 省近年依法行政考评发现的问题及改进要求

年份	存在的问题	改进要求
2014	部分地市及部门对依法行政工作重视不够、制度落实不到位，行政执法行为不够规范，基层法制机构的力量配备和承担的任务不相适应，引导群众依法化解矛盾的工作力度有待加强。	各地、各部门要采取切实有效的措施抓紧予以整改，尽快建立健全有关依法行政配套制度，并强化制度的执行与落实，加大推进依法行政、建设法治政府的工作力度。各地、各部门的整改落实情况，将列为 2014 年度依法行政考评的重要内容。
2015	部分单位仍存在领导干部学法不积极、重大行政决策程序制度不落实、政府信息公开不全面、严格规范公正文明执法不到位、基层依法行政能力保障与工作任务不适应等问题。	需要进一步采取有效措施加以解决。
2016	个别地方和部门规范性文件未严格履行法定程序、重大行政决策公众参与渠道不畅通、政府信息公开工作水平不高、信访案件办理不规范、严格规范公正文明执法观念不强等问题。	各地、各部门要进一步深入贯彻落实中央和省委、省政府的决策部署，针对此次考评发现的问题和薄弱环节，采取切实有效措施，加大问题整改力度，将我省深入推进依法行政、加快法治政府建设的各项任务落到实处。
2017	个别地方和部门严格规范公正文明执法观念不强、未严格落实行政决策法定程序、规范性文件监管不到位、政府信息公开工作规范化程度不高、社会公众对依法行政的总体获得感有待增强等问题。	各地、各部门要进一步深入贯彻落实中央和省委、省政府的决策部署，严格落实单位主要负责人作为推进依法行政第一责任人的责任，切实增强工作紧迫感和责任感，针对此次考评发现的问题和薄弱环节，采取切实有效措施，加大问题整改力度，将我省深入推进依法行政、加快法治政府建设的各项任务落到实处。

注：摘自每年 G 省办公厅发布的公告。

从表6-16可见，每年通过考评所发现的问题是相似的，有的是每年都会提及的，如制度落实问题、行政行为规范问题、政府信息公开问题。问题年年提，但是为何却会持续存在？进一步地，针对存在的问题，每年提出的改进要求也十分笼统，无非是要求各地、各部门及相关领导要重视、要落实政策制度、要采取有效措施加大整改力度。改了吗，效果如何，谁来监督？这些问题，社会公众不得而知。显然，没有强制性的规定，政府对公众的回应止于表面，无疑社会公众的主体地位并没有得到体现。

（四）专家评议缺乏顶层设计

理论上，专家在依法行政考评社会评议中的作用无可替代，但是实践中所体现出的是如何界定专家角色、发挥专家作用等问题，尤其是没有明确的制度安排，专家也成摆设。

一是专家角色定位问题。Q市明确了依法行政考评社会评议中的"专业人士"角色，并把专业人士进一步划分为"本地专业人士"和"Q市地区专业人士"，做这样划分的目的在于，"本地专业人士"来源于被评议对象当地的有关专业人员，既对当地有较多的接触、了解，也可以凭借其专业知识跳出单纯的主观判断而使评议结果更具专业性。"Q市地区专业人士"则把遴选范围扩大到考评主体所辖的范围内，有助于扩大专家来源范围，消除"本地专业人士"对本地区偏好的影响。显然这一构想，既尊重了专家知识的地域性，又力图避免专家的地域"偏好"或"歧视"，具有合理性。但理想与现实总是有差距，Q市虽然明确了"专业人士"的角色，但从2016年的实践看，这些"专业人士"并无显著差异之处。如"本地专业人士"来源的群体范围包括：县级"两代表一委员"，县级司法、法律工作者（公安、检察院、法院、司法局、县级政府所在地律师事务所律师），县属大型、上市企业和事业单位，县属中小微企业、个体工商户，民主党派、县属群团组织，事实上这些群体也几乎在G省、F市的依法行政考评社会评议主体中，只是G省、F市并未把这些全体明确为"专业人士"或"专家"罢了。也就是说，从这三个实践看，明确"专业人士"或"专家"的角色与否，对社会评议会产生什么影响呢？从具体操作实践看（下面将进一步阐述），并不能显现有什么不同，那么是否明确"专业人士"或"专家"的角色也就无足轻重了。归根结底，这都在于对专家角色的定位、专家来源的范围、对专家在评议中的作用发挥等等问题尚未得到解决，而基于地方的自觉探索而无良好的顶层设计，显然"专家"在社会评议中也是乏力的。

二是专家评议的技术规范问题。专家评议有其特殊性，具有针对性、可操作性的技术规范有助于专家知识、技术的发挥，但从 Q 市 2017 年的实践看，有关规范并未符合专家评议的要求。首先，专家遴选。在政府主导下，由第三方提出专家遴选方案，最终由 Q 市政府法制部门与第三方共同讨论遴选产生参与评议专业人士构成（见表 6-7），具体参与的名单则由 Q 市政府法制部门从有关类型人员群体中随机抽样得出。这与 G 省、F 市遴选"两代表一委员"等评议者的方式并无显著差异。也就是说，Q 市的专家遴选并未建立严格意义上的"专家库"，遴选的方式方法并未遵循专家遴选的一般方法。其次，专家评议的方式。为提高评议工作效率，增强可操作性，Q 市专家评议采取"集中调查"方式，由市政府法制局统一组织，县级政府法制办协助，第三方组织负责实施。其中 Q 市地区专业人士的评议调查由市政府法制局组织动员，本地专业人士评议调查由县级政府法制办组织动员，在统一时间统一地点集中测评。集中评议调查中，法制部门不得干预。集中调查是专家评议常用方式。从 Q 市的实践看，为做好集中调查，必须由地方政府法制部门协助组织，这体现了组织专家的操作可行性，也体现了政府主导的核心地位。但同时也暴露了专家在评议中的权利问题，即如果没有政府法制部门的介入，第三方可否组织这些专家集中起来，或者说这些专家是否愿意参与其中。也就是说，在没有明确专家权利的情况下，每个专家基于其本身的工作职责，是否能够为了参加评议而离开工作岗位或者请假？显然，通过政府法制部门这一"正式"途径旨在解决问题，但这并未涉及专家在评议中的权利问题，也就是说该赋予专家什么权利，以保证顺畅地履行"专家"职责？再次，专家评议的方法。前已述及，专家评议主要针对"事实真相的判断""内涵性较强的政府行为"等，那么如何才能保证专家的评议的针对性、科学性？以 Q 市为例，2017 年依法行政考评社会评议中，为专家设计的调查量表与针对一般社会公众的调查问卷并无太大区别，不同的在于专家评议针对全部考评对象"整体"进行"打分"，所评议的内容具有概括性、整体性。以下为 2017 年 Q 市依法行政考评社会评议 Q 地区专业人士调查量表。

您的身份（请在符合的备选项打√）：1. 市"两代表一委员"，2. 市司法、法律工作者，3. 市企业或事业单位代表，4. 民主党派或市属群团组织，5. 市政府及其部门代表

序号	评价对象	不了解	法规及政策建设满意度	重大决策前公开征求意见满意度	公正文明执法满意度	政府信息公开满意度	化解社会矛盾纠纷效果满意度	接受新闻媒体或公众监督满意度	公务员守法意识满意度	行政救济满意度	依法行政总体表现满意度
1	XX 区										
2	……										

总体而言，专家评议具有其显著特性，需要严密的技术规范要求。然而，尚处于探索阶段的依法行政考评社会评议中的专家评议，虽有"专家评议"之名，但是如何行"专家评议"之实，还缺乏顶层设计。所以当前的专家评议，事实上与一般的公众满意度评价混同，既不能区别专家与普通社会公众的角色，也不能发挥两者的不同作用。

（五）社会评议缺乏法律规范

依法行政考评指向的是政府的行政行为，社会评议亦然。以 G 省为例，其考评内容包括：制度建设情况、行政决策情况、行政执法情况、政府信息公开情况、社会矛盾防范和化解情况、行政监督情况、依法行政能力建设情况、依法行政保障情况。追根溯源，这些行政行为一般都有相应的法律法规予以规范，见表

6-17。但要使之成为考评的内容或指标，目前则以《关于全面推进依法行政的决定》《全面推进依法行政实施纲要》《关于加强市县政府依法行政的决定》《关于加强法治政府建设的意见》《法治政府建设实施纲要（2015—2020年）》《法治政府建设实施纲要（2021—2025）年》等纲领性文件加以明确。在地方，为更好地贯彻这些纲领性文件精神，有些省市制定了地方政府规章，有些则是一般的规范性文件。

表 6-17   **依法行政考评内容的法律依据**

考评内容	制度建设	行政决策	行政执法	政府信息公开	社会矛盾防范和化解	行政监督	依法行政能力建设	依法行政保障
法律依据	《立法法》《规章制定程序条例》	《立法法》《政府信息公开条例》《行政机关公务员处分条例》	《治安管理处罚法》《行政许可法》《行政处罚法》《行政强制法》	《政府信息公开条例》	《行政诉讼法》《国家赔偿法》	《行政复议法》《行政监察法》《国家赔偿法》	《公务员法》	"地方人大及地方政府组织法"

从考评规则看，其指向考评的操作规范，目前则以地方出台的地方政府规章或规范性文件为依据，尚无明确的法律法规加以规范。因此，实践中，各地根据本地实际情况制定了相关的"法治政府指标体系"和"依法行政考评办法"，但规则各异。具体到操作层面，事实上依据的是每年制定的"年度依法行政考评方案"，各地甚至本地不同年度的考评都因"方案"不同而不同。以 G 省 F 市、Q 市依法行政考评社会评议为例，逻辑上，两市的依法行政考评是 G 省依法行政考评的具体落实，省市纵向上和市与市之间的横向上相关规则理应相同，至少类同，但事实上两市的操作规则差异大，甚至本市不同年度的操作规则也不同，如表 6-18 所示。

表6-18　　　G省F市、Q市依法行政考评社会评议评议主体分类及权重

年份	地方	针对县（区）政府的评议主体分类（权重）	针对市直单位的评议主体分类（权重）
2016	F市	市"两代表一委员"（15%）、政府机关代表（10%）、居民代表（50%）、县区属企业代表（20%）、网民（5%）。	市"两代表一委员"（25%）、政府机关代表（10%）、行政相对人（包括：上市企业代表占30%、自然人代表30%）、网民（5%）。
2017		常住居民（20%）、行政相对人（30%）、市行政单位（10%）、专业人士（30%，大型、上市企业和事业单位，中小微企业、个体工商户，司法、法律工作者，事业单位，社会组织等）、网民（10%）。	行政相对人（50%）、市"两代表一委员"（10%）、专业人士（30%，组成人员同左）、网民（10%）。
2016	Q市	县区专业人士（20%，县级"两代表一委员"、司法、法律工作者、县属大型、上市企业和事业单位、县属中小微企业、个体工商户、民主党派、县属群团组织）、清远地区专业人士（20%，市级"两代表一委员"、市级司法、法律工作者、Q市政府及其部门代表）、行政相对人（30%，指到县级政府政务中心办事的公众）、城镇常住居民（25%）、网民（5%）。	Q市辖区内专业人士（50%，组成人员同左）、县级政府部门代表（40%）、行政相对人（10%，指到市直单位官网或网上办事大厅办事的公众）。
2017		县区专业人士（20%）、Q市辖区内专业人士（20%）、行政相对人（30%）、城镇常住居民（20%）、网民（10%）。 注：各类型评议者组成人员同上。	Q市辖区内专业人士（45%）、县级政府部门代表（40%）、行政相对人（15%）。 注：各类型评议者组成人员同上。

从考评内容看，其散落于各项法律法规，通过行政手段所确立的考评办法、方案将这些散落的内容得以聚集，实现具体化、可操作化；从考评规则看，处于地方自觉阶段的考评实践，需要在不断实践中完善，因而有不断的调整情有可原，但这种调整有时却会成为管控手段，异化了考评应有的工具理性。根本上说，历经 20 年的实践探索，各地的考评内容所指向的政府行政行为趋于一致，只是具体指标上有差异；但在考评规则，主要是考评程序上，尚缺乏权威性的规定，而程序是看得见的正义，程序的强制性规定缺乏无疑使考评正义、考评正当性受到质疑。显然，这种规则的变动性和随意性，与依法行政和法治政府的内在价值相悖。由此所带来的是，社会评议仍然是各种群众性、运动式的考核活动在依法行政考评中的"复辟"。

进一步，依法行政考评意在评测法治政府建设进程中政府依法行政情况，但吊诡的是这种考评法治行为的行为却"无法可依"，事实上陷入了以"非法治手段"推进法治政府建设的泥潭，造成实践中所出现的种种乱象。如此，何以证成法治政府的建成呢？本质上，当前地方的依法行政考评是对上级关于法治政府建设和依法行政工作的落实，是对上级考评方案的层层分解，但却"无法可依"。就社会评议而言，一方面，对于社会评议以及公众满意度评价该如何实施、参与的主体、参与的机制、评议的标准等，从国家到地方均无具体规定，往往每年的规则因当年的考评方案而变，在委托第三方实施社会评议的地方，则往往因每年的受托人不同，而由受托人根据自身情况对以往的规则进行调整。另一方面，对于满意度评价结束后如何回应公众的评价，更无规定。形式上，每年的考评结果及公众满意度评价结果（社会评议结果）都进行了公布，符合《办法》的规定。但是，实质上，G 省 2014—2017 年连续 4 年向社会公布结果，并没有能够回应社会公众，甚至有敷衍之嫌。这些问题存在的根本原因是依法行政考评尤其是公众满意度评价中所体现的法律理性的缺失。所谓法律理性是一种关于规则和制度的理性，其价值导向是"法治"。[1] 在 G 省的实践中，一方面虽然表面上相关规定对上述问题都有了"规定"，但这种规定的笼统性和自我操控性，徒有规则之

---

① 龙凤钊. 技术理性、政治理性和法律理性：政府绩效管理的理论取向 [J]. 中共天津市委党校学报，2017（1）：66-74.

形，而无法治价值之实。另一方面，《办法》明确指出"考评结果在行政系统内部进行通报"，这一规定符合依法行政考评作为政府内部控制、内部行政行为的逻辑，但是却忽视了法治政府是开放的政府，对政府依法行政情况的考评如果仅局限于内部控制，那么与法治行政和法治政府的内在价值是严重相悖的。尤其是完全公开的公众满意度评价，社会公众参与了，却无法知晓自己参与的结果，显然"架空"了公众满意度评价的民主价值。事实上，依法行政考评的理念设计，如果缺失了专门性"法律依据"作为保障，那么再完美的设计也只能是空中楼阁。

（六）社会评议的技术路径是政治理性主导的结果

理论上，社会评议基于其所具有的公众参与广泛性，而具有了民主性和合法性，体现了政治理性；基于通过开展公众满意度评价可以直观地反映公众对政府依法行政的评价、偏好，其又具有了可操作性，体现了技术理性。因此依法行政公众满意度评价兼具政治理性和技术理性。但是从实践看，这两种理性并不是均衡的，政治理性明显居于主要地位，而技术理性式微。

一是参与测量的公众选择和类型划分，是政治理性优化的结果。基于政绩对政府合法性的巨大作用，如何保证依法行政考评成绩能够体现政绩，成为了政府煞费苦心的事。从依法行政公众满意度评价的参与主体选择及其分类看，这种苦心是有成效的。从 2016 年 G 省的依法行政公众满意度评价的结果看，普通公众的满意度明显偏低，而精英公众满意度显著较高，进而抬高了整体满意度。如表6-12 所示。一般情况下普通公众无法同时与多个评议对象接触，获取到的有关评议对象的信息有限，因而容易对评议对象提出过高的要求或因无法了解评议对象的实际业绩和工作作风的全貌而感到失望，从而给出较低的打分；而精英公众恰好相反，既能较好地了解政府业绩又不会对政府工作有过高的期待，因而给出的分不会太低，反映了体制内评议主体"自己评自己"总是希望能够有一个好的评议结果的心理。① 显然，出于利益相关性考虑，赋予精英公众在测量中实质上的

---

① 付景涛，曾莉. 对主观型政府绩效评估结果的统计分析——以珠海市"万人评议政府"为个案 [J]. 学术论坛，2010（2）：34-38.

高地位，有基于保证评议成绩不低的政治理性倾向。

二是选择第三方作为依法行政公众满意度评价的实施者，有规避政治压力的考量。一方面，社会评议所要体现的本质内涵就是要接受社会公众的参与，第三方作为社会评议的组织实施者，其本身就是广义上的社会公众的一员，加之在接受委托后所具有的独立性，使得社会评议形式上达到了其需求。另一方面，第三方是基于委托而实施公众满意度评价，相关的测量方案制定、样本选择其实并不能自行为之，必须得到考评主体的同意，进而实现了社会评议"放"与"收"的平衡。很好地实现了社会考评的政治策略。这种策略的核心在于，首先第三方组织实施社会评议，降低了内部考核那种"自我评价""自娱自乐"的风险，增强了考评的民主性与合法性；其次赋予第三方独立组织实施的权利，对公众满意度评价结果的应用只做直接的接收，自然可以减轻由考评对象带来的压力；再次从技术上约束第三方，如规定了参与主体、调查样本量、指标权重等，以体现依法行政考评主体的政治理性。

三是选择性公开考评结果，是两害相权取其轻的策略。理论上考评主体作为考评对象的上级，两者是领导与被领导关系，对依法行政考评结果或公众满意度评价结果予以公布，是考评主体应有的职权，然而一般情况下各地实践中并不会这样做，根本原因在于考评主体的政绩一部分来源于考评对象，两者是事实上的命运共同体，如果完全予以公开，对于那些表现不好的考评对象而言所承受的社会压力是巨大的，这种压力同样会传导到考评主体身上。所以考评结果公开采取内部公开或对外有限公开的形式，实际上是对这种压力的消解。与此同时，公众参与有限，期待不大，对于结果公开情况也如此，因而对于当前的考评结果公开形式、公开程度，及政府对公众期待的回应情况，事实上并不大关心，即是说公众"参与感"并不会给政府带来太大的压力。显然，两害相权取其轻，政府的政治理性在此占据了上风。所以说开展公众满意度评价虽然赋予了社会公众意志表达的机会，但实际上往往只是为赋予政府行为合法性的一种点缀，或者说是行政机构采取的一种政治策略。①

---

① 孟华. 论美国政府绩效评估中的公众意志表达——以三项调查为基础 [J]. 北京行政学院学报，2004（6）：10-14.

本章小结

通过对 G 省、F 市和 Q 市三个地区依法行政考评社会评议实践案例分析发现：从制度层面来看，我国已形成"绩效管理型"的地方依法行政考评实践范式，呈现出以制度性进路为主，考核内容基本一致，自上而下的内部考核，以目标考评为导向等特征；从实证结果来看，经济因素对满意度产生正向影响，但并非简单的线性关系；评议主体背景因素、公众满意度的技术方案也对满意度评价结果产生一定影响。研究发现：当前我国地方依法行政考评社会评议实践，存在社会公众参与开放度有限削弱民主价值，社会公众参与有效性不足弱化技术理性，考评主体对公众的回应性缺乏刚性要求，专家评议缺乏顶层设计。进一步说，社会评议缺乏法律规范等问题。

第七章　完善依法行政考评社会评议思路建议

法治中国建设要求"坚持依法治国、依法执政、依法行政共同推进，坚持法治国家、法治政府、法治社会一体建设"，其中依法行政，加快建成法治政府是关键。随着"法治政府基本建成"目的的确立，客观上要求对法治政府建设进行考评，依法行政考评服务于此。《法治政府建设实施纲要（2015—2020年）》明确了"建成法治政府"的7大任务，明确了每项任务的具体目标和措施，其中具体措施有40项。按此逻辑，只有严格落实这40项措施，达到7大标准，才意味着法治政府基本建成。《法治政府建设实施纲要（2021—2025年）》则明确了要在健全8个体系、推进完成28项任务上为基本建成法治政府奠定坚实基础。从评价技术看，40项措施及健全8个体系和完成28项任务，既有可以通过客观数据反映措施落实情况的内容，也有可以通过主观评价来衡量措施落实的程度。如此，则使得法治政府建设程度得以通过直观、量化的数据呈现在社会公众面前，使法治政府的正义得以量化彰显。但是，不可否认的是，每项措施其实都有很强烈的价值倾向，这是任何一项工作、目标都与生俱来的。因此也就决定了作为衡量法治政府建设成效工具的依法行政考评，既要有内部的客观量化考核，也要有外部社会评议。因为社会评议体现民主价值，增强了考评的"合法性"。

一、重塑依法行政考评的理念导向

社会评议是依法行政考评的有机组成部分，社会评议的导向受制于依法行政考评的导向。基于依法行政考评的实践现状，其目标导向明显，进而也影响了社会评议的导向，使社会评议本应有的结果导向和公众满意导向未能发挥作用，实践中所体现出的是社会评议的操作实际上延续了依法行政考评的目标导向，进而导致了社会评议中存在的上述种种问题。为此，要适应当前政府体制机制改革和"以人民为中心"的理念，把政府绩效管理、政府绩效评价理念导引到依法行政考评中，重塑依法行政考评的理念导向，由单纯的目标导向转向绩效导向，应成为当前之需。

（一）以绩效理念推进依法行政考评

第一章关于"政府绩效评价理论"已深入阐释绩效理念与法治政府评价的关系，将这一理念应用到依法行政考评中来，根本上就是要明确依法行政考评需从目标导向下的效率考评，转型到对政府依法行政的经济性（Economy）、效率性（Efficiency）、效果性（Effectiveness）、公平性（Equity）的考评上来。实际上，"绩效管理型"地方依法行政考评实践范式是由我国的权力维度和秩序所决定的，与国家的建构主义法治道路相契合。理念上，要明确绩效导向下的依法行政考评强调公众参与、结果导向和公众满意导向，是关键性指标评价。这些在前文已有详细阐释，此处不赘。技术上，绩效导向的依法行政考评与目标导向的依法行政考评有诸多差异。主要体现在：

一是考评目的。目标导向下的考评以考察核实既定目标是否达成为根本目的，以期通过考评这一手段，达到目标实现的目的，所以目标导向下的考评具有外在压力性，对地方政府法治政府建设的执行力起到督促作用。就此而言，目标导向下的考评的核心目的指向"执行力"。绩效导向下，考评所指向的是政府法治职能的履行情况和实现程度，不仅以既定目标为出发点，更以法治政府建设的"应然结果"为追求，即通过考评促进政府的公权力确实受到法律的约束，社会公众的权利确实获得法律的保护。也就是说，绩效导向下的考评的核心目的指向法治政府建设的"公信力"。这与法治政府内涵相一致。

二是考评主体。目标导向下，上级政府是目标的制定者，拥有考核下级政府是否完成目标的权力，所以上级政府成为了依法行政考评的当然主体。同时，政府权力的形式又有层级性，所以导致了考评权、组织权、实施权、评议权等权力的分离，而基于对"政绩"的追求，这些权力又进一步地产生了异化，[1] 使依法

---

[1]　谢能重. 依法行政考评：变迁、功能与转型 [J]. 法治社会，2017（1）：38-48.

行政考评和社会评议陷入逻辑悖论。也由此产生了考评过程中"政治理性"压倒"技术理性"的现象存在。与此不同,绩效导向下,考评主体是多元的,既可以是上级政府,也可以是政府系统外的其他组织甚至个人。这就触及了依法行政考评中民主和法治的关系,即政府的权力为民所用,理应由社会公众来实施评价;同时,中国特色社会主义法治理应由全体人民参与和共享成果,因此可以说法治为实现民主提供保障,民主是法治追求的必然目标。① 显然,多元的评议主体才是依法行政考评应有的本色。所以,依法行政考评要改变政府自上而下考核的独尊性,要放开胸怀,尊重政府以外的其他主体及其评议结果,充分保障其参与评议或主导评议的权利、地位。

三是考评方法。依法行政考评涉及面广,科学合理的考评方法是保证考评结果合理、有效的前提。一般情况下可分为主观评价和客观评价。理论上,这两种方法并无优劣之分,但实践中,客观评价明显被奉为科学,占比很大;而主观评价仅占很小一部分,前者体现为内部考核,后者体现为社会评议。这样的畸形,无疑就给"制造数据"谋求"政绩"提供了刺激,从而导致依法行政考评中出现种种没有"质"的"量","量"又进一步被滥用,导致考评结果"唯数量化"。② 而事实上,两种考评方法有其不同的针对性,具有互补功能,一方面客观评价更多关注的是效率、效益,而另一方面主观评价强调的是政府依法行政的公平性、责任性和回应性。③ 因此,两者不可偏颇。

四是评议指标。从当前的实践看,目标导向下的依法行政考评指标体系庞杂,体现为过程性指标考核,④ 由此导引到社会评议中来,虽然在具体考评问卷上的考评内容不多,但也是涉及了依法行政考评的诸方面,社会公众仅能就某一个大的方面进行概括性评价,如"政府行政执法的满意度",而"行政执法"事实上包含着极其庞大的内容,社会公众如果仅能笼统地进行评价,往往会造成评

---

① 郑方辉,邱佛梅. 法治政府绩效评价:目标定位与指标体系 [J]. 政治学研究,2016(2):67-79,127.

② 谢能重. 依法行政考评:变迁、功能与转型 [J]. 法治社会,2017 (1):38-48.

③ 陈磊,林婧庭. 法治政府绩效评价:主客观指标的互补互证 [J]. 中国行政管理,2016 (6):16-21.

④ 谢能重,周礼仙. 法治政府建设进程中的依法行政考评 [J]. 华南理工大学学报(社科科学版),2016 (3):63-70.

议主体因为某一件具体的事的体验，而成为整个评议内容的评价依据，显然有
"以偏概全"之嫌，无法体现评议的科学性。而绩效导向下的考评，指向的是关
键指标评价，即要针对法治政府建设的实然性层面，而最终归宿为"公众满意"。
但是显然，实践中却颠倒了这一点，公众满意度在评议中所占比重并不大。

五是考评结果应用。所有的考评都只是手段，结果应用促进改善才是最终目
的，是考评的最终归宿，更是考评能否发挥成效的决定因素。然而当前的考评结
果仅是作为内部激励的依据，具有强烈的目标导向。绩效导向下，对考评结果的
应用则不应局限于此，其更重要的是强调绩效反馈，是政府对考评主体（评议主
体）的回应和互动。即走出一般的把考评结果当成"政绩"的模式，走向把考
评结果作为发现问题、改善工作的依据和机制，以期实现"公众满意"。

总的说来，绩效导向下的依法行政考评将是对此前目标导向下的依法行政考
评的重大调整，是对其进一步完善，核心是通过考评促进实质的法治政府的建
成。当然，基于我国法治政府建设起步较晚，以及我国政府推进型法治政府建设
模式的体制优越性，我们可在充分借鉴"政府绩效评价"理念的基础上，结合我
国的实际，可将依法行政考评定位为绩效导向下的目标考评，即既要讲求考评的
公信力，也要保证考评的执行力，最终形成"政府主导-第三方实施-公众满意
度评价（公众参与）-专家评议（专家参与）"的考评模式，其中与当前的考评
模式相比，亟须调整的是内部考核与外部考评、客观评价与主观评价彼此间的占
比分配问题，要提高外部考评、主观评价的占比，提升社会公众、专家在依法行
政考评中的地位，进一步的就是要强调考评结果应用对社会公众、专家的回应
性，注重政府、被考评对象与社会的互动。

（二）强化政府与社会的双重回应互动

权力来源于人民。政府权力的行使，根本上来源于人民的授权。在深入推进
依法行政，加快建设法治政府的进程中，必须摒弃"强政府-弱社会"的做法，
强化政府与社会的互动，积极推进责任政府、有限政府、透明政府、便民政府建
设。在依法行政考评中，尤其是在社会评议中，亟须回应社会公众的心声。

一方面，进一步深化政府职能转变，建设服务型政府。这是社会公众对政府
最大的呼声。《法治政府建设实施纲要（2015—2020年）》关于法治政府建设的

任务和措施第一条就是要深化政府职能转变，依法全面履行政府职能，其中最为关键的是政府职能要从"管制"向"服务"转变。《法治政府建设实施纲要（2021—2025年）》关于法治政府建设首先要健全的就是"健全政府机构职能体系"，着力实现政府职能深刻转变，把该管的事务管好、管到位，推动更好发挥政府作用。所以，法治政府建设进程中务必在转变政府职能，想社会公众之所想、急社会公众之所急，可从以下几个方面着手：一是在制度建设方面，要进一步清理和修订不适应甚至有碍深化改革的法规规章和其他政府规范性文件，从便民、利民的维度确保制度规范的质量，减少繁文缛节，以制度保障社会公众获得高质量的公共服务，以法制促改革创新，切实做到改革创新有法可依。同时，制度的制定需要广泛地征求意见，听取专家意见和公众意见，保证制度的规范性、可行性和正当性。并且，切实执行制度的规定，形成用制度束权力、按制度办事、靠制度管人的良好局面。二是在行政决策方面，要按照十八届四中全会作出的《中共中央关于全面推进依法治国若干重大问题的决定》的要求，健全依法决策机制，把公众参与、专家论证、风险评估、合法性审查、集体讨论决定确定为重大行政决策法定程序，确保决策制度科学、程序正当、过程公开、责任明确。建立行政机关内部重大决策合法性审查机制，建立重大决策终身责任追究制度及责任倒查机制。特别要加强行政决策的民意征询和公众参与机制，发挥网络新媒体等社会公众喜闻乐见的平台作用，完善和拓宽民意征询渠道；积极与第三方合作，发挥智库的优势，以更专业的手段、更开放的平台，促进行政决策的科学化、民主化；注重公众参与行政决策的程序性和保障结果的公开透明机制建设，使公众参与制度真正落到实处，提升公众参与的获得感。三是优化政府服务质量。"服务也是生产力"被普遍认同，政府务必以"服务"为核心，为经济发展、社会进步和公民生活提供更优质、便捷的服务，如"一门式"政务服务、网上办事大厅等均得到社会的普遍认可，在"互联网+"背景下，要积极推进更优质的"互联网+政务服务"建设等。同时可以通过充分发挥社会的力量，引导和规范社会自治，保障社会组织的有序运行，使社会力量成为政府管理的有益补充，如通过政府向社会力量购买服务，既能够激活社会力量又能保证政府为社会提供高质量的服务等。

另一方面，重视结果应用和对社会公众的回应，强化社会公众参与的深度。

考评作用的发挥关键在于考评的"指挥棒"效应得以发挥、考评的结果得以运用、考评的威慑力得以施展。从当前依法行政考评的本质和组织实施现状看，依法行政考评的主体是党委政府，虽然近些年来十分强调社会公众的参与，但是社会公众仅仅是参与者，不是依法行政考评的主体。因此，依法行政考评始终都是政府的"自我评价"，是政府"行政自制"的体现。而不管是政府的"自我评价"，还是"行政自制"，现实中政府的相关努力情况往往不能为社会公众所感知、了解，因而对政府依法行政的期待值一直很高，若降低期待而更为理性地去评价政府依法行政的情况，满意度定会有所提升。评估实践性难题的破解，关键在于从实效层面对评估主体进行有效回应。① 因此，要重视"依法行政考评"的结果应用，积极回应社会。一要加强"依法行政考评"的宣传，包括在政府部门、公务员和社会公众中加强宣传，提升"依法行政考评"被知晓度，促使政府部门依法行政工作按考评"指挥棒"的指挥落到实处，帮助社会公众更好地监督政府部门工作。二要强化考评结果的运用，包括考评结果及时向社会公众公开，公开是最好的防腐剂也是最好的监督。摒弃考评只是作为管理的手段和发放绩效奖励的弊端，切实发挥对成绩差的单位、领导、个人的问责机制，以评促管、以评促建。三要构建顺畅的群众利益诉求表达机制。随着人民群众对自身利益越来越关注，有关诉求也越来越多，在实施社会治理过程中，再也不能通过压制的方式应对问题，更要以倾听、接受、解决的方式化解矛盾，其中核心就在于要为社会公众的诉求表达构建合理机制，让政府真正能够听到人民群众的真实心声，从而有利于政府作出符合人民群众需求的决策，建设让人满意的法治政府。

（三）增强评议结果"倒逼推动"功能

内部考核结果反映政府依法行政的规定动作是否到位，社会评议体现公众对政府的期待。结果应用是考评的核心，唯有把结果应用到实处，切实用以推动政府工作改善，才能达到考评的目的。就社会评议结果应用而言，关键就是要让社会公众的所反映的问题，在政府工作中得到体现，以提升社会公众的满意度、参

---

① 康兰平. 法治评估理论的跃升空间：实效法治观与我国法治评估实践机制研究 [J]. 法制与社会发展, 2017（4）：21-37.

与感和获得感。尤其需要从以下两个方面加以改进。

一方面，进一步提高政府及其工作人员依法行政的意识与能力。从 G 省 2016 年的依法行政公众满意度评价结果看从本次调查看，居民、行政相对人对政府部门依法行政的满意度并不高，说明居民、行政相对人在与政府部门接触过程中尚有不满意之处。而最能让居民、行政相对人直接感受到的便是领导干部、公务员，特别是一线执法人员的形象、依法办事的直接表现、办事效率、服务态度等，这些方面都会直接影响社会公众对政府依法行政情况的评价。为此需进一步提高依法行政的意识和能力，加强以下几个方面的建设。一是深入推进基层政府部门依法行政，从基层一线提升政府部门依法行政的公众满意度。如在镇（街道）、县（区）相关直接面向社会公众的一线部门，这些处在行政管理、社会治理和公共服务的最前沿，与社会公众接触最直接、最频繁，对社会公众的影响最深刻，可以说社会公众对镇（街道）、县（区）相关直接面向社会公众的一线部门，如果处在第一线的政府部门依法行政的意识与能力不高，公众的满意度低，那将极其影响政府的公信力，影响各级政府在老百姓心目中的形象，一旦形成刻板映象，对上一级政府依法行政情况的评价也将难以消除。二是提升政府部门、公务员依法行政的意识与能力。包括提升窗口部门的办事效率、形象，如政务服务中心等直接面向社会公众的窗口部门，是社会公众、行政相对人接触政府、了解行政工作的最直接途径，这些窗口部门及其工作人员的办事效率、服务态度、具体形象，会给社会公众、行政相对人最直接的影响。以及加强执法队伍素质建设，这支队伍与社会公众接触最直接，涉及的内容与社会公众利益息息相关，他们的执法形象、个人素质，在社会公众眼中就是代表政府，所以执法队伍的素质建设十分重要。三是注重社会矛盾防范和化解的质量，强化以法治思维和手段解决矛盾纠纷的机制。除了司法的公众参与、仲裁的自治、调解的体系重塑和信访的法治化改革外，政府在社会稳定和治安方面也要逐步完善，以法治思维和手段解决矛盾纠纷，确保公众的利益诉求有畅通的渠道，将矛盾纠纷扼杀在摇篮里。

另一方面，关注依法行政涉及的民生问题。G 省 2016 年的依法行政公众满意度评价结果表明经济的发达程度与公众对政府依法行政的满意度具有较高的相关性，因此从全省层面，必须促进 G 省东西北地区的经济发展，各地方政府要创造条件发展地方经济，这有利于社会公众在享受经济发展成果中感受政府职能履行的"获得感"。从具体问题看，社会公众对与经济发展相关的其他问题更为关切，需要政府部门积极关注民意，针对公众最关心、最现实、最迫切的问题作出有针对性的反应。归结而言主要体现在，随着经济的发展，人们对生活质量的要求越来越高，也对政府为社会提供公共服务的要求越来越高。社会公众所聚焦的问题往往具有放大效应，最能反映民意特征，政府必须把公众的诉求作为依法行政工作的重要风向标。正如习近平总书记说的人民对美好生活的向往，就是我们的奋斗目标，各级政府部门必须对人民的这种向往和关切给予及时回应。特别是以下几点是社会公众比较关注的问题：一是注重国土资源节约利用和保护环境。生态文明建设是十八大提出的"五位一体"总体布局的重要组成部分。要全面建成小康社会，生态文明建设必不可少，所以必须改变过去过度依靠土地和消耗资源能源以实现经济增长的方式，要十分注重土地的节约利用和环境保护、减少环境污染。当前，还需加强对国土资源利用和环境的整治，扭转之前以土地、环境换发展而带来的生活环境的恶化的现状，还社会公众清新空气、青山绿水。二是注重医疗卫生服务的改善。看病贵看病难是社会公众的感受，加之近些年层出不穷的医患关系恶化事件，让人对医疗卫生服务的满意度下降。而如何解决看病贵看病难的现象，如何缓解医患关系紧张的问题，也成为了社会公众评价政府的重要影响因素。三是注重食品药品领域的整治。食品药品与人们的生活息息相关，然而近些年出现的各种涉及食品药品的案件，让人们对国产食品药品质量信心下降。从本质上讲，经济发展不是目的而是手段，根本目的是服务民生。经济发展的成果若不能惠及民生，"蛋糕"做得再大也无益于增强公众对政府的认同感和政府公信力的提升。食品药品直接关系人们的生命质量，是最大的民生，只有高质量地保障食品药品的供给才能提升人们的生活幸福感。四是注重社会公众生活质量的提升。小康社会的建成不仅仅是衣食无忧，更是生活方方面面的整体质量提升，包括旅游服务、社会治安、道路交通、社区治理等方面的服务，这些都是社会公众普遍关注的民生热点，是社会公众时刻接触到的身边的政府服务。综合近两年的社会评议调查结果看，得分较低的部门的职能都与影响社会公众对生活质量的因素相关，政府部门需积极回应社会公众的这些关切，才能让社会公众在生活中、在公共服务中充分收获"获得感"。

二、提升公众参与的开放度与有效性

社会评议，公众参与是核心。有效公众参与的价值在于为民主法治国家提供了一种程序正当性与合法性的依据，正如哈贝马斯所言，"民主程序承担了提供合法性的全部负担"。① 从实践看，社会公众参与的开放度不高、有效性不足，其中既有社会评议的大众化，社会公众专业知识、技术缺失等因素，也有政府信息公开不足，对社会公众的引导、指导不够有关，因此需从多方面努力，提升公众参与的有效性。

（一）强化政府信息公开力度

党的十八大、十九大均强调要"保障人民知情权、参与权、表达权、监督权"，这是监督政府权力运行最有力的机制，其中知情权是其他三个权利实现的前提。换句话说政府信息公开，才能实现知情权，也才能有效行使参与权、表达权、监督权，显然当前政府信息公开不到位，影响了知情权，进而影响了社会公众参与评议政府的有效性。2016 年年初，中共中央办公厅、国务院办公厅发布《关于全面推进政务公开工作的意见》，进一步强调了政务公开的意义，明确政务公开的要求。因此须做到"决策公开、执行公开、管理公开、服务公开、结果公开、重点领域信息公开"，要树立"公开为原则，不公开为例外"的理念。在依法行政考评社会评议中，进一步强化政府信息公开应从以下几个方面着力：一是强化政府信息公开责任制。责任制是我国行政体制的优势，要发挥好这一优势，由上而下，以上率下，特别要把政府信息公开作为一把手工程来抓，作为政府绩效评价的核心指标，由此形成内外夹击的压力，并逐级往下传导，层层抓落实。二是优化公众获取政府信息的渠道，包括通过听证会、新闻发布会等渠道倾听公众心声、回应公众关切、传递政府声音。政府要主动发声、敢于发声、善于发声，当好"第一新闻发言人"。《法治政府建设实施纲要（2021—2025 年）》特

---

① ［美］哈贝马斯著，童世骏译. 在事实与规范之间：关于法律和民主法治国的商谈理论［M］. 北京：生活·读书·新知三联书店，2003：686.

别强调，要加强公开制度化、标准化、信息化建设，提高政务公开能力和水平。全面提升政府信息公开申请办理工作质量，依法保障人民群众合理信息需求。鼓励开展政府开放日、网络问政等主题活动，增进与公众的互动交流。三是强化"互联网+政务公开"平台建设，善用网络新媒体，做到公众在哪里，政府的声音就到哪里，强化网络新媒体与公众的沟通互动。《法治政府建设实施纲要（2021—2025 年）》关于法治政府建设要健全的第八个体系就是"健全法治政府建设科技保障体系"，着力实现政府治理信息化与法治化深度融合，优化革新政府治理流程和方式，大力提升法治政府建设数字化水平。把全面建设数字法治政府放在了非常重要的位置。四是强化信息公开的质量，加强对政策的解读、相关数据的公开等。进一步地，了解是建立期待的基础，加强政务信息公开，才能帮助社会公众对政府工作的了解、理解，才能为社会公众评价政府是否依法行政及其程度提供全面、准确的信息，才能作出理性、公正的评价。

（二）增强第三方组织的力量

第三方组织所具有的独立性、专业性和非营利性，充分彰显其超然地位。在评价政府的各类活动中，备受推崇。当然实践中，也还有各种各样的问题，但是第三方组织在依法行政考评社会评议中的作用，只应增强而不能削弱。

首先，第三方对社会公众有效参与社会评议具有平台优势、技术优势和心理优势。政府与社会公众互动的前提在于彼此之间的信任，这需要长时间的培育。在这一培育过程中，第三方组织可以为此提供良好的平台，即通过第三方组织，社会公众可以充分表达，而第三方组织可以真实地将社会公众的心声传达到政府。从当前的实践看，因为社会公众参与的有效性不足，而使这种"心声"质量下降，而第三方组织则可以发挥其专业性优势，对社会公众进行必要的辅导，为社会公众参与过程中的种种问题进行答疑解惑，有助于提升社会公众的认知。进一步地，基于第三方组织的民间性，与社会公众之间有较好的心理契合，因而可以实现较为理想的沟通、表达。另一方面，第三方组织实施评价更重要的意义在于为政府提供独立的不同于系统内部的信息，以助力政府法治建设为社会所需、所满意。有评论就指出："民间对政府的看法能否带来实际变化，其希望并不在于民间的评估体系能否进入体制内部，或代替主流评价标准，而在于坐实民间机构的本分，坚守民间的价值立场。"①

就此而言，当前的依法行政考评社会评议中，应进一步增强第三方组织的力量，在以下三个方面发力。一要进一步规范第三方组织。总体而言当前第三方组织的生长还处于自觉自发阶段，社会上的第三方评价良莠不齐，导致第三方生长环境受到污染，亟须政府加强对第三方组织的管理，既保证第三方组织健康成长，又保障第三方组织的独立性。二要扶持第三方组织的发展。第三方组织的存在，与政府相伴而生，是现代化治理不可或缺的力量，政府需从政策扶持、财政支持等方面培育第三方成长环境，扶持第三方独立、规范地参与政府治理和实施对政府的评价。从我国的现实环境看，政府的扶持非常重要，而通过政府的扶持培育了良好的第三方生长环境，事实上有利于促进政府治理现代化的实现。三是强化第三方评价结果的应用。第三方评价包括委托第三方评价和独立第三方评价，政府对前者的结果应用是题中之义，而对于后者的结果应用则存在障碍，一方面第三方评价结果的权威性存疑，另一方面基于"政绩"考量，第三方评价结果是否能够成为"政绩"的注脚，或许是政府重点考虑的因素。前者与成熟的第三方成长环境有关，后者则是政府的价值导向出现了偏差，如此自然不能增强第三方力量的成长。在绩效导向下，政府需进一步转变观念，把考评作为改进工作、提升社会公众满意度的依据，而不是作为官员晋升、发年终奖的指标。就此而言，第三方评价结果可以成为对政府内部考核结果的互补互证，一方面对内部考核缺乏外部视角的互补，另一方面对"自我评价"结果的互证，进而有利于维护考评的公正性、公信力。

（三）改进公众满意度评价技术路径

问卷及调查方式是依法行政考评社会评议结果有效性和可操作性的关键。高质量的问卷既有利于真实有效的反映问题，又便于操作，使调查过程简便高

---

① 社论. 评价政府绩效，民间机构应恪守独立性 [N]. 南方都市报，2009-10-13（A2）.

效，使评议者能有效反映对政府依法行政情况的评价。合理的调查方式，则既可以减轻调查的工作量，又能真实有效地采集到评议者的意见，还能保障评议者理性、客观、不受干扰地作出评价。从 G 省 2016 年的依法行政公众满意度评价实践，问卷设计的问题尚有可以完善之处，调查方式也有值得优化的地方。为此，可以从以下三个方面加以完善。第一，公众满意度测评是主观评价，具有整体性和模糊性，从前述的指标分项评分合成结果与单一问题评价结果比较看，两者具有高度的契合性，所以调查问卷问题的数量应更精简，能一个问题即能反映某一指标所指向的内容，就不设计两个问题，使问卷的问题数量更少，更便于评议者作答。第二，评议者都是普通社会公众，理解问题的能力千差万别，在填写调查问卷时，所反映出的问题是对问题本身并不理解，因而影响作答。所以问题既要能够准确反映所对应的指标，又能通过浅显易懂的表述促进评议者对问题的理解和评判。第三，从 G 省的调查经验看，拦截访问的评议者回答问卷的质量较高，优于电话访问的途径。而函寄调查的效果并不十分理想，主要是因为评议者地址的不确定，增加了函寄的难度。另外，不能面对面地交流，所以可能导致评议者对问题的理解并不到位，等等。再者，现在已很少人使用普通邮寄形式，给评议者回寄问卷增加了不便，而通过快递的形式，则又大大地提高了邮寄成本。所以建议调查的途径应摒弃函寄调查的途径，增加集中调查（如集中专业人士统一填写问卷），形成以现场调查为主，集中调查、电话调查为辅的调查途径。

三、充分发挥专家评议理性

理论上，专家在社会评议中的作用无可替代，但实践中如何给予专家知识技能发挥的空间、顺畅路径，显然尚未形成良好机制。从 Q 市 2017 年的依法行政考评社会评议实践看，专家设置的初衷很好，但是在评议中，专家与其他评议者并无特别之处，徒有专家虚名，而无专家评议之实。为此，应从以下几个方面加强对专家评议的认识，发挥专家评议理性应有的效用。

（一）正确认识专家的评议理性

社会生活中，总是需要借助专家个人或者专家群体的判断或者解决方案来应对某些专业性极强的疑难问题，这就成为了专家评议得以生存并不断扩展的基本社会需求。① 这成为了在各类评价活动中，专家评议总是不可或缺的生动写照。但也说明专家评议的存在，核心在于解决专业疑难问题，因此要正确认识专家在评议中的理性对评议的意义。

一方面专家评议是发现问题、解决问题的机制，不是"政绩"的注脚。基于专家评议的重要意义，专家评议已被泛化，有的甚至成为组织者转移风险的一种策略，显然这导致了"专家失灵"。在各类考评政府的活动中，专家有时则成为了"政绩"的注脚，显然这把专家评议异化为了获取好成绩的工具、或装点评议公正性的工具。这些都使专家评议走偏了，而本质上，评议的初衷在于发现问题，以便解决问题，专家评议则是希望借助专家的知识、技能更好地透过表面深入内部挖掘隐藏的问题。换句话说，表面上专家评议所发现的问题或许触动了被考评对象的"政绩"，但却能够由表及里地发现问题，挖掘原因，是有利于考评主体及被考评对象提升"政绩"的。基于此，从考评主体到被考评对象，不要认为专家是在给自己"找茬"，而是要转变观念，把专家评议作为提升绩效、解决问题的机制。

另一方面专家评议在于引导依法行政考评的公正性，不是敷衍社会公众的工具。基于专家评议的专业性和独立性，因此专家评议自然被赋予了公正性的价值内涵。这就要求，专家评议不仅对专家的公正性提出了要求，也要求考评组织者不能直接干预专家的评议过程，更不能通过各种形式操纵评议，以保证专家评议的公正性。② 这充分说明，专家评议机制所带来的公正性，除了评议结果的专业性、有公信力之外，更重要的是以此机制带动依法行政考评的组织者要以公正的姿态和行动组织开展考评，而不是拿着小私利愚弄考评、敷衍公众。也就是说，由外及里地影响政府的行为，监督政府的行为，以实现政府公信力的提升。总的

---

① 韩冰. 论专家评价的泛化 [J]. 才智，2013（13）：164-165.

② 陈骥. 五问专家评价 [J]. 中国统计，2011（4）：17-18.

说来，专家评议是基于工具理性的需求，也是实现政府公信力的机制，作为主导者的上级政府及作为被考评对象的下级政府，要放弃短浅的"政绩"私利，要更为理性地看待专家评议，组织专家评议和深化专家评议。

（二）充分发挥专家的中介作用

专家的知识技能，增强了依法行政考评社会评议的工具理性，但并不能仅限于此，更应该发挥专家在其中的中介作用，增强政府依法行政绩效。一是专家是政府行政行为与实质法治价值实现之间的中介。具体表现为，政府行政行为具有扩张性、自我扩权性冲动，特别是在我国"强政府-弱社会"环境下，政府的冲动易使之陷入破坏法治的泥潭，专家在依法行政考评中则可起到提示作用。如2016年 G 省依法行政考评公众满意度评价结果显示，行政执法和制度建设两项指标分值垫底，这是社会公众对政府这两项工作的主观感受，但是他们并不能有效地说明这两个指标得分较低的原因，在这种情况下，专家的作用就显得十分重要。即专家可借助专业知识、实践经验对政府行政行为中存在的问题及原因进行分析，从而使政府明确自身问题所在，进而有针对性地加以改进。二是专家是政府与社会之间的中介。政府与社会的互动是现代社会治理的本质内涵，然而从"管理行政"走向"服务行政"过程中，如何提高两者之间的互动，是实现治理现代化的迫切需求。专家可以在二者之间起到桥梁作用，一方面政府的行政行为通过专家的解读，使社会公众更能理解政府行政行为表象背后的缘由，减少因为不理解而产生的误解甚至冲突；另一方面社会公众的心声需要真实的转达到政府案头，专家则可以更为理性地综合社会公众的各种诉求，梳理其中的核心内容，使政府能够明确社会公众到底需要什么、为什么有这样或那样的诉求，进而促进政府公正合理决策，帮助社会公众实现愿望。三是专家是社会公众与工具理性实现之间的中介。公众参与依法行政考评社会评议的价值理性已显而易见，但是作为一项考评，对社会公众参与的理性需求也甚高。然而实践表明，社会公众参与的有效性不足，根本原因在于其对政府行政行为的内涵、形式难以获知以及知识的欠缺，为此专家需在其中发挥辅导作用。一方面是对社会公众关于依法行政知识的辅导，另一方面是对社会公众关于依法行政公众满意度评价知识和技能的辅导。包括日常法治知识的宣讲、普及培训，也包括开展依法行政考评社会评议过程中的指导，如此才能更好地帮助社会公众有效参与评议。综合而言，专家的知识技能要在评议中充分运用，通过知识理性架起工具理性与价值理性的桥梁，提升"以评促建"的效应，增强政府与社会的有效互动，促进国家治理体系和治理能力现代化目标的实现。

四、加强依法行政考评社会评议法治化建设

以"非法治行为"评价法治职能实现情况，这无疑让人匪夷所思，折射出现实中行政权力的威力，与法治政府内涵相悖，因此当依法行政考评从内部考核走向内外相结合的考评方式时，建设法治化的依法行政考评及其社会评议显得迫切。

（一）强化对政府考评权的约束

有学者认为，工具主义局限、压力性体制以及法治功利主义观念是影响法治评估绩效主义逻辑衍生各种问题的深层原因。① 事实上，围绕评价组织权的博弈，争取部门权力最大化已为绩效管理的现实矛盾。② "绩效管理型"地方依法行政考评权责不清、权力争夺等实践困境、解决思路应是厘清内部考评中的考评权、组织权、实施权和评议权关系，避免角色冲突，引入第三方行使实施权，重点在于强化对考评权的约束，这也是法治政府建设的应有之义。就依法行政考评而言，这种约束体现在以下几个方面：

一是依法行政考评的运行必须遵循既定的程序。我国是一个有着"重实体轻程序"传统的国家，在公民生活中，往往体现出来的是为了达到目的，而破坏程序，于是出现了遇事不按程序办，而想办法找关系的不良现象。实体正义固然重要，但程序正义被誉为"看得见的正义"，在深入推进依法行政，加快建设法治政府的进程中，无疑"看得见的正义"更能让人民有"获得感"，更有利于法治

---

① 尹奎杰. 法治评估绩效主义逻辑的反思与重构 [J]. 社会科学战线，2018（2）：227-236，2.

② 郑方辉，廖鹏洲. 政府绩效管理：目标、定位与顶层设计 [J]. 中国行政管理，2013（5）：15-20.

政府的建成。因此，在依法行政考评中，建立法治化的程序尤其重要，一方面能为被考评者可预见，另一方面能为社会公众所熟知，使考评在开放的环境下实施。二是必须把考评权关进"笼子"里，"进一步规范法治评估中政府权力的运行"。① 要明确考评权的边界，必要时可推行考评权责清单制度，对政府在依法行政考评中的职责和权力进行具体化、精细化管理，使权力无灰色地带，使政府权力运行为社会公众所知悉。三是必须强化对政府考评行为的监督。没有监督的权力必然会导致腐败，这是已被古今中外的历史经验一再证明的一条铁律。因此必须加强对政府考评行为的监督。一方面，确实保障依法行政考评信息公开。另一方面，要强化考评结果救济制度。无救济即无权利；无有效救济即无真实权利。救济制度的建立是依法行政的内在要求，救济体系的完善是依法行政的根本保障。在依法行政考评及其社会评议中，这种救济制度根本在于给被考评对象申诉的机会，和改变不合理考评结果的机会；同时也赋予参与的社会公众对依法行政考评最终结果的监督。如此而言，既可以促进政府需谨慎对待自己的考评行为，也可以提醒参与其中的专家、社会公众认真对待自己手中的评议权，确保依法行政考评各个环节公开、公正、有效、合理。

（二）制定统一的考评法律法规

到目前为此，我国有关依法行政考评或法治政府评价法律保障不足。从实践看，党和政府文件为指导性文件，地方政府规章或其他规范性文件是地方实施评价的"法律"依据。没有统一的法制设计，无统一的"法"可依，因而形成了目前评价的模糊性和各地存在较大的差异性，以及考评结果运用的非规范性和法律强制性。在依法治国框架下，完善依法行政考评的法制建设成为当务之急。首先，在国家层面出台一部统一的法律或法规，以结束无法可依的现状，具体的就是要解决评价权、评价主体、评价方式方法、评价标准、评价对象、评价指标体系等不统一的问题，更重要的是要解决评价结果的运用问题（包括评价结果是否公开，是否具有强制性等问题）。其次，制定相关的评价实施细则、评价指南，

---

① 尹奎杰. 法治评估绩效主义逻辑的反思与重构 [J]. 社会科学战线，2018（2）：227-236，2.

规范评价准则，明确工作规范、操作程序和流程，确保评价的可操作性。再者，地方省级人大或政府在上位法的原则下，制定具有本地区特性的法制规范，保障评价的针对性和公正性。这些在法治比较完备的国家中，有关评价政府的行为，受到全方位的法律约束，如加拿大关于政府绩效评价，其系列化法律法规，可为我们提供借鉴。加拿大为实施政府绩效工作，相继出台了《绩效评价政策》《绩效评价指南》《联邦政府和部门绩效评价工作标准》《绩效检查条例》《对绩效评价的研究》《加拿大政府绩效评价政策和标准》《部门战略规划和预期结果》①等一系列的法律法规，构成了严谨的法治保障体系。

（三）培育社会评议的法治文化

法治和公众参与，有赖政府公务人员的重视和公众的认可，但当前法治环境、法治文化尚未形成，影响了依法行政考评社会评议的有效开展。究其原因，我国的政治文化和传统价值观是导致法治和公众参与水土不服的一个深层次原因。法治产生于西方政治文化背景下，孕育了法治理念、法律至上、民主参与理念等内容，这些理念和价值取向是西方法治政府和公众参与评议政府得以生成的文化基础和不断发展的动力源泉。因此，需要进一步强化法治教育，将法治等内化为政府工作人员自己的思想观念和行为准则，内化为社会公众的生活习惯。首先，继续加强领导干部和政府公务人员的法治意识与能力教育，在党委政府部门形成浓厚的法治文化环境，带动社会法治文化环境形成。其次，大力开展全社会的法治宣传、教育，创营造良好的法治文化氛围。最后，"以评促建"，通过开放公众参与法治政府建设和参与社会评议，维护社会公众监督政府的权利，增加社会公众的"获得感"，调动公众参与积极性。

本章小结

目前依法行政考评社会评议基于政治理性优先的理念，注重考评过程与结果

---

① 李波，张洪林．财政支出绩效评价法制化建设［J］．华南理工大学学报（社会科学版），2015（1）：73-79.

的可控性。技术上形成评议主体大众化与依法行政专业性的矛盾。加之法制建设滞后，导致考评实施的随意性与表面化，难以回应社会公众祈求，与法治理念相悖。从我国组织考评的历史经验来看，"以评促建"的传统做法强调考评的工具属性及激励作用，它隐含着两个假设：一是激励目标本身的正确性和合法性；二是体制内部各项考评目标与功能的一致性。① 为此，为确保考评行之有效：首先，应当重塑依法行政考评的理念导向，坚持"绩效"理念，强化政府与社会的双重回应与互动，增强评议结果的"倒逼推动"功能；其次，提升公众参与的信度和效度。应进一步强化政府信息公开的力度，开放评价权，利用第三方评价完善公众满意度评价的技术路径，提升公众的参与性；再次，应充分发挥专家理性，正确认识专家的评议价值，建立顺畅的专家评议机制，充分发挥专家在社会公众与政府间的中介作用，以提升社会评议的合理性和科学性；最后，加强依法行政考评社会评议法治化建设，有效约束和规范考评权及评价主体，扩大多元评议主体，制订统一的考评法律法规，积极培育社会评议的法治文化。

---

① 郑方辉，邱佛梅. 法治政府绩效评价：目标定位与指标体系 [J]. 政治学研究，2016 (2)：67-79，127.

结论与展望

改革开放以来，尤其是党的十八大以来，经过不懈努力，中国特色社会主义法律体系已经形成，法治已经成为全民共识和治国理政的有效路径。在推进全面依法治国的进程中，法治政府建设居于核心地位。为实现"法治政府基本建成"的目标，"以评促建"符合科学管理原理，是推进法治政府建设的"助推器"。经验表明："法治指数一小步，法治建设一大步。"① 由此，如何科学构建依法行政考评体系，彰显"可量化的正义"，驱动法治政府建设，成为重大的理论和实践问题。基于法治的价值导向和不易量化的属性，社会评议为依法行政考评的不可或缺的内容。本书研究立足于此，力图从社会评议的价值和技术的视角，重点探讨公众满意度评价与专家评议的关系及其实现方式，审视各地的实践得失，为依法行政考评体系提供参考依据。研究的主要结论是：

首先，社会评议体现依法行政考评的价值导向和工具属性，驱动目标实现。党的十八大、十九大、二十大确定了"法治政府基本建成"的目标，并在《法治政府建设实施纲要（2015—2020年）》《法治政府建设实施纲要（2021—2025年）》中明确了建设法治政府目标、措施和时间表。依法行政考评作为内控手段是促进法治政府建设的有效工具，开展社会评议的目的在于畅通社会公众参与依法行政考评的渠道，打破原有的自我考评藩篱，体现考评的价值理性、工具理性和法治意义。作为跨学科理论方法研究及综合性实践，依法行政考评社会评议涉及民主法治理论、中国特色社会主义法治政府建设理论、法治政府评价理论、政府绩效评价理论，以及公众满意度评价的理论方法。构建有科学依据及广泛适应

---

① 刘武俊．"法治指数"彰显法治建设的科学发展导向［N］．中国审计报，2008-04-16（A7）．

性的依法行政考评体系，开展社会评议有赖于多学科理论方法融合及创新。社会评议体现以人民为中心的发展思想和执政为民的理念，在技术层面实现法治评价的可量化性。

其次，公众满意度评价和专家评议构成社会评议的主要方式。研究认为，在社会评议中，公众参与及公众满意度评价是不可或缺的组成部分，但其民主性、科学性、有效性有赖于社会透明开放、公众理性表达、调查有效可行等环境和技术因素。现实条件并非完全吻合这种理想状态，由于普遍存在的评议者素质不高、知识受限、对政府缺乏信任、民意调查技术不成熟等情况，评议结果难以保证科学。① 这样，专家参与至关重要。作为公众的特殊分子，专家评议更能体现专业与理性，弥补公众参与的不足和局限，两者形成互补互证的关系。从功能实现来看，公众满意度评价应指向价值判断，因为依法行政服务于公众，公众对政府治理及服务结果既有评价权力，又有评议的能力，为减少系统性误差，公众满意度评价在技术方案及实现上应体现广泛性、代表性、公开性原则；专家评议应指向事实判断，体现专业和技术理性；同时，应确保专家的独立性。当然，公众和专家具有相对性，专家评议也有其局限性，如专家知识的局限性和专家被"俘获"，产生所谓的专家失灵。因此，实践中，两者不仅需要互补，更力求互证，以确保考评结果的科学性、专业性与合理性。

再次，对 G 省及两个有代表性的地方依法行政考评的实证研究发现，经济因素对公众满意度产生正向影响，但并非简单的线性关系。一般而言，经济越发达的地方，公众满意度越高。公众背景对满意度亦有一定影响，男性满意度高于女性，老年群体满意度普遍较高，高学历群体高于低学历群体；职业稳定性较强和待遇较好者高于其他群体，公务员、事业单位员工的满意度明显高于农民和无业人群。专家评议中，专家身份对评价结果影响不大，但与专家聘任主体存在密切关联。实践中存在的问题主要是：作为内部考评，公众及专家并非评价主体，只是扮演评议者角色，社会公众参与的深度与广度不足，专家代表性和独立性有限，社会评议的技术方案，受制于评价主体的各种约束条件，操作性不强，形式

---

① 陈磊，林婧庭. 法治政府绩效评价：主客观指标的互补互证 [J]. 中国行政管理，2016（6）：16-21.

化突出；社会评议分量不足，权重一般为20%，等等。总体上，社会评议在各地实践中发挥了一定作用，体现了民主法治价值，但由于考评主体更多关注考评过程与结果的可控性，公众满意度评价及专家评议对考评结果影响不大。

最后，审视依法行政考评社会评议的理论及实践，服务于考评目的，提升公众对政府依法行政的满意度，应进一步强化政府职能转变，深化"放管服"改革，切实提高公务人员依法行政的意识与能力，关注依法行政涉及的民生问题。为增强依法行政考评社会评议的工具理性和价值理性，要重塑理念导向，由目标导向转向绩效导向，强化结果性评价和关键指标评价，强化公众满意度评价和专家评议，尤其要强化政府与社会的双向互动。技术层面上，应完善依法行政考评社会评议体系，切实保障政务信息的公众知情权，扩大社会公众参与的广度和深度，增强第三方组织在评议中的作用，重视结果应用，回应公众祈求；同时，应改进问卷质量和调查方式，要强化专家评议的知识理性和中介作用，组建专家库，建立顺畅的专家评议机制，实现公众满意度评价与专家评议互补互证。作为保障条件，应加强社会评议的法治化建设，明确社会评议的功能定位，制定统一的法律法规，培育良好的法治文化。

审视现代国家发展与治理的历史，法治被视为一国的无形资产。世界银行的"全球治理指标体系"即充分印证这一点，法治指数成为国家间的经济合作与交往中、世界银行对其成员国的经济援助的参照标准。① 在我国，依法行政考评属于政府内部考评，通过考评检测地方政府的法治政府建设效果，形成倒逼压力，其功能和作用不可替代。

应该说，社会评议强化依法行政的价值导向及可量化性。但是，需要清醒地认识到，法治作为一种复杂的社会现象，已形成一套自身独特的价值体系（如正义就是其中的认同度较高的一个价值，它更多体现于程序并非结果）。本质上，法治是建立在这些价值体系上的规章制度，用来维护社会秩序，保障相对人权利。有关法治评价的内涵界定、指标构建、结果分析、结果运用，无不受这些基本价值的影响，而这些价值是一种主观的"影像"却难以量化。事实上，公众满意度评价主要依赖参与者的经验判断，由于多数公众缺乏对政府提供的公共服务

① 王朝霞. 法治评估的量与质［J］. 宏观质量研究，2016（2）：94-101.

的亲身体验，从而公众满意度评价的意义将大打折扣。① 背后涉及主观评价与客观评价一致性问题。斯蒂帕克认为，公众满意度能否作为有效的衡量标准取决于它是否全面反映了服务质量。只有当政府服务质量特别好或特别差的时候，公众才变得敏感，加之公众对服务的偏好和期望的复杂性，高的主观评价并不意味着高的服务质量，民意调查无法排除其他与服务无关的因素对公众主观评价的干扰。因此，满意度评价本身存在"系统性误差"，② 对依法行政考评中满意度测量也是如此。实际上，社会公众对政府了解有限，心理感受往往基于印象判断，甚至可能因为评议者某一次的不愉快经历体验，导致以偏概全。同时，依法行政具有较强的专业性，如在行政立法、决策、执法等方面，严格的程序规范和技术要求与公众感知存在距离，严格而言，公众很难具备对这些内容评判的手段和能力，换言之意度测量的广泛性、大众化与依法行政的专业性形成内在矛盾。

由此，我们必须要理性地对待评价和量化指数，明确实施法治（政府）评价，并非因为法治指数量化评估能够解决一切问题，而主要在于它具有把握当前状况、发现短板与潜在问题的能力。③ 对于法治量化评价而言，不能只迷恋最后的分数值，因为它本身受到指标体系、评价方式方法等多种因素的影响，分值高在一定程度上可以反映一个地区的法治政府建设水平，但这并不意味着"分数越高，法治化水平也越高"。事实上，不同地区的经济发展水平、法治意识等的差异，单靠一个数字不能反映什么。隐含在这个数字背后的法治问题才是法治量化评价的内在价值，即法治政府建设和建成的合法性价值。简单地说，法治政府建设不仅具有政府职能的建设完善任务，更有价值目标追求，而价值的不可量化性，要求我们必须全面审视法治评价，具体到实践中就是依法行政考评及其社会评议的影响因素，完善考评技术方案，进一步推进考评的科学性、有效性，发挥"以评促建"的效用。

---

① National Center for Public Productivity, Rutgers University. Citizen-Driven Government Performance: Case Studies and Curricular Resources [PDF]. (2003-08-15).

② Brian Stipak. Citizen satisfaction with urban services: potential misuse as a performance indicator [J]. Public Administration Review, 1979, 39 (1), pp. 46-52.

③ 周尚君, 彭浩. 可量化的正义: 地方法治指数评估体系研究报告 [J]. 法学评论, 2014 (2): 117-128.

就本书而言，以依法行政考评社会评议为切入点，以结果和公众满意为导向，试图从公众满意度评价与专家评议的途径，探索二者的互补互证，以体现评议的价值理性和工具理性。理论上，这是可行的方案。尤其是通过社会评价的方式，架起民意与法治政府建设的桥梁，施加对政府的影响，使之成了一种最可规执行的公民政治参与方式。① 但是，实践中还会遇到诸多问题。本书虽然对这些问题尝试进行了论述，但未能更深入加以剖析，这是本研究遗憾之处，留待以后深入分析。

---

① 唐昊.《绩效红皮书》是有益的社会评价体系［N］.羊城晚报，2007-11-14（A2）.

参 考 文 献

（一）英文文献

［1］ Percy, S. L. "In Defense of Citizen Evaluations as Performance Measures," Urban Affairs Review, 1986, 22 (1).

［2］ Brudney, J. L. &England, R. E. "Urban Policy Making and Subjective Service Evaluations: Are They Compatible?" Public Administration Review, 1982, 42 (2).

［3］ BAKER G. Distortion and Risk in Optimal Incentive Contracts ［J］. Journal of Human Resources, 2002, 37 (4): 728-751.

［4］ Brian Stipak. Citizen satisfaction with urban services: potential misuse as a performance indicator ［J］. Public Administration Review, 1979, 39 (1): 46-52.

［5］ Karin Brown, Philip B. Coulter. Subjective and objective measures of police service delivery ［J］. Public Administration Review, 1983, 43 (1): 50-58.

［6］ Greet Bouckaert, Steven van de Walle. Comparing measures of citizen trust and user satisfaction as indicators of "good governance": difficulties in linking trust and satisfaction indicators ［J］. International review of administrative sciences, 2004, 69 (3): 329-343.

［7］ National Center for Public Productivity, Rutgers University. Citizen -Driven Government Performance: Case Studies and Curricular Resources ［PDF］. (2003-08-15).

［8］ VAN RYZIN G, STEPHEN I. Measuring Street Cleanliness: A Comparison of

224

New York City's Scorecard and Results from a Citizen Survey [J]. Public Administration Review, 2008, 68 (2).

[9] Amartya Sen. Choice, Welfare and Measurement [M]. Harvard University Press, 1997, pp. 276-314.

[10] Andrews, F. M. & S. R. Withey. Social Indicators of Well-Being [M]. Plenum Press, 1976, pp. 164-171.

[11] Brian Stipak. Citizen satisfaction with urban services: potential misuse as a performance indicator [J]. Public Administration Review, 1979, 39 (1) : 46-52.

[12] Bruni, L. & P. L. Porta. Economics and Happiness: Framing the Analysis [M]. Oxford University Press, 2005.

[13] Easterlin R. Does Economic Growth Improve the Human Lot? [M] // PAUL A. et al. Nations and Households in Economic Growth: Essays in Honor of Moses Abramovitz. New York: Academic Press, 1974.

[14] Easterlin, R. Explaining Happiness [A]. Proceedings of the National Academy of Science, 2003, 100 (19): 11176-11183.

[15] Easterlin. Does Economic Growth Improve the Human Lot? [A]. in Paul A. David, Melvin W. Reder et al. Nations and Households in Economic Growth: Essays in Honor of Moses Abramovitz [C]. New York: Academic Press, 1974.

[16] Federal Consulting Group. ACSI and Its Value in Measuring Customer Satisfaction [R]. Washington, D. C, April 2001.

[17] Frank, R. H. The Demand for Unobservable and Other Nonpositional Goods [J]. American Economic Review, 1985, 75 (1): 101-116.

[18] Inglehart, R. Culture Shift in Advanced Industrial Society [M]. Princeton, NJ: Princeton University Press, 1990.

[19] Keyes, C. L. M. Social well-being [J]. Social Psychology Quarterly, 1998, 61 (1): 121-140.

[20] Nannestad P. & M. Paldam. The VP-function: a Survey of the Literature on Vote and Popularity Functions after 25 Years [J]. Public Choice, 1994, 79

(1): 213-245.

[21] Neugarten B. L. , Havighurst R. J. , Tobin S. The Measurement of Life Satisfaction [J]. JNorman M. Bradburn, David Caplovitz. Reports on Happiness: A Pilot Study of Behavior Related to Mental Health [M]. Aldine Pub. Co. , 1965, pp. 66-78.

[22] Richard Kammann, Ross Flett. The Structure and Measurement of Psychological Well-being: A Report to the New Zealand Social Sciences Research Fund Committee [D]. Department of Psychology, University of Otago, 1986.

[23] Ryff, C. Happiness is Everything, or is it? Explorations on the Meaning of Psychological Well-being [J]. Journal of Personality and Social Psychology, 1989, 57 (1): 1069-1081.

[24] Simon Kuznets. Modern Economic Growth: Findings and Reflections [J]. American Economic Review, American Economic Association, 1973, 63 (3): 287.

[25] Vanessa A. Baird & Debra Javeline. The Effects of National and Local Funding on Judicial Performance: Perceptions of Russia's Lawyers [J]. Law & Society Review, 2010, 44 (2), pp. 331-364.

[26] Veenhoven R. Developments in Satisfaction-Research [J]. Social Indicators Research, 1996, 37 (1): 1-46.

[27] Dardozo, Richard N. An Experimental Study of Consumer Effort, Expectation, and Satisfaction [J]. Journal of Marketing Research, 1965 (8).

[28] Westbrook, R. A. and R. L. Oliver. The Dimensionality of Consumption Emotion Patterns and Consumer Satisfaction [J]. Journal of Consumer Research, 1991 (18).

[29] MORI. Understanding Satisfaction: customer attitudes to public services. A research study conducted for the Cabinet Office, 2001 (4).

[30] David G. , D. W Straub, M. C. Boudreau. Structural Equation Modeling Techniques and Regression: Guidelines for Research Practice, Communications of AIS, 2000 (3).

[31] Federal Consulting Group. The American Customer Satisfaction Index（ACSI）and its Value in Measuring Customer Satisfaction. Washington DC，April，2001.

[32] "The New Public Service：Putting Democracy First". Denhardt，Robert B，Denhardt. Janet V. National Civic Review，2001.

（二）外文译著

[1] ［古希腊］亚里士多德著，颜一，秦典华译. 政治学［M］. 北京：中国人民大学出版社，2003.

[2] ［美］戈登塔洛克著，柏克等译. 官僚体制的政治［M］. 北京：商务印书馆，2010.

[3] ［美］珍妮特·V. 登哈特，［美］罗伯特·B. 登哈特著，丁煌译. 新公共服务：服务，而不是掌舵［M］. 北京：中国人民大学出版社，2016.

[4] ［美］约翰·克莱顿·托马斯著，孙柏瑛等译. 公共决策中的公民参与［M］. 北京：中国人民大学出版社，2010.

[5] ［美］E·奥登海默著，邓正来译. 法理学：法律哲学与法律方法［M］. 北京：中国政府大学出版社，2004.

[6] ［美］戴维·奥斯本·盖布勒著，周敦仁等译. 改革政府：企业家精神如何改革着公共部门［M］. 上海：上海译文出版社，2006.

[7] ［美］布雷恩·Z. 塔玛纳哈著，李桂林译. 论法治——历史、政治和理论［M］. 武汉：武汉大学出版社，2010.

[8] ［英］威廉·韦德著，楚建译. 行政法［M］. 北京：中国大百科全书出版社，1997.

[9] ［英］约翰·洛克著，杨思派译. 政府论［M］. 南昌：江西教育出版社，2014.

[10] ［法］卢梭著，李平沤译. 社会契约论［M］. 北京：商务出版社，2011.

[11] ［德］韦伯著，钱永祥等译. 学术与政治［M］. 桂林：广西师范大学出版社，2010.

[12] ［美］罗森布鲁姆，［美］克拉夫丘克著，张成福等校译. 公共行政学：管理、政治和法律的途径（第五版）［M］. 北京：中国人民大学出版社出版，

2002.

[13] ［美］彼得·德鲁克著，齐若兰译．管理的实践（珍藏版）［M］．北京：机械工业出版社，2009.

[14] ［美］B. 盖伊·彼得斯著，吴爱明等译．政府未来的治理模式［M］．北京：中国人民大学出版社，2001.

[15] ［美］乔·萨托利著，冯克利，阎克文译．民主新论［M］．北京：东方出版社，1998.

[16] ［美］亨廷顿著，［美］纳尔逊著，汪晓寿，吴志华译．难以抉择——发展中国家的政治参与［M］．北京：华夏出版社，1989.

[17] ［美］戴维·H. 罗森布鲁姆，［美］罗伯特·S·克拉夫丘克著，张成福等校译．公共行政学：管理、政治和法律的途径（第五版）［M］．北京：中国人民大学出版社，2002.

[18] ［美］富勒著，郑戈译．法律的道德性［M］．商务印书馆，2005.

（三）中文著作

[1] 李步云．论法治［M］．社会科学文献出版社，2008.

[2] 王浦劬．政治学基础［M］．北京：北京大学出版社，1995.

[3] 钱弘道等．法治评估的实验——余杭案例［M］．北京：法律出版社，2013.

[4] 朱旭峰．政策变迁中的专家参与［M］．北京：中国人民大学出版社，2012.

[5] 张明杰．开放的政府［M］．北京：中国政法大学出版社，2003.

[6] 陈天祥．政府绩效评估与管理：政治、过程与技术［M］．广州：中山大学出版社，2015.

[7] 方世荣等．"参与式行政"的政府与公众关系［M］．北京：北京大学出版社，2013.

[8] 董礼胜．西方公共行政学理论评析：工具理性与价值理性的分野与整合［M］．北京：社会科学文献出版社，2015.

[9] 杨立华．专家学者参与型治理：荒漠化及其他集体行动困境问题解决的新模型［M］．北京：北京大学出版社，2015.

[10] 黄俊尧．政府绩效评价、公众参与与官僚自主性：控制官僚的一项杭州实

践［M］. 北京：中国社会科学出版社，2014.

［11］朱伟. 民意、知识与权力：政策制定过程中公众、专家与政府的互动模式研究［M］. 南京：南京大学出版社，2014.

［12］芦刚. 地方政府绩效评估中的公民参与：制度、方法与战略［M］. 北京：中国社会科学出版社，2014.

［13］陈舒. 民主法治与公民参与［M］. 广州：广州出版社，2014.

［14］朱国玮，郑培. 服务型政府公众满意度测评理论与实践［M］. 北京：科学出版社，2010.

［15］邓国胜，肖明超. 群众评议政府绩效：理论、方法与实践［M］. 北京：北京大学出版社，2006.

［16］刘武. 公共服务接受者满意度指数模型研究［M］. 沈阳：东北大学出版社，2014.

［17］杨道田. 公民满意度指数模型研究［M］. 北京：经济管理出版社，2011.

［18］马怀德. 全面推进依法行政的法律问题研究［M］. 北京：中国法制出版社，2014.

［19］郑方辉，冯健鹏. 法治政府绩效评价［M］. 北京：新华出版社，2014.

［20］廖鹏洲，罗骁. 法治政府绩效评价实证研究［M］. 北京：新华出版社，2016.

［21］陈晋胜，程广安. 依法行政效益研究［M］. 北京：知识产权出版社，2010.

［22］应松年，宋功德. 依法行政的理论与实践［M］. 北京：国家行政学院出版社，2011.

［23］周实. 行政评价法制度研究［M］. 沈阳：东北大学出版社，2008.

［24］金国坤. 依法行政环境研究［M］. 北京：北京大学出版社，2003.

［25］秦德君. 执政绩效探微：战略、评估及设计［M］. 上海：上海人民出版社，2006.

［26］张渝田. 建设法治政府机制研究［M］. 北京：法律出版社，2011.

［27］宋功德. 建设法治政府的理论基础与制度安排［M］. 北京：国家行政学院出版社，2008.

［28］宋大涵. 建设法治政府总蓝图［M］. 北京：中国法制出版社，2016.

［29］焦洪昌．宪法制度与法治政府［M］．北京：北京大学出版社，2008.

［30］姚锐敏．依法行政的理论与实践［M］．北京：法律出版社，2000.

［31］张文显．法治与法治国家［M］．北京：法律出版社，2011.

［32］北京市推进依法行政工作领导小组．北京市全面推进依法行政工作情况报告（2004-2013）［M］．北京：中国法制出版社，2015.

［33］李新．四川法治政府建设蓝皮书（2015）［M］．北京：法律出版社，2015.

［34］上海市人民政府法制办公室．上海市依法行政状况白皮书［M］．上海：上海人民出版社，2016.

［35］李林，田禾．中国法治发展报告（2013）［M］．北京：社会科学文献出版社，2013.

［36］郑方辉，张文方，李文彬．中国地方政府整体绩效评价：理论方法与"广东试验"［M］．北京：中国经济出版社，2008.

［37］倪星．中国地方政府绩效评估创新研究［M］．北京：人民出版社，2013.

［38］国质监总局质量管理司，清华大学中国企业研究中心，中国顾客满意指数指南［M］．北京：中国编制出版社，2003.

［39］周志忍．政府绩效评价中的公民参与［M］．北京：人民出版社，2015.

［40］范柏乃，段忠贤．政府绩效评估［M］．北京：中国人民大学出版社，2012.

［41］卓越．政府绩效管理导论［M］．北京：清华大学出版社，2006.

［42］周黎安．转型中的地方政府：官员激励与治理［M］．上海：格致出版社，2008：89-101.

［43］李卫华．公众参与对行政法的挑战和影响［M］．上海：上海人民出版社，2014.

［44］芦刚．地方政府绩效评估中的公民参与：制度、方法与战略［M］．北京：中国社会科学出版社，2014.

［45］凌斌．法治的中国道路［M］．北京：北京大学出版社，2013.

［46］王巍，牛美丽．公民参与［M］．北京：中国人民大学出版社，2009.

［47］王锡锌．公众参与和中国新公共运动的兴起［M］．北京：中国法制出版社，2008.

［48］王立京．中国公民参与制度化研究［M］．武汉：武汉大学出版社，2011.

［49］应松年. 行政法与行政诉讼法（上、下）［M］. 北京：中国法制出版社，2009.

［50］应松年. 英美法德日五国行政法［M］. 北京：中国政府大学出版社，2015.

［51］王连昌. 行政法学［M］. 北京：中国政法大学出版社，1997.

［52］应松年. 行政法学新论［M］. 北京：中国方正出版社，1998.

［53］王名扬. 法国行政法［M］. 北京：中国政法大学出版社，1989.

［54］王名扬. 美国行政法［M］. 北京：中国政法大学出版社，1989.

［55］姜明安. 行政法和行政诉讼法［M］. 北京：高等教育出版社、北京大学出版社，1999.

［56］肖金明. 法治行政的逻辑［M］. 北京：中国政法大学出版社，2004.

［57］季卫东. 通往法治的道路：社会的多元化与权威体系［M］. 北京：法律出版社，2014.

［58］张千帆. 宪法学导论——原理与应用（第三版）［M］. 北京：法律出版社，2014.

［59］王人博，程燎原. 法治论［M］. 桂林：广西师范大学出版社，2014.

（四）学位论文

［1］何志强. 法治政府绩效评价指标体系研究［D］. 华南理工大学，2016.

［2］周雨.《政府信息公开条例》绩效评价实证研究——以省级政府及国务院部门为例［D］. 华南理工大学，2015.

［3］陈磊. 法治政府绩效评价中的公众满意度研究——以广西为例［D］. 华南理工大学，2017.

［4］刘燕. 电子政务公众满意度测评理论、方法及应用研究［D］. 国防科技大学，2006.

［5］付景涛. 政府绩效评估中的政治和技术［D］. 中山大学，2011.

［6］曹惠民. 地方政府治理型绩效评价中的公民参与研究［D］. 兰州大学，2013.

［7］张杰. 我国公共服务创新中公民参与的价值及路径研究［D］. 吉林大学，2009.

[8] 杨虹昱．依法行政考核制度研究［D］．天津师范大学，2013.

[9] 王珊．依法行政考核指标体系的构建［D］．广西师范大学，2012.

[10] 黄晓芹．行政执法评议考核制度探究［D］．西南政法大学，2010.

[11] 王蔚臆．行政执法绩效评估制度研究［D］．山西大学，2007.

[12] 范伟．县级政府依法行政考核问题研究［D］．华中师范大学，2014.

[13] 李海鹏．县级政府依法行政动力研究［D］．华中师范大学，2013.

[14] 刘燕．电子政务公众满意度测评理论：方法与应用研究［D］．国防科技大学，2006.

[15] 刘岚芳．基于民主满意度的社会发展评价研究［D］．首都经济贸易大学，2006.

[16] 邹凯．社区服务公众满意度测评理论、方法和应用研究［D］．国防科技大学，2008.

[17] 谢尚果．民族自治地方依法行政问题研究［D］．中央民族大学，2006.

[18] 李小芳．论依法行政［D］．郑州大学，2004.

[19] 姚延松．论依法行政［D］．郑州大学，2010：2.

[20] 陆攀．论中国法治政府建设［D］．合肥工业大学，2006.

[21] 董幼鸿．我国地方政府政策评估制度化建设研究［D］．东北师范大学，2008.

[22] 杨方圆．中国特色社主主义法治政府建设研究［D］．东北师范大学，2016.

[23] 肖凤娇．法治政府建设的"中国特色"研究［D］．河南师范大学，2017.

[24] 樊实秋．中国特色社会主义法治政府建设研究［D］．四川师范大学，2016.

（五）期刊（报纸）论文

[1] 吴家清．法治中国建设的战略构想［J］．江西社会科学，2014（8）.

[2] 吴家清．国家与社会：法治的价值选择［J］．法律科学，1999（2）.

[3] 郑方辉，陈磊．法治政府绩效评价：可量化的正义和不可量化的价值［J］．行政论坛，2017（2）.

[4] 郑方辉，尚虎平．中国法治政府建设进程中的政府绩效评价［J］．中国社会科学，2016（1）.

[5] 郑方辉，邱佛梅．法治政府绩效评价：目标定位与指标体系［J］．政治学研究，2016（2）．

[6] 郑方辉，卢扬帆．法治政府建设及其绩效评价体系［J］．中国行政管理，2014（6）．

[7] 郑方辉，罗骁．法治社会第三方评价：体系、实证与审视［J］．理论探讨，2018（3）．

[8] 钱弘道等．法治评估及其中国应用［J］．中国社会科学，2012（4）．

[9] 钱弘道，王朝霞．论中国法治评估的转型［J］．中国社会科学，2015（5）．

[10] 钱弘道，杜维超．法治评估模式辨异［J］．法学研究，2015（6）．

[11] 王朝霞．法治评估的量与质［J］．宏观质量研究，2016（2）．

[12] 石佑启，李锦辉．法治指数背后的价值哲学之争［J］．哲学研究，2015（8）．

[13] 王锡锌．公众参与和中国法治变革的动力模式［J］．法学家，2008（6）．

[14] 王锡锌，章永乐．我国行政决策模式之转型——从管理主义模式到参与式治理模式［J］．法商研究，2010（5）．

[15] 王锡锌．依法行政的合法化逻辑及其现实情境［J］．中国法学，2008（5）．

[16] 王锡锌．公众参与、专业知识与政府绩效评估——探寻政府绩效评估模式的一个分析框架［J］．法制与社会发展，2008（6）．

[17] 王锡锌，章永乐．专家、大众与知识的运用——行政规则制定过程的一个分析框架［J］．中国社会科学，2003（3）．

[18] 马怀德．法治政府特征及建设途径［J］．国家行政学院学报，2008（2）．

[19] 马怀德．法律实施有赖于"法治GDP"的建立［J］．人民论坛，2011（29）．

[20] 申欣旺，马怀德．"法治GDP"：新的政绩观［J］．浙江人大，2008（4）．

[21] 袁曙宏．构建中国法治政府指标体系［J］．中国法律，2007（2）．

[22] 袁曙宏．关于构建我国法治政府指标体系的设想［J］．国家行政学院学报，2006（4）．

[23] 朱景文．论法治评估的类型化［J］．中国社会科学，2015（7）．

[24] 朱景文．中国法治评估指标体系及总体状况分析［J］．人民论坛·学术前

沿，2018（4）．

[25] 朱景文．法治的可比性及其评估［J］．法制与社会发展，2014（5）．

[26] 朱景文．如何开展科学的法治评估［J］．中国党政干部论坛，2016（1）．

[27] 付子堂．地方法治建设及其评估机制探析［J］．中国社会科学，2014
（11）．

[28] 陈磊．法治政府绩效满意度实证研究——基于2014年广西的抽样调查
［J］．学术论坛，2016（5）．

[29] 陈磊，林婧庭．法治政府绩效评价：主客观指标的互补互证［J］．中国行
政管理，2016（6）．

[30] 陈磊，廖逸儿．提升法治政府绩效满意度的思路建议［J］．中国行政管理，
2017（12）．

[31] 尹奎杰．法治评估绩效主义逻辑的反思与重构［J］．社会科学战线，2018
（2）．

[32] 尹奎杰．我国法治评估“地方化”的理论反思［J］．东北师大学报（哲学
社会科学版），2016（6）．

[33] 尹奎杰．法治评估体系的“能”与“不能”［J］．长白学刊，2014（2）．

[34] 杨小军，陈庆云．法治政府第三方评估问题研究［J］．学习论坛，2014
（12）．

[35] 杨小军．论法治政府新要求［J］．行政法学研究，2014（1）．

[36] 杨小军．法治政府指标体系建设的理论思考［J］．国家行政学院学报，
2014（1）．

[37] 杨小军，陈建科．完善法治政府指标体系研究［J］．理论探讨，2013（6）．

[38] 屈茂辉，匡凯．社会指标运动中法治评价的演进［J］．环球法律评论，
2013（3）．

[39] 刘旺洪．论法治政府的标准［J］．政法论坛，2005（11）．

[40] 刘旺洪．法治政府的基本理念［J］．南京师大学报（社会科学版），2006
（7）．

[41] 高全喜．“法治中国”及其指标评估的“后发国家”视角［J］．学海，

2015（3）.

[42] 孙洪敏．将依法行政纳入政府绩效管理［J］．南京社会科学，2015（1）.

[43] 陈书笋．行政执法绩效评估指标研究［J］．社会科学，2014（3）.

[44] 李朝．自省与构建：当代中国法治评估问题的若干检讨［J］．宏观质量研究，2015（3）.

[45] 李朝量．化评估中的"法治概念"与"概念化"［J］．河北法学，2017（5）.

[46] 黄涧秋．国务院《纲要》框架下的依法行政考核［J］．中共南京市委党校学报，2014（4）.

[47] 燕继荣，程熙．从"依法行政"到"法治政府"——对国务院法治政策及其执行状况的考察［J］．北京行政学院学报，2013（5）.

[48] 杜飞进．论法治政府的标准［J］．学习与探索，2013（1）.

[49] 陈林林．法治指数中的认真与戏谑［J］．浙江社会科学，2013（6）.

[50] 张德淼，李朝．中国法治评估进路之选择［J］．法商研究，2014（4）.

[51] 张德淼，康兰平．法治评估的实践困局及其破解——以哈耶克进化论理性主义法治思想为理论参照［J］．青海社会科学，2017（1）.

[52] 张德淼．法治评估的实践反思与理论建构——以中国法治评估指标体系的本土化建设为进路［J］．法学评论，2016（1）.

[53] 卢扬帆．法治政府绩效评价内容及指标设计［J］．甘肃政法学院学报，2016（3）.

[54] 姚建宗，侯学宾．中国"法治大跃进"批判［J］．法律科学，2016（4）.

[55] 姚建宗．中国特色社会主义法治理论的一种思想样态［J］．学习与探索，2015（5）.

[56] 戢浩飞．量化法治的困境与反思［J］．天津行政学院学报，2014（4）.

[57] 陈柳裕．法治政府建设指标体系的"袁氏模式"：样态、异化及其反思［J］．浙江社会科学，2013（12）.

[58] 孟涛．论法治评估的三种类型——法治评估的一个比较视角［J］．法学家，2015（3）.

[59] 孟涛．法治的量化——世界正义工程法治指数研究［J］政治与法律，2015（5）.

[60] 孟涛. 法治指数的建构逻辑：世界法治指数分析及其借鉴 [J]. 江苏行政学院学报，2015 (1).

[61] 孟涛，江照. 中国法治评估的再评估——以余杭法治指数和全国法治政府评估为样本 [J]. 江苏行政学院学报，2017 (7).

[62] 黄辉. 法治评估的范畴：内涵、价值和类型 [J]. 江西社会科学，2018 (4).

[63] 郑端端. 把法治考核"指挥棒"落到实处 [J]. 领导科学，2017 (27).

[64] 康兰平. 表征与建构：量化法治评估的方法论之争及其实践走向 [J]. 理论与改革，2018 (1).

[65] 康兰平. 法治评估的开放空间：理论回应、实践样态与未来转型 [J]. 甘肃政法学院学报，2016 (6).

[66] 李昌庚. 中国法治评估的困惑与出路 [J]. 学海，2018 (1).

[67] 刘爱龙. 我国区域法治绩效评估体系建构运行的特征、困境和出路 [J]. 法学评论，2016 (6).

[68] 赵盛阳. 构建地方法治指数的理论阐释 [J]. 学术交流，2018 (2).

[69] 曾明. 法治政府的目标体系及建构路径 [J]. 吉首大学学报（社会科学版），2018 (3).

[70] 周尚君，彭浩. 可量化的正义：地方法治指数评估体系研究报告 [J]. 法学评论，2014 (2).

[71] 侯学斌，姚建宗. 中国法治指数设计的思想维度 [J]. 法律科学，2013 (5).

[72] 王敬波. 我国法治政府建设地区差异的定量分析 [J]. 法学研究，2017 (5).

[73] 刘芝澄. 略论法治政府与法治社会的互动关系 [J]. 中共福建省委党校学报，2016 (12).

[74] 李坤轩. 法治政府建设的问题反思与解决之道 [J]. 人民论坛，2016 (33).

[75] 邱成梁，李志强．迈向实践立场的法治评估指标体系及其方法论［J］．山东社会科学，2017（8）．

[76] 鲁楠．世界法治指数的缘起与流变［J］．环球法律评论，2014（4）．

[77] 张保生．世界法治指数对中国法治评估的借鉴意义［J］．法制与社会发展，2013（6）．

[78] 游腾飞，高奇琦．法治指数的全球经验与本土化构建［J］．学习与探索，2016（10）．

[79] 汪全胜，黄松兰．我国法治指数设立的规范化考察［J］．理论学刊，2015（5）．

[80] 汪全胜．法治指数的中国引入：问题及可能进路［J］．政治与法律，2015（5）．

[81] 裴蕾．世界正义工程法治指数的实践启示［J］．特区实践与理论，2015（2）．

[82] 张琼．法治评估的技术路径与价值偏差——从对"世界正义工程"法治指数的审视切入［J］．环球法律评论，2018（3）．

[83] 王裕根．WGI法治指数的评估程序与经验审视［J］．宏观质量研究，2016（12）．

[84] 王裕根．法治评估的另一种路径：来自WGI法治指数的启示［J］．时代法学，2016（12）．

[85] 李楠楠，赵秋雁．法治中国视域下的法治建设指标体系研究［J］．北京师范大学学报（社会科学版），2015（2）．

[86] 冯建鹏．"法治政府"的主观面向——以广东省青年人群社会调查为例［J］．浙江学刊，2017（5）．

[87] 刘艺．评估法治政府的几个标准［J］．领导科学，2017（6）．

[88] 孙洪敏．将依法行政纳入政府绩效管理［J］．南京社会科学，2015（1）．

[89] 沈霞．公民参与视阈下依法行政的合意性与主导逻辑［J］．甘肃社会科学，2015（1）．

[90] 杨寅，陈琦．法治评估指标体系的编撰与操作——以上海市静安区依法治

区评估指标体系（2015）为例［J］. 行政法学研究, 2015 (6).

[91] 易卫中. 地方法治建设评价体系实证分析——以余杭、昆明两地为例［J］. 政治与法律, 2015 (5).

[92] 张渝田, 陈楣. 四川省依法行政第三方评估机制研究［J］. 决策咨询, 2015 (6).

[93] 韩旭, 钟凯. 地方法治量化评估若干理论与实践问题研究——以 S 省依法行政第三方评估为例［J］. 河南大学学报（社会科学版）, 2016 (2).

[94] 朱未易. 地方法治建设绩效测评体系构建的实践性探索——以余杭、成都和香港等地区法治建设为例的分析［J］. 政治与法律, 2011 (1).

[95] 章友德, 张伟. 论依法行政的评估主体选择［J］. 甘肃联合大学学报（社会科学版）, 2010 (2).

[96] 吴涛, 梁宁. 浅析依法行政评估主体的选择［J］. 四川行政学院学报, 2015 (3).

[97] 林鸿潮. 第三方评估政府法治绩效的优势、难点与实现途径——以对社会矛盾化解和行政纠纷解决的评估为例［J］. 中国政法大学学报, 2014 (4).

[98] 张玲. 第三方法治评估场域及其实践逻辑［J］. 法律科学, 2016 (5).

[99] 曾莉. 公众主观评价的影响因素研究述评——兼谈参与式政府绩效评价的进路［J］. 华东理工大学学报（社会科学版）, 2013 (1).

[100] 曾莉. 公共服务绩效主客观评价的一致性论争：来自不同的声音［J］. 东南学术, 2013 (1).

[101] 付景涛, 曾莉. 对主观型政府绩效评估结果的统计分析——以珠海市"万人评议政府"为个案［J］. 学术论坛, 2010 (2).

[102] 刘宇. 顾客满意度测评方法的研究［J］. 数量经济技术经济研究, 2001 (2).

[103] 刘宇. 顾客满意指数及其构造［J］. 统计与精算, 2001 (6).

[104] 周志忍. 论政府绩效评估中主客观指标的合理平衡［J］. 行政论坛, 2015 (3).

[105] 周志忍. 政府绩效评估中的公民参与：我国的实践历程与前景［J］. 中国

行政管理，2008（1）.

[106] 徐艳晴，周志忍. 公民满意度数据失真现象考察：信任赤字、博弈策略、理论意涵［J］. 公共行政评论，2014（6）.

[107] 马凯. 关于建设中国特色社会主义法治政府的几个问题［J］. 国家行政学院学报，2011（5）.

[108] 马凯. 加快建设中国特色社会主义法治政府［J］. 求是，2012（1）.

[109] 公丕祥. 当代中国法治发展道路的内在逻辑［J］. 江海学刊，2015（5）.

[110] 公丕祥. 习近平法治思想述要［J］. 法律科学，2015（5）.

[111] 公丕祥. 中国特色社会主义法治的鲜明特点及其理论逻辑［J］. 南京社会科学，2015（3）.

[112] 蒋立山. 中国法治道路初探（上）［J］. 中外法学，1998（3）.

[113] 蒋立山. 中国法治道路初探（上）［J］. 中外法学，1998（4）.

[114] 蒋立山. 中国当前法治指数设计的理论问题［J］. 法学家，2014（1）.

[115] 张文显. 论中国特色社会主义法治道路［J］. 中国法学，2009（6）.

[116] 张文显. 治国理政的法治理念和法治思维［J］. 中国社会科学，2017（4）.

[117] 张文显. 新时代全面依法治国的思想、方略和实践［J］. 中国法学，2017（6）.

[118] 周叶中. 关于中国特色社会主义法治道路的几点认识［J］. 法制与社会发展，2009（6）.

[119] 葛洪义. 法治建设的中国道路——自地方法制视角的观察［J］. 中国法学，2010（2）.

[120] 张恒山. 中国特色社会主义法治建设的理论基础［J］. 法制与社会发展，2016（1）.

[121] 邵晏生，张恒山. 走中国特色社会主义法治道路——论习近平法治思想［J］. 理论视野，2018（4）.

[122] 何勤华. 论中国特色社会主义法治道路［J］. 法制与社会发展，2015（3）.

[123] 张楠. 从法治的价值内涵看政府推进型法治之路 [J]. 政法论丛，2001 (6).

[124] 罗豪才. 行政法学与依法行政 [J]. 国家行政学院学报，2000 (1).

[125] 姜涛. 法治中国建设的社会主义立场 [J]. 法律科学，2017 (1).

[126] 文宏，赫郑飞. 建设依法行政体制与法治政府的生成轨迹 [J]. 中国行政管理，2016 (2).

[127] 莫于川. 法治政府建设的理念与品格——学习法治政府建设实施纲要 [J]. 中国特色社会主义研究，2016 (1).

[128] 贾海薇，周志忍. 论政府自我革命的理论依据、变革路径与设计原则——基于依法行政的视角 [J]. 行政论坛，2016 (5).

[129] 安蓉泉，朱晓明，黄俊尧. 提高依法行政和行政效能统一性问题研究 [J]. 国家行政学院学报，2005 (5).

[130] 蔡爱平. 公务员依法行政能力建设初探 [J]. 学术探索，2004 (11).

[131] 关保英. 公民法律素质的测评指标研究 [J]. 比较法研究，2011 (1).

[132] 应松年. 依法行政论纲 [J]. 中国法学，1997 (1).

[133] 应松年. 从依法行政到建设法治政府 [N]. 人民日报，2016-08-31 (07).

[134] 伍梅. 和谐社会视野中依法行政的法理思考 [J]. 云南行政学院学报，2007 (4).

[135] 姜明安. 中国行政法治发展进程回顾——经验与教训 [J]. 政法论坛，2005 (5).

[136] 姜明安. 论新时代中国特色法治政府建设 [J]. 北京大学学报（哲学社会科学版），2018 (1).

[137] 郭济. 建设法治政府——中国近十年来依法行政回顾和展望 [J]. 中国行政管理，2006 (1).

[138] 宋才发. 依法行政是依法治国的难点和关键 [J]. 社会主义研究，2000 (1).

[139] 杨宝国. 依法行政理念的升华 [J]. 长白学刊，2010 (5).

[140] 申锦莲. 依法行政：工具理性及其超越 [J]. 长白学刊，2008 (5).

[141] 李琳. 依法行政是建设法治国家的"关键一步" [J]. 人民论坛，2017 (04).

［142］姚锐敏，王杰．县级政府依法行政的动力分析［J］．中州学刊，2016
（10）．

［143］姜明安．法治政府建设的四个关键点［J］．人民论坛，2018（13）．

［144］李俊利．"互联网+"背景下法治政府建设路径探究［J］．领导科学，
2017（32）．

［145］王利明．新时代中国法治建设的基本问题［J］．中国社会科学，2018
（1）．

［146］曾明．法治政府的目标体系及建构路径——学习习近平总书记关于法治政
府建设的重要论述［J］．吉首大学学报（社会科学版），2018（3）．

［147］李桂红，龙海燕．"法治GDP"观念的确立及其制度完善——以北京等地
依法行政考核办法为分析样本［J］．福建行政学院学报，2012（6）．

［148］课题组．北京市依法行政考核评价指标体系研究报告［J］．行政法学研
究，2009（1）．

［149］黄思铭，王汉水．地方政府依法行政考核评价指标体系研究［J］．昆明理
工大学学报·社科（法学）版，2008（9）．

［150］王凯伟，周波．基于模糊综合评价法的地方政府依法行政监督实施效果评
估［J］．中国行政管理，2011（6）．

［151］彭辉，史建三．上海市依法行政综合评估体系研究［J］．山西高等学校社
会科学学报，2005（9）．

［152］王琳雯．论法治政府建设中的公民参与权［J］．长江大学学报（社会科学
版），2013（11）．

［153］邓佑文．论公众行政参与权的权力性［J］．政治与法律，2015（10）．

［154］邓佑文．论行政参与权保障与救济制度的完善［J］．理论学刊，2012
（3）．

［155］宋煜萍．权重结构：公众参与政府绩效评估的核心问题——基于学理与实
践的双重演绎逻辑［J］．理论与改革，2018（2）．

［156］马亮．公众参与的政府绩效评估是否奏效：基于中国部分城市的多层分析

[J]. 经济社会体制比较，2018 (3).

[157] 王磊. 公共行政中的"效率-民主"张力及其社会基础——基于公众参与政府环境绩效评估的分析 [J]. 江淮论坛，2017 (5).

[158] 宁靓，赵立波. 公众参与政府购买公共服务绩效评估指标体系研究 [J]. 中国海洋大学学报（社会科学版），2017 (4).

[159] 王莹，王义保. 公众参与：政府信任提升的动力机制 [J]. 学术论坛，2015 (6).

[160] 柳经纬. 当代中国法治进程中的公众参与 [J]. 华东政法大学学报，2012 (5).

[161] 王雅琴. 法治之下：开放政府与公众参与 [J]. 科学社会主义，2014 (4).

[162] 史春玉，王自亮. 民主二分法视野下我国公众参与经验的政治意义分析 [J]. 浙江学刊，2014 (6).

[163] 张海柱. 知识与政治：公共决策中的专家政治与公众参与 [J]. 浙江社会科学，2013 (4).

[164] 官永彬. 民主与民生：民主参与影响公共服务满意度的实证研究 [J]. 中国经济问题，2015 (2).

[165] 秦晓蕾. 地方政府绩效评估中的有效公民参与：责任与信任的交换正义——以南京市"万人评议机关"15 年演化历程为例 [J]. 中国行政管理，2017 (2).

[166] 宋煜萍. 权重结构：公众参与政府绩效评估的核心问题——基于学理与实践的双重演绎逻辑 [J]. 理论与改革，2018 (3).

[167] 马亮. 公众参与的政府绩效评估是否奏效：基于中国部分城市的多层分析 [J]. 经济社会体制比较，2018 (5).

[168] 岳经纶，刘璐. 公众参与实践差异性研究——以珠三角城市公共服务政策公众评议活动为例 [J]. 武汉大学学报（哲学社会科学版），2018 (3).

[169] 蒋小杰，赵春盛. 县级政府公共服务供给的公众满意度测评——基于云南

省开远市较大样本的实证数据研究［J］. 行政论坛，2013（1）.

［170］胡伟，柳美玲. 服务型政府、公众满意度与民意调查——基于中国 32 个城市公共服务民调的研究［J］. 江苏行政学院学报，2014（1）.

［171］严洁. 公民评价政府绩效的抽样调查设计与可靠性分析——以北京市为例［J］. 四川大学学报（哲学社会科学版），2010（1）.

［172］张康之，向玉琼. 论知识分子及其向技术专家的蜕变［J］. 江苏行政学院学报，2014（2）.

［173］周莉. 专家公信力："嵌入"式信任的发生和运作机制——以食品安全事件为例［J］. 理论与改革，2014（1）.

［174］朱旭峰. 中国社会政策变迁中的专家参与模式研究［J］. 社会学研究，2011（2）.

［175］董石桃. 寻求专业性与政治性的互动及平衡——中美专家参与决策的价值取向［J］. 政治学研究，2017（4）.

［176］陈骥. 五问专家评价［J］. 中国统计，2011（4）.

［177］徐文新. 专家、利益集团与公共参与［J］. 法律科学，2012（3）.

［178］张建. 论法治评估的立场与类型［J］. 常州大学学报（社会科学版），2016（5）.

［179］南剑飞. 试论顾客满意度的内涵、特征、功能及度量［J］. 世界标准化与质量管理，2003（9）.

［180］郭泽保，郭勇清. 公众满意度视域中的政府绩效评估［J］. 广东行政学院学报，2008（2）.

［181］刘玉敏等. 顾客满意测评的质量功能展开方法［J］. 系统工程理论与实践，2004（9）.

［182］吴建南，庄秋爽. 测量公众心中的绩效：顾客满意度指数模型在公共部门的分析应用［J］. 管理评论，2005（5）.

［183］徐友浩，吴延兵. 顾客满意在政府绩效评估中的应用［J］. 天津大学学报（社会科学版），2004（10）.

[184] 朱国玮等. 公共部门公众满意度测评研究 [J]. 理论与改革, 2004 (6).

[185] 陈秋政, 江明修, 陈定铭. 台湾公共服务满意度指标建立之研究与反思 [J]. 公共管理与政策评论, 2013 (2).

附录

2016 年 G 省依法行政考评社会评议实施方案

（根据保密要求，编入本书时对相关内容作了微调）

一、调查说明

（一）调查背景与依据

2015 年 12 月，中共中央、国务院印发《法治政府建设实施纲要（2015—2020 年）》，要求强化考核评价和督促检查，把法治建设成效作为衡量各级领导班子和领导干部工作实绩的重要内容，纳入政绩考核指标体系。

根据《G 省法治政府建设指标体系（试行）》和《G 省依法行政考评办法》的规定，制定本实施方案。

（二）调查目的

本项调查服务于 G 省 2016 年依法行政考评工作。调查的目的是：通过科学方法及手段，针对公众及社会组织对全省地级以上市以及 30 个行政执法任务较重的省直部门的依法行政工作状况开展社会评议，了解评议者的真实感受及结构性特点，评估水平、肯定成绩、发现问题、剖析原因、提出提升公众满意度的对策建议，从而进一步推进依法行政，加快法治政府建设进程，促进"法治政府基本建成"的目标实现。

二、基本理念

从政府、公民、国家关系来看，建设法治政府是社会发展的手段和条件，是实现创新、协调、绿色、开放、共享发展的保障。基于一切为了人民的社会主义制度性质，社会对法治政府建设绩效拥有最终的评价权，即"不论什么样的评价指标，都不如人民满意来得实在"。由此，开展依法行政考评社会评议的核心是对社会公众对政府部门依法行政情况的满意度调查。

考虑到本项调查服务于 G 省依法行政考评，根据考评需求，满意度指标体系对应于客观指标，如表 1。

表 1   **G 省法治政府建设指标体系中的一级指标**

一级指标	制度建设	行政决策	行政执法	政府信息公开	社会矛盾防范和化解	行政监督	依法行政能力建设	依法行政保障
权重（%）	15	10	20	10	10	15	10	10

基于以上，本项评议的满意度调查问卷应对应测量指标体系（指标作为考评的标准），调查问卷设计的原则与思路：

一是以《G 省法治政府建设指标体系（试行）》为依据，围绕建设人民满意政府提出的各项要求，以上年度考评为基础，坚持以问题为导向，考评应能发现问题，突出年度依法行政工作重点工作。

二是考评内容包括：制度建设；行政决策；行政执法；政府信息公开；社会矛盾防范和化解；行政监督；依法行政能力建设；依法行政保障等八个方面。

三是评议者按上述八个方面的指标分别进行评议。每项分很满意、满意、一般、较不满意、很不满意五个等次（分别为 5 分、4 分、3 分、2 分、1 分）。量表亦设"不了解"项（归入无效票），多选、漏选亦为无效票数。

四是问卷可考虑设计 4~6 个背景，以作交互等分析。

三、调查设计与有效样本量

（一）总体思路

遵循"针对问题、符合规范、方便操作、控制误差、高质高量"的原则，基于多元评议主体，多种调查方式，统一规划、培训与控制，分别实施，充分发挥高校的资源优势，数据统计分析的技术优势与后期报告撰写的研究优势。根据多年在全省大样本量的调查经验，考虑到本项调查对样本分布、访问方式等已有严格设定，加上时间紧，对象多，范围广，要求高，项目的核心和难点在于：一是调查问卷设计；二是抽样及实施组织；三是后期对问题与变量界定。在现有条件下，满意度测评涉及的多层面变量中，应侧重于评估水平，兼顾到抱怨与期望。

（二）评价主体及权力

G 省依法行政考评领导小组是考评主题，考评组织工作由领导小组办公室负责，具体以省府法制办为牵头部门，委托第三方实施社会评议。

（三）评价对象

全省地级以上市以及 30 个行政执法任务较重的省直单位，对其依法行政工作状况进行社会评议。

上述被评对象主要包括：一是地级以上市政府（以下简称地方政府）；二是30 个省直单位。

（四）评议主体（公众及社会组织代表）

包括省、市"两代表一委员"，省市大型企业、上市企业及事业单位代表，社会团体代表，省市中小微企业代表，省委、省政府直属部门和机构代表，高等院校及科研机构代表，城镇居民代表，以及在政务服务中心（办事大厅）接受政府服务的行政相对人。

（五）调查内容

针对地方政府和 30 个省直单位围绕《指标体系》规定的制度建设、行政决策、行政执法、政府信息公开、社会矛盾防范和化解、行政监督、依法行政能力建设、依法行政保障等 8 方面设计问卷。

（六）调查方式

本次调查采取两种方式，一是社会满意度调查，二是网络调查。

（七）调查范围及样本分布

社会满意度在全省范围内开展，具体样本量分布如下：

1. 地方政府包括：

（1）每市"两代表一委员"50 个样本；

（2）每市上市公司、大型企业以及事业单位 5 个样本；

（3）每市中小微企业 5 个样本；

（4）每市社会团体 10 个样本（含民办非企业单位、异地商会、行业协会、一般社会团体等，下同）；

（5）省委办公厅、省人大常委会办公厅、省政府办公厅、省政协办公厅，省纪委、省委组织部、省委统战部，省法院、省检察院，省总工会、团省委、省妇联、省残联、省社科院、省科协各 1 个样本（以下简称省机关）；

（6）省政府各部门和各直属机构共 40 个样本；

（7）每市政务服务中心拦截访问 100 个样本；

（8）每市电话访问 80 个样本。

2. 30 个省直单位包括：

（1）省的"两代表一委员"100 个样本；

（2）省大型企业、上市公司以及事业单位 15 个样本；

（3）省属社会团体 15 个样本；

（4）高等院校和科研机构 10 个样本；

（5）15 个省机关；

（6）地级以上市政府各 1 个样本；

（7）省政府各部门、各直属机构自评、互评 40 个样本。

3. 网络调查样本量总数应不少于 2000 个，具体方式包括两种：

（1）公开网络问卷调查。通过省政府门户网站、各市政府门户网站等网站对网民进行问卷调查。

（2）办事群众问卷调查。在 G 省网上办事大厅设置社会评议专栏，由网上办事群众评议各被考评单位依法行政状况（见表 2）。

表 2   调查范围及样本分布

被评对象	类型	调查方式	评议主体来源	份数
每个地方政府	社会满意度	邮寄	地市"两代表一委员"	50
			地市上市、大型企事业单位	5
			地市中小微企	5
			地市属社团	10
			省机关	15
			省府及直属单位	40
		拦截	地市政务中心行政相对人	100
		电话	地市城镇居民	80
	网络调查	门户网站	地市城镇居民	—
被评对象	类型	调查方式	测评主体	份数
省直单位	社会满意度	邮寄	省"两代表一委员"	100
			省上市、大型企事业单位	15
			省属社团	15
			高校科研	10
			地市政府	每市 1 份
			省机关	15
			省府及直属单位	40
	网络调查	省网厅	行政相对人	—

四、组织实施

(一) 评议主体抽样

采取分层、等距或随机抽样原则，同时兼顾地理分布均衡性原则，确保样本对总体有较好的代表性。

1. 地方政府

(1) 地市两代表一委员：由省法制办提供地市"两代表一委员"的样本框，按照党代会代表、人大代表、政协委员平均分配原则，采用等距随机抽样方法抽取样本填写问卷。

(2) 地市上市、大型企事业单位：由省法制办提供地市上市、大型企事业单位的样本框，按照地理分布均衡性，采用等距随机抽样方法抽取样本填写问卷。

(3) 地市中小微企：由省法制办提供地市中小微企的样本框（以地税有效名单为准），按照地理分布均衡性，采用等距随机抽样方法抽取样本填写问卷。

(4) 地市属社团：含民办非企业单位、异地商会、行业协会、一般社会团体等，由省法制办提供地市属社团的样本框，按照结构属性，采用等距随机抽样方法抽取样本填写问卷。

(5) 地市政府、省机关和省府及直属单位：地市政府、省机关（省委办公厅、省人大常委会办公厅、省政府办公厅、省政协办公厅，省纪委、省委组织部、省委统战部，省法院、省检察院，省总工会、团省委、省妇联、省残联、省社科院、省科协）和省府及直属单位由该单位集体决策，以单位名义填写问卷。

(6) 地市政务服务中心行政相对人：行政相对人采用拦截访问，分驻点拦截和对排队等候人员主动访问两种方式。

(7) 地市城镇居民：城镇居民采用电话访问和网络调查方式，电话访问方面各市按照地理分布均衡性采用等距随机抽样方法抽取样本访问；网络调查方面设置 IP 属地策略，限制当地 IP 地址投票本地被评单位。

2. 省直单位

(1) 省属两代表一委员：由省法制办提供省属两代表一委员的样本框，按照党代表、人大代表、政协委员平均分配原则，及男女性别均衡，采用等距随机抽样方法抽取样本填写问卷。

（2）省属上市、大型企事业单位：由省法制办提供省属上市、大型企事业单位的样本框，按照地理分布均衡性，采用等距随机抽样方法抽取样本填写问卷。

（3）省属社团：含民办非企业单位、异地商会、行业协会、一般社会团体等，由省法制办提供省属社团的样本框，按照结构属性，采用等距随机抽样方法抽取样本填写问卷。

（4）高校科研单位：由省法制办提供高校科研单位样本框，按照结构属性，采用等距随机抽样方法抽取样本填写问卷。

（5）省机关和省府及直属单位：省机关（省委办公厅、省人大常委会办公厅、省政府办公厅、省政协办公厅，省纪委、省委组织部、省委统战部，省法院、省检察院，省总工会、团省委、省妇联、省残联、省社科院、省科协）和省府及直属单位由该单位集体决策，以单位名义填写问卷。

（6）行政相对人：随机由登录省网络办事大厅的行政相对人填写问卷。

（二）调查方式

本次调查采取邮寄、电话调查、拦截访问、网络调查相结合的方式。其中，地方政府调查四种方式全部采用；省直单位调查采用邮寄和网络调查方式。

1. 邮寄调查

将致访问对象的调查函、调查问卷、含邮资且无寄出方落款的回函信封函寄至调查对象，并在调查函件上注明问卷收集方式，调查对象可采用网络调查、电邮回函和亲自将调查问卷密封到回函信封中回寄等多种方式。调查填答全部采用无记名方式。

2. 电话调查

城镇常住居民采取电话调查方式，采用 CATI 或其他带录音功能的设备进行电话访问。

3. 拦截访问

分驻点拦截和对排队等候人员主动访问两种方式。驻点拦截由访问员在各市行政服务中心事先选定的若干地点，对办完行政服务事项的人员进行拦截访问，每隔 3 个人拦截一位进行访问，若被拒绝顺延下一位。主动访问由访问员主动对正在排队等候的人员进行问卷调查，要求必须是最近一个月内曾经前来办过事的，按照随机确定起点每隔 3 位选取访问对象，同一办事窗口当日不超过 5 个有效样本，总计不超过 10 个样本。

4. 网络调查

具体方式包括两种。一是公开网络问卷调查。通过省政府门户网站、各市政府门户网站等网站对网民进行问卷调查。二是办事群众问卷调查。在 G 省网上办事大厅设置社会评议专栏，由网上办事群众评议各被考评单位依法行政状况。

各网站平台调查采取链接跳转到统一的页面，以便后台统一管理。

五、调查问卷

2016 年 G 省依法行政考评社会评议调查问卷

问卷一

定点拦截调查问卷

尊敬的女士/先生：

受 G 省人民政府法制办委托，我们正在全省开展依法行政的社会调查，旨在了解社会公众意见与建议，为推进法治政府建设提供民意参考。请根据您的体验，在以下问题选项处打√（如无特殊说明，均为单选）。您回答的内容受《统计法》保护，我们将严格保密。非常感谢您的支持和参与！

2016 年 5 月

A. 您目前居住地？

1. 本市　　　　2. 外市外省（终止调查）

B. 您在该地居住多长时间了？

1. 半年及以上　2. 半年以下（终止调查）

1-1 据您所知，本地政府（部门）制定政策文件时，是否通过报刊、电视、广播、网络等媒体公开征求社会意见？

    1. 有   2. 部分有公开征求意见

    3. 没有   4. 不清楚

2-1 您对本地政府重大行政决策（如地铁、高速等建设等）工作表现的满意度？

    1. 很满意   2. 比较满意   3. 一般   4. 不太满意

    5. 很不满意   6. 不清楚

2-2 您对本地政府（部门）重大决策的公开透明（如公开向社会征求意见）的满意度？

    1. 很满意   2. 比较满意   3. 一般   4. 不太满意

    5. 很不满意   6. 不清楚

3-1 您对本地执法人员公正文明执法的满意度？

    1. 很满意   2. 比较满意   3. 一般   4. 不太满意

    5. 很不满意   6. 不清楚

3-2 据您所知，本地行政执法人员在执法过程中是否存在吃拿卡要、暴力执法等行为？

    1. 比较普遍   2. 偶尔会有   3. 没有   4. 不清楚

3-3 您认为本地公众和法人在行政执法中的合法权益是否得到保障？

    1. 有保障   2. 比较有保障   3. 没有保障   4. 不清楚

4-1 您对本地政府信息公开工作的满意度？

    1. 很满意   2. 比较满意   3. 一般   4. 不太满意

    5. 很不满意   6. 不清楚

4-2 您对通过政府网站、报纸、电视等获取本地政府（部门）政务信息（如办事信息）的评价？

    1. 能获取各种信息   2. 能获取大部分信息

    3. 能获取一些信息   4. 无法获取信息

    5. 不清楚

5-1 您对本地政府（部门）化解社会矛盾纠纷（如社会热点难点问题）效

果的满意度？

    1. 很满意   2. 比较满意   3. 一般   4. 不太满意

    5. 很不满意   6. 不清楚

5-2 您对本地政府（部门）维护群众合法权益不会受到侵犯的满意度？

    1. 很满意   2. 比较满意   3. 一般   4. 不太满意

    5. 很不满意   6. 不清楚

6-1 有人认为，本地政府（部门）能比较好向社会公布投诉电话，接受新闻媒体或社会公众监督，您是否认同？

    1. 完全认同   2. 比较认同   3. 一般   4. 不太认同

    5. 很不认同   6. 不清楚

6-2 您对本地政府（部门）处理人民群众检举、新闻媒体反映问题的满意度？

    1. 很满意   2. 比较满意   3. 一般   4. 不太满意

    5. 很不满意   6. 不清楚

7-1 您对本地公务员依法行政意识、业务素质、服务态度的综合评价是？

    1. 非常好   2. 比较好   3. 一般   4. 不太好

    5. 很不好   6. 不清楚

8-1 您对本地加强政府（部门）依法行政的措施的满意度？

    1. 很满意   2. 比较满意   3. 一般   4. 不太满意

    5. 很不满意   6. 不清楚

9-1 您对本地政府（部门）依法行政的总体满意度？

    1. 很满意   2. 比较满意   3. 一般   4. 不太满意

    5. 很不满意   6. 不清楚

9-2 您对本地政府（部门）依法行政的改进情况的满意度？

    1. 很满意   2. 比较满意   3. 一般   4. 不太满意

    5. 很不满意   6. 不清楚

9-3 您认为当前制约本地法治政府建设的主要因素是：（最多可选 3 项）

    1. 地区经济发展水平   2. 法律制度不完善

    3. 领导权力过大   4. 公务员的法治能力素质不强

5. 制度政策制定不公开　　　6. 行政决策不科学

7. 执法人员能力素质低　　　8. 不重视法治建设

10-1　在办事过程中，您认为工作人员服务态度（如门难进、脸难看、话难听）如何？

1. 非常好　　　2. 比较好　　　3. 一般　　　4. 不太好

5. 很不好　　　6. 不清楚

10-2　在办事过程中，您认为工作人员服务效率（办事效率）如何？

1. 非常好　　　2. 比较好　　　3. 一般　　　4. 不太好

5. 很不好　　　6. 不清楚

10-3　在办事过程中，您对工作人员依法行政表现满意度？

1. 很满意　　　2. 比较满意　　　3. 一般　　　4. 不太满意

5. 很不满意　　　6. 不清楚

10-4　您对此次办事过程的总体满意度？

1. 很满意　　　2. 比较满意　　　3. 一般　　　4. 不太满意

5. 很不满意　　　6. 不清楚

11-1　您对本地政府深入推进依法行政、加快建设法治政府有哪些建议，请简要陈述：

受访对象基本情况

P1　您的性别：

1. 男　　　2. 女

P2　您的年龄：

1. 18~25 周岁　　2. 26~35 周岁　　3. 36~45 周岁　　4. 46~55 周岁

5. 56~65 周岁　　6. 66 周岁以上

P3　您的文化程度：

1. 初中及以下　　　　　　2. 高中/中专/中职

3. 大专　　　　　　　　　4. 本科

5. 研究生

P4　您的职业：

1. 公务员   2. 事业单位人员

3. 企业单位人员   4. 个体工商业者

5. 农民   6. 自由职业者

7. 在校学生   8. 离退休人员

9. 无业（失业）   10. 其他

访问员：   督导员：   访问时间：5 月   日   时   访问地点：

2016 年 G 省依法行政考评社会评议调查问卷

问卷二

随机抽样面访或电话调查问卷

受 G 省人民政府法制办委托，我们正在全省开展依法行政的社会评议调查，了解社会公众意见，为推进法治政府建设提供民意参考。感谢您的支持和参与！

2016 年 5 月

（注意访问对象甄别：在本市居住半年以上，否则终止访问）

根据您的了解和体验，请对本市在以下方面的表现进行满意度评价，采用 10 分制，1 分表示很不满意，5 分表示一般满意，10 分表示很满意，不填表示不清楚。

序	调查问题	1	2	3	4	5	6	7	8	9	10
1	政策文件及制度建设成效的满意度										
2	重大决策前公开征求意见的满意度										
3	公正文明执法的满意度										
4	政府信息公开的满意度										
5	化解社会矛盾纠纷效果的满意度										

续表

序	调查问题	1	2	3	4	5	6	7	8	9	10
6	接受新闻媒体或公众监督的满意度										
7	公务员守法意识的满意度										
8	行政救济工作的满意度										
9	依法行政的总体满意度										

受访对象基本情况

P1　您的性别：

　　1. 男　　　　2. 女

P2　您的年龄：

　　1.18～25 周岁　2.26～35 周岁　3.36～45 周岁　4.46～55 周岁

　　5.56-65 周岁　6.66 周岁以上

P3　您的文化程度：

　　1. 初中及以下　　　　　2. 高中/中专/中职

　　3. 大专　　　　　　　　4. 本科

　　5. 研究生

P4　您的职业：

　　1. 公务员　　2. 事业单位人员　3. 企业单位人员4. 个体工商业者

　　5. 农民　　　6. 自由职业者　　7. 在校学生　　8. 离退休人员

　　9. 无业（失业）10. 其他

访问员：督导员：访问时间：5 月 日 时 访问地点：

以下由督导员复核

A 评价对象：

地方政府（具体名单略）。

B 访问对象在本市居住时间

1. 半年及以上　　2. 半年以下

2016 年 G 省依法行政考评社会评议调查问卷

问卷三

函寄调查问卷

尊敬的女士/先生：

受 G 省人民政府法制办委托，我们正在全省开展依法行政社会评议，为推进法治政府建设提供民意参考。根据您的体验，请在以下问题选项处打 √（如无特殊说明，均为单选）。您回答的内容受《统计法》保护，感谢您的支持和参与！

敬请您收到问卷后抽空填写，并请您五日内寄回（内附回邮信封）：地址略。

2016 年 5 月

您的身份？（按从上至下优先的顺序，选择一个符合您身份的选项）

1. 本市"两代表一委员"

A. 人大代表（地市、县及以下），B. 党代表（地市、县及以下），C. 政协委员（地市、县及以下）

2. 本市企业代表（A. 上市公司，B. 大型企业，C. 中小微企业）

3. 本市事业单位代表

4. 本市社会团体代表（A. 民办非企业单位，B. 异地商会，C. 行业协会，D. 一般社会团体，E 其他）

以下为正式问卷，针对本市依法行政及相关表现进行客观、中立、负责性评价

正式问卷

1-1 据您所知，本地政府（部门）制定政策文件时，是否通过报刊、电视、广播、网络等媒体公开征求社会意见？

　　1. 有　　　　　　　　　　2. 部分有公开征求意见

　　3. 没有　　　　　　　　　4. 不清楚

2-1 您对本地政府重大行政决策（如地铁、高速等建设、规划等）表现的满意度？

    1. 很满意   2. 比较满意   3. 一般   4. 不太满意

    5. 很不满意   6. 不清楚

2-2 您对本地政府（部门）重大决策的公开透明（如公开向社会征求意见）的满意度？

    1. 很满意   2. 比较满意   3. 一般   4. 不太满意

    5. 很不满意   6. 不清楚

3-1 您对本地执法人员公正文明执法的满意度？

    1. 很满意   2. 比较满意   3. 一般   4. 不太满意

    5. 很不满意   6. 不清楚

3-2 据您所知，本地行政执法人员在执法过程中是否存在吃拿卡要、暴力执法等行为？

    1. 比较普遍   2. 偶尔会有   3. 没有   4. 不清楚

3-3 您认为本地公众和法人在行政执法中的合法权益是否得到保障？

    1. 有保障   2. 比较有保障   3. 没有保障   4. 不清楚

4-1 您对本地政府信息公开工作的满意度？

    1. 很满意   2. 比较满意   3. 一般   4. 不太满意

    5. 很不满意   6. 不清楚

4-2 您对通过政府网站、报纸、电视等获取本地政府（部门）政务信息的评价？

    1. 能获取各种信息   2. 能获取大部分信息

    3. 能获取一些信息   4. 无法获取信息

    5. 不清楚

5-1 您对本地政府（部门）化解社会矛盾纠纷（如社会热点难点问题）效果的满意度？

    1. 很满意   2. 比较满意   3. 一般   4. 不太满意

    5. 很不满意   6. 不清楚

5-2 您对地政府（部门）维护群众合法权益不会受到侵犯的满意度？

　　1. 很满意　　　 2. 比较满意　　　 3. 一般　　　 4. 不太满意

　　5. 很不满意　　 6. 不清楚

6-1　有人认为，本地政府（部门）能比较好向社会公布投诉电话，接受新闻媒体或社会公众监督，您是否认同？

　　1. 完全认同　　 2. 比较认同　　　 3. 一般　　　 4. 不太认同

　　5. 很不认同　　 6. 不清楚

6-2　您对本地政府（部门）处理人民群众检举、新闻媒体反映问题的满意度？

　　1. 很满意　　　 2. 比较满意　　　 3. 一般　　　 4. 不太满意

　　5. 很不满意　　 6. 不清楚

7-1　您对本地公务员依法行政意识、业务素质、服务态度的综合评价是？

　　1. 非常好　　　 2. 比较好　　　　 3. 一般　　　 4. 不太好

　　5. 很不好　　　 6. 不清楚

8-1　您对本地加强政府（部门）依法行政的措施的满意度？

　　1. 很满意　　　 2. 比较满意　　　 3. 一般　　　 4. 不太满意

　　5. 很不满意　　 6. 不清楚

9-1　您对本地行政救济方面表现的满意度？

　　1. 很满意　　　 2. 比较满意　　　 3. 一般　　　 4. 不太满意

　　5. 很不满意　　 6. 不清楚

10-1　您对本地政府（部门）依法行政的总体满意度？

　　1. 很满意　　　 2. 比较满意　　　 3. 一般　　　 4. 不太满意

　　5. 很不满意　　 6. 不清楚

10-2　您对本地政府（部门）依法行政的改进情况的满意度？

　　1. 很满意　　　 2. 比较满意　　　 3. 一般　　　 4. 不太满意

　　5. 很不满意　　 6. 不清楚

10-3　您认为当前制约本地法治政府建设的主要因素是：（最多可选 3 项）

　　1. 地区经济发展水平　　　　　 2. 法律制度不完善

　　3. 领导权力过大　　　　　　　 4. 公务员的法治能力素质不强

　　5. 制度政策制定不公开　　　　 6. 行政决策不科学

　　7. 执法人员能力素质低　　　　 8. 不重视法治建设

11-1 您对本地政府深入推进依法行政、加快建设法治政府还有哪些建议，请简要陈述：

_____

再次感谢！

2016 年 G 省依法行政考评社会评议调查问卷

问卷四

对地方政府的调查问卷

省机关，省府及直属单位：

根据《G 省依法行政考评办法》，省政府决定对 2016 年全省依法行政工作开展考评，由省法制办负责组织实施。

受 G 省人民政府法制办委托，我们正在全省开展依法行政的社会评议调查，旨在全面了解各方面的意见与建议，为推进法治政府建设提供决策参考。根据 2016 年考评实施方案，贵单位为地方政府的评议者，请安排熟悉情况的人士，对附件量表进行客观、公正评价。

谢谢支持！

2016 年 5 月

重要说明：

1. 本项评议对象为地方政府。

2. 本项评议为满意度评价，每个市（区）设计了 9 个问题，以 5 分制度量，1 分表示很不满意，2 分表示不满意，3 分表示一般满意，4 分表示满意，5 分表示很满意，不填表示不清楚。请对应表中空格直接打分。

3. 量表完成后请在五天内寄回（内附回邮信封）：地址略。

4. 按照评价方案，对地方政府进行评议的省直单位样本共计 55 个，包括：15 个省机关和 40 个省政府各部门、各直属机构。

2016 年 G 省依法行政考评满意度评议量表

您的身份（请在符合的备选项打✓）：1. 省机关代表；2. 省府及直属单位；3. 其他。

序号	对象内容	法规及政策建设满意度	重大决策前公开求意见满意度	公正文明执法满意度	政府信息公开满意度	化解社会矛盾纠纷效果满意度	接受新闻媒体或公众监督满意度	公务员守法意识满意度	行政救济满意度	依法行政总体表现满意度
1	A 市									
2	B 市									
...	......									
详细名单略										

其他意见和建议：

2016 年 G 省依法行政考评社会评议调查问卷

问卷五

对省直单位的调查问卷

全省地方政府，省"两代表一委员"，省上市、大型企事业单位，省属社团组织，高校科研院所，省机关，省府及直属单位：

根据《G 省依法行政考评办法》，省政府决定对 2016 年全省依法行政工作开展考评，由省法制办负责组织实施。

受 G 省人民政府法制办委托，我们正在全省开展依法行政的社会评议调查，旨在全面了解各方面的意见与建议，为推进法治政府建设提供决策参考。根据 2016 年考评实施方案，您（贵单位）被抽中为对 30 个省直单位的评议者，请您或安排本单位熟悉情况的人士，对附件量表进行客观、公正评价。

谢谢支持！

2016 年 5 月

重要说明：

1. 本项评议对象为 30 个省直单位。

2. 本项评议为满意度评价，每个部门设计了 9 个问题，以 5 分制度量，1 分表示很不满意，2 分表示不满意，3 分表示一般满意，4 分表示满意，5 分表示很满意，不填表示不清楚。请对应表中空格直接打分。

3. 量表完成后请在五天内寄回（内附回邮信封）：地址略。

4. 按照评价方案，对 30 个省直单位进行评议样本共计 217 个，包括：（1）省级"两代表一委员"（100 个样本）；（2）省大型企业、上市公司以及事业单位（15 个样本）；（3）省属社会团体（15 个样本）；（4）高等院校和科研机构（10 个样本）；（5）15 个省机关；（6）地级以上市政府；（7）省政府各部门、各直属机构自评、互评（40 个样本）。

2016 年 G 省依法行政考评满意度评议量表

（适用省直 30 个部门评议，有效样本 217）

您的身份（请在符合的备选项打✓）：1. 省"两代表一委员"，2. 省上市、大型企事业单位代表，3. 省属社团组织代表，4. 高校科研院所代表，5. 地市政府代表，6. 省机关代表，7. 省府及直属单位，8. 其他

序号	对象内容	法规及政策建设满意度	重大决策前公开征求意见满意度	公正文明执法满意度	政府信息公开满意度	化解社会矛盾纠纷效果满意度	接受新闻媒体或公众监督满意度	公务员守法意识满意度	行政救济满意度	依法行政总体表现满意度
1	A 厅									
2	B 厅									
…	……									
详细名单略										

补充意见和建议：

2016 年 F 市依法行政考评社会评议实施方案

（根据保密要求，编入本书时对相关内容作了微调）

一、考评依据及目的

为促进 F 市各级政府和市政府各部门依法行政，加快法治政府建设，根据《G 省法治政府建设指标体系（试行）》《G 省依法行政考评办法》的要求，结合 F 市依法行政和法治政府建设任务，制定该社会评议实施方案。

指导思想：全面深入贯彻党的十八届四中、五中全会精神和《中共中央关于全面推进依法治国若干重大问题的决定》，进一步强化法治观念，规范行政行为，完善监督机制，提高行政效率，维护公共利益和社会秩序，保护公民、法人和其他组织的合法权益，保障法律、法规和规章的正确实施，全面推进 F 市依法行政和法治政府建设。

考评依据：《G 省法治政府建设指标体系（试行）》《G 省依法行政考评办法》《F 市依法行政工作领导小组办公室关于印发 2015 年全市依法行政工作要点的通知》。

二、考评对象、分类及评议者

（一）考评对象及分类

本项考评对象大体可分为三种类别：

一是 F 市各区政府，进一步延伸至镇（街道）。包括 C 区政府、N 区政府、

G 区政府、S 区政府 4 个区域，共有 22 个镇（街道）。

区政府	镇（街道）
C 区	略
N 区	略
G 区	略
S 区	略

二是行政执法任务较重的市政府各部门和直属机构，具体包括以下共 12 个单位：市公安局、市人力资源社会保障局、市国土规划局、市环境保护局、市住建管理局、市交通运输局、市水务局、市农业局、市文广新局、市卫生计生局、市安全监管局、市食品药品监管局。

三是行政执法任务较轻以及行政协调、内部监管为主要职责的市政府各部门和直属机构，具体包括以下共 17 个单位：市发展改革局、市经济和信息化局、市教育局、市科技局、市司法局、市民政局、市财政局、市民族宗教局、市商务局、市审计局、市体育局、市统计局、市旅游局、市人防办、市档案局、市地震局、市社保基金管理局。

（二）评议者

包括"两代表一委员"、机关代表、企业代表（上市企业及大型企业）、行政相对人代表和居民代表等（总计发放约壹仟陆佰份考评表）。

"两代表一委员"共计 300 名，通过网上系统组织实施。

机关代表共计 60 名，由市直各单位协助组织实施。为确保考评的真实性，机关代表考评采取集中时间、地点统一投票、统一开箱、统一计票方式进行。

居民代表共计 1100 名，在全市各街镇不同区域设点开展拦截考评，每街镇各 50 名居民代表。

区属企业（大型企业）代表共计 20 名，每区各 5 家。以邮件形式组织实施。

行政相对人代表分为上市企业代表及自然人代表，其中上市企业代表 10 家，自然人代表 120 人。上市企业代表采取邮件形式实施，自然人代表采取窗口拦截或电话调查形式组织实施。

以上各类考评人身份重叠的，按上述顺序只参加一次考评。上述考评主体中，机关代表、居民代表和企业代表样本的抽取由第三方实施，采取分层、等距或随机抽样选取，同时兼顾地理分布均衡性和经济有效原则，确保样本对总体有较好的代表性。

三、对第一类考评对象考评

（一）第一类对象

四个区级区域的一级党委政府，包括 C 区、N 区、G 区及 S 区。

（二）基本思路

1. 以镇（街道）为基本考评对象单位。

2. 镇（街道）评议者为：辖区公众。

3. 辖区各镇（街道）考评结果加权为区考评结果。

4. 公众考评采用现场拦截访问形式。

（三）镇（街道）考评结果

对于特定的镇（街道）考评结果由辖区公众满意度评价。

类别	评议者	权重	组织责任单位
镇/街道	辖区公众	100%	第三方机构

（四）考评结果评分构成

一是辖区公众满意度评价结果，占 50%；

二是区属企业对区的评价结果，占 20%；

三是两代表一委员对区的评价结果，占 15%；

四是机关代表对区的评价结果，占 10%；

五是网络考评评价结果，占 5%；

类别	评议者	权重	组织责任单位
第一类对象	两代表一委员	15%	网上系统考评
	机关代表	10%	市直单位
	区属企业代表	20%	第三方机构
	辖区公众	50%	第三方机构
	网络考评	5%	区政府主页、微信公众号

（五）第一类对象考评报告

包括 F 市 4 区 22 个镇（街道）依法行政现状报告和群众满意度考评结果报告（含评分及排序）。

四、对第二类考评对象考评

（一）第二类对象

行政执法任务较重的市政府各部门和直属机构，具体包括以下共 12 个单位：市公安局、市人力资源社会保障局、市国土规划局、市环境保护局、市住建管理局、市交通运输局、市水务局、市农业局、市文广新局、市卫生计生局、市安全监管局、市食品药品监管局。

（二）基本思路

1. 以行政执法任务较重的市政府各部门和直属机构为基本考评对象。

2. 评议者为：两代表一委员、机关代表、市属上市企业代表、行政相对人自然人代表。

  3. 考评结果加权为部门考评结果。

    评议结果=两代表一委员评议结果+机关评议结果+社会评议结果

     两代表一委员评结果=评议各项指标总分的平均分×权重系数

      机关评结果=评议各项指标总分的平均分×权重系数

      社会评结果=评议各项指标总分的平均分×权重系数

      网络评结果=评议各项指标总分的平均分×权重系数

  4. 考评采用集中考评及系统考评的形式。

类别	评议者		权重	组织责任单位
第二类对象	两代表—委员		25%	网上系统考评
	机关代表		10%	各市直单位
	行政相对人评	企业代表	30%	第三方机构
		自然人代表	30%	第三方机构
	网络考评		5%	市法制办主页、微信公众号

（三）第二类对象考评报告

  报告包括 F 市 12 个行政执法任务较重的市政府各部门和直属机构依法行政现状报告群众满意度考评结果及排序。

五、对第三类考评对象考评

（一）第三类对象

  行政执法任务较轻以及行政协调、内部监管为主要职责的市政府各部门和直属机构，具体包括以下共 17 个单位：市发展改革局、市经济和信息化局、市教育局、市科技局、市司法局、市民政局、市财政局、市民族宗教局、市商务局、市审计局、市体育局、市统计局、市旅游局、市人防办、市档案局、市地震局、市社保基金管理局。

（二）基本思路

1. 以行政执法任务较轻以及行政协调、内部监管为主要职责的市政府各部门和直属机构为基本考评对象。

2. 评议者为：两代表一委员、机关代表。

3. 考评结果加权为考评结果。

评议结果＝两代表一委员评议结果＋机关互评评议结果

两代表一委员评结果＝评议各项指标总分的平均分×权重系数

机关评结果＝评议各项指标总分的平均分×权重系数

4. 考评采用集中考评及系统考评的形式。

类别	评议者	权重	组织责任单位
第三类对象	两代表一委员	60%	系统考评
	机关代表	35%	市直机关单位
	网络评	5%	市法制办主页、微信公众号

（三）第三类对象考评报告

包括 F 市 17 个行政执法任务较轻以及行政协调、内部监管为主要职责的市政府各部门和直属机构依法行政现状报告满意度考评结果及排序报告。

六、考评内容与量表

根据《G 省法治政府建设指标体系（试行）》的规定，围绕 F 市建设人民满意政府提出的各项要求，以上一年考评结果情况为基础，坚持以问题为导向，着重对上一年考评发现问题的整改情况、落实 2015 年依法行政工作重点的情况进行考评。

（一）考评内容包括

1. 制度建设；2. 行政决策；3. 行政执法；4. 政府信息公开；5. 社会矛盾防范和化解；6. 行政监督；7. 依法行政能力建设；8. 依法行政保障。

（二）计分方法

评议者按"制度建设、行政决策、行政执法、政府信息公开、社会矛盾防范和化解、行政监督、依法行政能力建设、依法行政保障"八个指标分别进行评议。每项分很满意、满意、一般、较不满意、很不满意五个等次。相应得分为：很满意 5 分、满意 4 分、一般 3 分、较不满意 2 分、很不满意 1 分。

单项评议得分＝（很满意票数×5 分+满意票数×4 分+一般票数×3 分+较不满意票数×2 分+很不满意票数×1）÷有效票数。

考评表设"不了解"项，由考评人如实填写，考评人对该单位选"不了解"项的为无效票数；多选、漏选考评项目、档次的为无效票数。

（三）考评调查问卷及量表

2016 年 F 市"依法行政考评社会评议"调查问卷

问卷一 评议者：居民、区属大型企业、行政相对人（自然人）、区政府网络

尊敬的女士/先生：

受市法制局委托，我们特开展本次问卷调查，目的是了解社会公众对我市依法行政工作的评价和意见建议，为政府改进工作、进一步推进依法行政和加快建设法治政府提供民意参考。

请根据您自己的理解和感受作答，如无特殊说明，均为单选。您回答的内容受《统计法》保护，我们将严格保密。非常感谢您的支持和参与！

A. 请问您目前居住在＿＿＿区？

　　1. C 区/N 区/S 区/G 区　　　2. 其他区（终止调查）

B. 请问您在该地居住多长时间了？

    1. 半年及以上　　2. 半年以下（终止调查）

一、制度建设

（一）您认为本区行政机关是否存在利用规范性文件（俗称"红头文件"）设定行政许可、行政处罚、行政收费的问题？

    1. 普遍存在　　　2. 偶尔存在　　　　3. 不存在　　　4. 不清楚

（二）您认为本区行政机关出台的"红头文件"是否存在违法限制群众权益、增设群众义务的问题？

    1. 普遍存在　　　2. 偶尔存在　　　　3. 不存在　　　4. 不清楚

（三）您认为本区行政机关出台的涉及群众切身利益的"红头文件"依法及时向社会公开、便于群众查阅、获知的情况如何？

    1. 很好　　　　　2. 比较好　　　　　3. 一般　　　　4. 不太好

    5. 很不好　　　　6. 不清楚

（四）总的来说，您对本区政府立法和（或）"红头文件"的制定发布工作是否满意？

    1. 很满意　　　　2. 比较满意　　　　3. 一般　　　　4. 不太满意

    5. 很不满意　　　6. 不清楚

二、行政决策

（五）本区政府在作出重大民生决策（如收费调整、重要规划、重大建设项目、重要管理措施等）前，是否通过座谈会、听证会、民意调查或公开决策等方式听取公众意见？

    1. 经常听取公众意见　　　　　　2. 偶尔听取公众意见

    3. 不听取公众意见　　　　　　　4. 不清楚

（六）总的来说，您对本区政府涉及群众切身利益的重大决策的科学性、民主性、合法性是否满意？

    1. 很满意　　　　2. 比较满意　　　　3. 一般　　　　4. 不太满意

    5. 很不满意　　　6. 不清楚

三、行政执法

（七）本区行政执法部门在执法过程中，严格、规范、公正、文明执法，您的评价是：

    1. 很满意　　　2. 比较满意　　　3. 一般　　　4. 不太满意

    5. 很不满意　　6. 不清楚

（八）本区行政机关在办理行政审批过程中，严格遵守法定条件、法定程序、法定期限，您的评价是？

    1. 很满意　　　2. 比较满意　　　3. 一般　　　4. 不太满意

    5. 很不满意　　6. 不清楚

（九）您认为本区行政执法部门是否存在吃拿卡要、乱罚款、乱收费、乱摊派等现象？

    1. 普遍存在　　2. 偶尔存在　　　3. 不存在　　4. 不清楚

（十）您认为本区行政执法部门是否存在不积极履行执法职责，放任违法行为存在和发展的不作为现象？

    1. 普遍存在　　2. 偶尔存在　　　3. 不存在　　4. 不清楚

（十一）总的来说，您对本区行政执法工作是否满意？

    1. 很满意　　　2. 比较满意　　　3. 一般　　　4. 不太满意

    5. 很不满意　　6. 不清楚

四、信息公开

（十二）到本区行政机关办事，能够方便、全面地了解办理条件、办事程序、办理期限等相关信息，您是否满意？

    1. 很满意　　　2. 比较满意　　　3. 一般　　　4. 不太满意

    5. 很不满意　　6. 不清楚

（十三）您对本区政府通过官方网站等渠道向社会公布政府预算和开支的情况是否满意？

    1. 很满意　　　2. 比较满意　　　3. 一般　　　4. 不太满意

    5. 很不满意　　6. 不清楚

（十四）总的来说，您对本区政府信息公开工作是否满意？

    1. 很满意　　　2. 比较满意　　　3. 一般　　　4. 不太满意

    5. 很不满意　　6. 不清楚

五、社会矛盾防范和化解

（十五）您认为本区的群众诉求反映渠道（包括复议、信访等，不包括诉讼和网络、媒体表达渠道）是否畅通？

    1. 很畅通   2. 比较畅通   3. 一般   4. 不太畅通

    5. 很不畅通   6. 不清楚

（十六）您对本区政府防范和化解社会矛盾纠纷工作（依法调解、复议、赔偿、补偿、接访、化解群众纠纷等）是否满意？

    1. 很满意   2. 比较满意   3. 一般   4. 不太满意

    5. 很不满意   6. 不清楚

六、行政监督

（十七）您认为本区政府向社会公布的群众投诉监督电话、邮箱等监督渠道是否畅通？

    1. 很畅通   2. 比较畅通   3. 一般   4. 不太畅通

    5. 很不畅通   6. 不清楚

（十八）您对本区政府接受舆论和公众监督（包括畅通监督渠道，依法处理群众、媒体反映问题等）是否满意？

    1. 很满意   2. 比较满意   3. 一般   4. 不太满意

    5. 很不满意   6. 不清楚

七、依法行政能力建设

（十九）您对本区行政执法人员（包括窗口办事人员）的素质水平是否满意？

    1. 很满意   2. 比较满意   3. 一般   4. 不太满意

    5. 很不满意   6. 不清楚

（二十）总的来说，您对本区行政机关及其领导干部、工作人员依法行政意识和能力水平是否满意？

    1. 很满意   2. 比较满意   3. 一般   4. 不太满意

    5. 很不满意   6. 不清楚

八、依法行政保障

（二十一）您对本区政府深入推进依法行政、加快建设法治政府的决心和力度是否满意？

    1. 很满意   2. 比较满意   3. 一般   4. 不太满意

    5. 很不满意   6. 不清楚

（二十二）总的来说，您对本区政府依法行政工作是否满意？

    1. 很满意   2. 比较满意   3. 一般   4. 不太满意

    5. 很不满意   6. 不清楚

九、其他

（二十三）最近一年来，您认为本区依法行政工作进展情况如何？

    1. 有明显改善   2. 有所改善

    3. 没什么变化   4. 进展缓慢

    5. 越来越差   6. 不清楚

（二十四）您认为当前制约本区法治政府建设的主要因素是：（最多可选 3 项）

    1. "一把手"说了算，对行政机关及其工作人员的监督制约不到位、不够有力

    2. 依法行政意识不强，缺乏法治思维和法治方式，有法不依和执法不严

    3. 依法行政的社会氛围不好，公众依法办事和直接守法的意识不强

    4. 行政机关不正确履行法定职责，乱作为或不作为

    5. 政府职能转变不到位，没有充分发挥市场、社会组织、公民的作用

    6. 行政决策不科学不民主

    7. 行政执法体制不够顺畅

    8. 基层执法人员素质偏低

    9. 基层政府法制机构建设比较薄弱

    10. 政府政绩考核过分追求 GDP

    11. 其他

（二十五）您对本区政府深入推进依法行政、加快建设法治政府有哪些建议，请简要陈述：

受访对象基本情况

一、您的性别：

    1. 男   2. 女

二、您的户籍：

    1. 户籍人口   2. 非户籍常住人口（居住在调查地半年以上）

三、您的年龄：

　　1. 18~25 周岁　　2. 26~35 周岁　　3. 36~45 周岁　　4. 46~55 周岁

　　5. 56~65 周岁　　6. 66 周岁以上

四、您的文化程度：

　　1. 初中及以下　　　　　　　　2. 高中/中专/中职

　　3. 大专　　　　　　　　　　　4. 本科

　　5. 硕士及以上

五、您的职业：

　　1. 公务员　　　　　　　　　　2. 事业单位人员

　　3. 企业单位人员　　　　　　　4. 个体工商业者

　　5. 农民　　　　　　　　　　　6. 自由职业者

　　7. 在校学生　　　　　　　　　8. 离退休人员

　　9. 无业（失业）　　　　　　　10. 其他

2016 年 F 市"依法行政考评社会评议"调查问卷

问卷二　　　　　评议者：两代表一委员、机关代表、行政相对人（上市企业）

尊敬的女士/先生：

　　您好！感谢您参加本次民意调查活动。

　　受 F 市法制局委托，我们特开展本次问卷调查，目的是了解社会公众对我市依法行政工作的评价和意见建议，为政府改进工作、进一步推进依法行政和加快法治政府建设提供决策参考。

　　对问卷中所列的问题，您可根据自己的理解和想法去回答。您回答的内容受《统计法》保护，我们将严格保密。非常感谢您的支持和参与！

2016 年 3 月

说明：请根据您对评价对象的了解在表格中填入相应的数字进行评价：1=

很满意；2＝比较满意；3＝一般；4＝不太满意；5＝很不满意；6＝不清楚。例如填入 1，则表示对该单位相应工作很满意；填入 5，则表示对该单位相应工作很不满意；填入 6，则表示对该单位相应工作不清楚、无法评价。为保证问卷的有效性，烦请您填完后检查是否有遗漏，确保所有方格都填上您评价的数字。

序号	内容/对象	1. 您对该区/单位红头文件制定发布工作的评价？	2. 您对该区/单位行政决策的公开性和透明度的评价？	3. 您对该单位行政执法工作的评价？	4. 您对该区/单位政府信息公开工作的评价？	5. 您对该区/单位化解社会矛盾纠纷工作的评价？	6. 您对该区/单位畅通当事人诉求表达渠道工作的评价？	7. 您对该区/单位接受社会舆论和公众监督的评价？	8. 您对该区/单位依法行政意识和能力的评价？	9. 您对该区/单位依法行政工作总体评价？
1	C 区									
2	N 区									
3	G 区									
4	S 区									
5	A 局									
6	B 局									
…	………									
具体名单略										

您对本市政府深入推进依法行政、加快建设法治政府有哪些建议，请简要陈述。

2016 年 F 市"依法行政考评社会评议"调查问卷

问卷三　　　　　　　　　　　　　　　　　　　　　评议者：网络

尊敬的女士/先生：

您好！感谢您参加本次民意调查活动。

受 F 市法制局委托，我们特开展本次问卷调查，目的是了解社会公众对我市依法行政工作的评价和意见建议，为政府改进工作、进一步推进依法行政和加快法治政府建设提供决策参考。

对问卷中所列的问题，您可根据自己的理解和想法去回答。您回答的内容受《统计法》保护，我们将严格保密。非常感谢您的支持和参与！

2016 年 3 月

说明：请根据您对评价对象的了解在表格中填入相应的数字进行评价：1 = 很满意；2 = 比较满意；3 = 一般；4 = 不太满意；5 = 很不满意；6 = 不清楚。例如填入 1，则表示对该单位相应工作很满意；填入 5，则表示对该单位相应工作很不满意；填入 6，则表示对该单位相应工作不清楚、无法评价。为保证问卷的有效性，烦请您填完后检查是否有遗漏，确保所有方格都填上您评价的数字。

序号\对象	内容	1. 您对该区/单位红头文件制定发布工作的评价？	2. 您对该区/单位行政决策的公开性和透明度的评价？	3. 您对该单位行政执法工作的评价？	4. 您对该区/单位政府信息公开工作的评价？	5. 您对该区/单位化解社会矛盾纠纷工作的评价？	6. 您对该区/单位畅通当事人诉求表达渠道工作的评价？	7. 您对该区/单位接受社会舆论和公众监督的评价？	8. 您对该区/单位依法行政意识和能力的评价？	9. 您对该区/单位依法行政工作总体评价？
1	A 局									
2	B 局									
…	……									
具体名单略										

您对本市政府深入推进依法行政、加快建设法治政府有哪些建议，请简要陈述：

2017 年 Q 市依法行政考评社会评议实施方案

（根据保密要求，编入本书时对相关内容作了微调）

一、评议调查理念、依据及目的

2015 年 12 月，中共中央、国务院印发了《法治政府建设实施纲要（2015—2020 年）》，要求强化考核评价和督促检查，把法治建设成效作为衡量各级领导班子和领导干部工作实绩的重要内容，纳入政绩考核指标体系。从政府、公民、国家关系来看，建设法治政府是社会发展的必经之路，也是实现创新、协调、绿色、开放、共享发展的保障条件。基于一切为了人民的社会主义制度性质，社会对法治政府建设绩效拥有最终的评价权，即"不论什么样的评价指标，都不如人民满意来得实在"。

在依法行政考评中，不论从价值导向还是技术理性，社会评议是不可或缺的组成部分。一般而言，社会评议可视为社会满意度评价，是指社会公众及组织接受政府公共产品和公共服务的实际感受与期望值比较的程度。政府依法行政的满意度评价是法治政府建设评价的重要组成部分。满意度评价构成法治政府绩效评价的核心内容，构建满意度测量体系并开展实证研究是逻辑的必然，也是现实需要。同时，测量法治政府绩效满意度的年度水平，提供社会洞察法治政府建设成效的参照标准，提高评价结果的公信力有赖于评价体系的科学性。

本项评议调查的依据是：《G 省法治政府建设指标体系（试行）》《G 省依法行政考评办法》《G 省人民政府办公厅关于印发 G 省 2017 年依法行政考评方案

的通知》《Q 市人民政府办公室关于印发〈Q 市 2017 年依法行政考评方案〉的通知》等，根据上述文件要求，Q 市拟对全市 8 个区（县、市）和 26 个市直单位开展依法行政社会评议调查，并由市法制局组织本项调查工作。为保证社会评议的客观、公正、科学、独立，市法制局委托第三方负责具体实施。

本项评议调查服务于 Q 市依法行政考评工作，主要目的是：通过科学方法及手段，针对公众及社会组织对 2017 年全市 8 个县级政府以及 26 个行政执法任务较重的市直单位的依法行政工作状况开展社会评议，了解评议者的真实感受及结构性特点、评估水平、肯定成绩、发现问题、剖析原因、提出提升公众满意度的对策建议，从而进一步推进法治政府建设进程，促进法治政府基本建成的目标实现。

二、评价对象与分类

根据《Q 市 2017 年依法行政考评方案》，本项评价对象包括县（区）级政府和市直单位两类共 34 个单位（见表 1）。

（一）第一类：县（区、市）级政府

第一类评议对象包括 8 个县级政府：QC 区政府、QX 区政府、FG 县政府、YS 县政府、LS 县政府、LN 县政府、YD 市政府、LZ 市政府。

（一）第二类：市直单位

第二类评议对象包括 26 个市政府部门：市人社局、市经信局、市食品药品监管局、市农业局、市安全生产管理局、市环保局、市国土局、市住建局、市规划局、市交通局、市民政局、市质监局、市林业局、市商务局、市发改局、市卫计局、市水务局、市教育局、市科技局、市民宗局、市公安局、市文广新局、市财政局、市司法局、市工商局、市旅游局。

表1 评议对象分类表

县（市、区）人民政府		市直单位		
第一类		第二类		
1	QC 区政府	1	市发展改革局	14	市交通运输局
2	QX 区政府	2	市经济和信息化局	15	市水务局
3	FG 县政府	3	市教育局	16	市农业局
4	YS 县政府	4	市科技局	17	市商务局
5	LS 县政府	5	市民族宗教局	18	市文化广电新闻出版局
6	LN 县政府	6	市公安局	19	市卫生计生局
7	YD 市政府	7	市民政局	20	市林业局
8	LZ 市政府	8	市司法局	21	市安全监管局
		9	市财政局	22	市旅游局
		10	市人力资源社会保障局	23	市城乡规划局
		11	市国土资源局	24	市食品药品监管局
		12	市环境保护局	25	市工商局
		13	市住房和城乡建设管理局	26	市质监局

三、评议者与构成

本项考评的主体是 Q 市依法行政工作领导小组。作为依法行政考评的组成部分，社会评议主体包括两种情况：一是社会公众（代表自身或家庭），二是社会及政府组织代表。两类主体又可进行不同维度的划分，如社会公众可包含具有专门知识和社会地位的个体（专家、人大代表等），社会及政府组织包含企业、社团、政府机关等。从必要性（有效达成目的）和可操作性（简单、方便实施）的有机统一的角度，我们将评议主体分为两类：一是普通公众，二是专业性人士（可能代表个人，如专家学者，甚至人大代表，也可能代表组织，如企业代表，政府部门代表）。两类评价对象的评议者构成如下：

（一）针对县级政府评价

为确保专业性、全面性、公正性及可操作性，评议者由四部分组成（存在包含关系）：一是城镇常住居民，二是行政相对人，三是专业人士，四是网民。

城镇常住居民指生活在被评价的县（市、区）区域内，与当地政府部门有一定接触或了解的群众。

行政相对人指受行政主体的行政行为影响的，处于行政管理法律关系中与行政主体相对应的另一方当事人，包括公民、法人和其他组织。本项调查的行政相对人指到县级政务服务中心办事的人（包括代表法人和其他组织办事的群众）。

专业人士指对被评对象的依法行政情况比较熟悉，具有相关的专业知识的人。通常由两部分构成：一是司法工作者、律师、企业人士及"两代表一委员"等。二是从事关联领域的专家学者。根据专业人士的来源，一般又分本地（县）专业人士和 Q 市地区专业人士。

网民是通过网络平台接受访问的社会公众。

（二）针对市直单位评价

市直单位的职能较为专业和单一。根据必要性和可操作性原则，评议者由三部分组成：一是行政相对人，二是专业人士，三是县级政府部门代表。其中行政相对人为到市直单位官网或网上办事大厅办事的群众。专业人士的构成与县级政府评议者基本相同。县级政府部门代表可由与市直单位业务关联性较强（接触较多）的县政府组成部门代表组成。

四、调查方式

社会评议调查采取集中调查、拦截访问、入户调查和网络调查相结合的方式。

（一）集中调查

为提高评议工作效率，增强可操作性，专业人士的评议采用集中调查方式。由市政府法制局统一组织，县级政府法制办协助，第三方负责实施。其中：Q 市地区专业人士（了解全市情况）评议调查由市政府法制局组织动员，本地（县）专业人士评议调查由县级政府法制办组织动员，在统一时间统一地点集中测评。集中评议调查中，法制部门不得干预实施者的独立性。

参与评议专业人士构成及名录由法制部门与第三方共同讨论遴选产生。

(二)(定点)拦截访问

对县级政府评价的行政相对人采用定点拦截访问的方式。拦截访问又分驻点拦截和对排队等候人员主动访问两种方式。驻点拦截由访问员在各县级政府的行政服务中心事先选定的若干地点,对办完行政服务事项的人员进行访问,遵守简单随机抽样原则。主动访问由访问员主动对正在排队等候的人员进行问卷调查,要求必须是最近一个月内曾经前来办过事的人士,按照随机确定起点每隔 3 位选取访问对象,同一办事窗口当日不超过 5 个有效样本,总计不超过 10 个样本。本环节由 Q 市政府法制局统筹、县级政府法制办协助第三方组织实施调查,并随队实时督导。

(三)入户调查

对城镇常住居民采取入户调查方式。由调查人员深入居民住所,进行面访调查。首先,采用等距随机抽样的方法抽选调查地区的社区;其次,采用随机确定起点,按照右手原则,隔十抽一的方法(即每隔 10 户抽 1 户)抽选调查户,若被拒访,则按前后左右顺序抽选调查户的方法抽下一户;最后,在抽中的调查户中抽选 1 名符合条件的家庭成员作为评议者。此部分工作人员包括第三方的工作人员及在 Q 市当地聘请调查员协助共同完成。

(四)网络调查

对网民和评价市直单位的行政相对人采用网络调查的方式。一是网民。在各县级政府门户网站等网站开设调查端口。按照"本地网民评价本地政府"的原则,对县级政府网络调查的调查对象是 IP 投票地址为本县级政府辖区的所有网民,并且通过技术手段,限制一个 IP 只能填一票。二是评价市直单位的行政相对人。在被评价的市直单位门户网站或办事大厅开设调查端口,由到被评价对象的门户网站或办事大厅的行政相对人填写调查问卷,采集评价数据。

上述调查方式及评议者构成如图 1 所示。

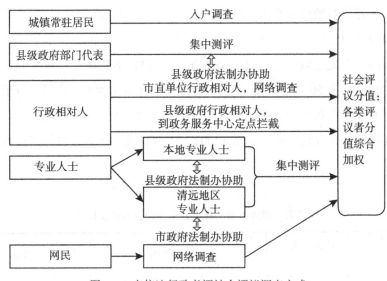

图 1 　 Q 市依法行政考评社会评议调查方式

五、评议样本量及其权重

为增强针对性及有效性，更好的体现评议者的身份特点，在参照往年经验的基础上，本年将各种评议者进一步按类型进行了细分，并依据专家咨询调查的结果赋予相应的权重。

（一）县级政府的评议者样本量及其权重

一是城镇常住居民。每个县级政府接受城镇常住居民的评议的量 40 份，占最终分值的权重为 20%。二是行政相对人。每个县政府接受行政相对人的评议的量 50 份，占最终分值的权重为 30%。三是专业人士。其中本地（县）专业人士 50 份，占最终分值的权重为 20%。Q 市地区专业人士 50 份，占最终分值的权重为 20%。Q 市地区每个专业人士的评价对象在 5 个以上。四是网民，不设样本总量，按实际收回有些样本量为准（尽量控制每一被评对象网上评议者为 100 人左右），占最终分值的权重为 10%。县级政府的评议者样本总量 1170 份（不含网络调查样本量）。

（二）市直单位的评议者样本量及其权重

一是专业人士。Q 市地区专业人士 70 份，占最终分值的权重为 45%。每个专业人士的评价对象至少在 10 个以上。二是县级政府部门代表。每个县政府从本级政府及其组成部门样本量为 20 人（一般为所在单位负责人），占最终分值的权重为 40%。三是行政相对人（网络调查）。不设样本总量（尽量控制每一被评对象网上评议者为 50 人左右），按实际收回有些样本量为准，占最终分值的权重为 15%。市直单位的评议者样本总量 230 份（不含网络调查样本量）。

上述涉及的评议者（样本总量 1400）、评分权重、样本分布与调查方式如表 2 所示。

表 2 　　　　　　评议者、评分权重、样本分布与调查方式统计表

评议对象	调查方式	评议者类型（%）	评议主体	小计	合计	总计
县（区）政府（8）	集中调查	本地专业人士（20）	县级"两代表一委员"	20	400	1170
			县级司法、法律工作者（公安、检察院、法院、司法局、县级政府所在地律师事务所律师）	15		
			县属大型、上市企业和事业单位	5		
			县属中小微企业、个体工商户	5		
			民主党派、县属群团组织	5		
		Q 市地区专业人士（20）	市级"两代表一委员"	20	50	
			市级司法、法律工作者（公安、检察院、法院、司法局、Q 市区律师事务所律师）	15		
			Q 市政府及其部门代表	15		
	定点拦截	行政相对人（30）	县级政府政务中心行政相对人	50	400	
	入户调查	城镇常住居民（20）	城镇常住居民	40	320	
	网络调查	网民（10）	网民	按实际收回有效样本量为准		

续表

评议对象	调查方式	评议者类型（%）	评议主体	小计	合计	总计
市直单位（26）	集中调查	Q 市地区专业人士（45）	市级"两代表一委员"	20	70	230
			市级司法、法律工作者（公安、检察院、法院、司法局、Q 市区律师事务所律师）	15		
			Q 市政府及其部门代表	15		
			市属大型、上市企业和事业单位	5		
			市属中小微企业	10		
			民主党派、市属群团组织	5		
		县级政府部门代表（40）	县级政府及其部门代表	20	160	
	网络调查	行政相对人（15）	到市直单位官网或网上办事大厅办事的公众	按实际收回有效样本量为准		

六、评议内容与问卷

根据《G 省法治政府建设指标体系（试行）》《G 省 2017 年依法行政考评办法》和《Q 市人民政府办公室关于印发〈Q 市 2017 年依法行政考评方案〉的通知》确定的重点指标为调查内容，具体包括：1. 政府职能转变；2. 制度建设；3. 行政决策；4. 行政执法；5. 政府信息公开；6. 社会矛盾防范和化解；7. 行政监督；8. 依法行政能力建设；9. 依法行政保障。此外，为整体把握评价对象依法行政情况，在调查问卷中还增设了"依法行政总体表现满意度"的选项（不计入最终得分）。本次调查主要是通过调查问卷，调查社会公众及其他评议者对各个评价对象上述"9+1"个指标方面的满意度。

由于新修订的评价办法增加了一项评价内容，本项评议权重的设定基于《G 省法治政府建设指标体系（试行）》并略作调整，分别为 1. 依法全面履行政府职能情况 5%；2. 依法行政制度建设情况 15%；3. 科学、民主、依法决策情况

10%；4. 严格规范公正文明执法情况 20%；5. 全面推进政务公开情况 10%；6. 自觉接受监督情况 15%；7. 依法有效化解社会矛盾情况 10%；8. 依法行政能力建设情况 7.5%；9. 依法行政保障情况 7.5%。"依法行政总体表现满意度"指标得分不计入最终得分。最终确定的 Q 市 2017 年依法行政考评社会评议指标及其权重分配如表 3 所示。

表 3　　　　Q 市 2017 年依法行政考评社会评议指标及其权重（%）

序号	一级指标	指标权重（%）
1	政府职能转变	5.0
2	制度建设	15.0
3	行政决策	10.0
4	行政执法	20.0
5	政府信息公开	10.0
6	社会矛盾防范和化解	10.0
7	行政监督	15.0
8	依法行政能力建设	7.5
9	依法行政保障	7.5

基于表 3 要求，满意度调查对应于指标体系设计调查问卷，主要设想如下。

一是以《G 省法治政府建设指标体系（试行）》为依据，围绕建设人民满意政府提出的各项要求，以上年度考评为基础，坚持以问题为导向，考评应能发现问题，突出年度依法行政工作重点工作。

二是针对 8 个县（区）政府和 26 个市直单位围绕《指标体系》规定的政府职能转变、制度建设、行政决策、行政执法、政府信息公开、社会矛盾防范和化解、行政监督、依法行政能力建设、依法行政保障等 9 方面设计问卷。同时，满意度评价是模糊性评价，为此，设置了"依法行政总体表现满意度"（第 10 项内容），由评议者对评价对象依法行政情况的做出总体性评价，即形成"9+1"项评价内容，但第 10 项内容纳入总分构成，不占权重。

三是评议者按上述"9+1"个方面的指标分别进行评议。为适合不同评议者、不同调查方式，保证调查更具针对性、适用性，我们特别设置了两种形式的问卷：

第一种是"调查问卷"。内容根据"9+1"指标设计问题，每个指标一般由 1~3 个小问题组成，每个问题一般设很满意、满意、一般、较不满意、很不满意五个等次（分别为 5 分、4 分、3 分、2 分、1 分），同时设"不清楚"选项（归入无效票，不计分），多选、漏选为无效票数，不计分。同时还设计有涉及人口学统计信息等 4~6 个背景问题，以作为分析的变量。

该调查问卷适用于县级政府本地专业人士集中调查、县级政府行政相对人定点拦截调查、城镇常住居民入户调查、县级政府社会公众网络调查和市直单位行政相对人网络调查。第二种是"评议量表"。根据"9+1"指标设计了"9+1"个评议问题，包括履行行政职能过程满意度、法规及政策建设满意度、重大决策前公开征求意见满意度、公正文明执法满意度、政府信息公开满意度、化解社会矛盾纠纷效果满意度、接受新闻媒体或公众监督满意度、公务员守法意识满意度、行政救济满意度、依法行政总体表现满意度 9 个方面。量表采用 5 分制，5分、4 分、3 分、2 分、1 分分别对应很满意、满意、一般、较不满意、很不满意五个等次。

该评议量表适用于 Q 市地区专业人士对县级政府和对市直单位的集中调查，以及县级政府部门代表对市直单位的集中调查。

2017 年 Q 市依法行政考评社会评议

问卷一

Q 市地区专业人士调查量表

尊敬的女士/先生：

受 Q 市人民政府法制局委托，我们正在全市开展依法行政社会评议，为推进法治政府建设提供民意参考。根据您的体验，请在以下问题选项处打√（如无特殊说明，均为单选）。您回答的内容受《统计法》保护，感谢您的支持和参与！

本项评议为满意度评价，每个政府部门设计了 9 个问题，如果对该政府不了解，后面 9 项就不需要评分；如果了解，以 5 分制度量，1 分表示很不满意，2 分表示不满意，3 分表示一般满意，4 分表示满意，5 分表示很满意。请对应表中空格直接打分。

2017 年 7 月

您的身份（请在符合的备选项打✓）：1. 市"两代表一委员"，2. 市司法、法律工作者，3. 市企业或事业单位代表，4. 民主党派或市属群团组织，5. 市政府及其部门代表

序号	对象 内容	不了解	依法履行政府职能满意度	法规及政策建设满意度	重大决策前公开征求意见满意度	公正文明执法满意度	政府政务公开满意度	化解社会矛盾纠纷效果满意度	接受新闻媒体或公众监督满意度	公务员守法意识满意度	依法行政保障满意度	依法行政总体表现满意度
1	A 区											
2	B 县											
…	……											
具体名单略												

其他意见和建议：

2017 年 Q 市依法行政考评社会评议

问卷二

本地专业人士调查问卷

尊敬的女士/先生：

受 Q 市人民政府法制局委托，我们正在全市开展依法行政社会评议，为推进

法治政府建设提供民意参考。根据您的体验，请在以下问题选项处打✓（如无特殊说明，均为单选）。您回答的内容受《统计法》保护，感谢您的支持和参与！

2017 年 7 月

请问您的身份？

两代表一委员			司法、法律工作者				
1. 党代表	2. 人大代表	3. 政协委员	4. 公安局	5. 检察院	6. 法院	7. 司法局	8. 律师
本地企事业代表					民主党派、群团组织		
9. 上市公司	10. 大型企业	11. 中小微企业	12. 个体工商户	13. 事业单位	14. 民主党派	15. 群团组织	

以下为正式问卷，针对本地 2017 年依法行政及相关表现进行客观、中立、负责性评价

1-1 您对本地政府（部门）在履行行政职能过程中，依照法律、法规规定的条件、程序和期限的满意度：

　　1. 很满意　　　2. 比较满意　　　3. 一般　　　4. 不太满意

　　5. 很不满意　　6. 不清楚

2-1 据您所知，本地政府（部门）制定政策文件时，是否通过报刊、电视、广播、网络等媒体公开征求社会意见？

　　1. 有　　　　　　　　　　2. 部分有公开征求意见

　　3. 没有　　　　　　　　　4. 不清楚

3-1 您对本地政府重大行政决策（如地铁、高速等建设、规划等）表现的满意度？

　　1. 很满意　　　2. 比较满意　　　3. 一般　　　4. 不太满意

　　5. 很不满意　　6. 不清楚

4-1 您对本地执法人员公正文明执法的满意度？

　　1. 很满意　　　2. 比较满意　　　3. 一般　　　4. 不太满意

5. 很不满意　　　6. 不清楚

4-2　据您所知，本地行政执法人员在执法过程中是否存在吃拿卡要、暴力执法等行为？

1. 比较普遍　　　2. 偶尔会有　　　3. 没有　　　4. 不清楚

5-1　您对本地政府政务公开工作的满意度？

1. 很满意　　　2. 比较满意　　　3. 一般　　　4. 不太满意

5. 很不满意　　　6. 不清楚

5-2　通过政府网站、报纸、电视等媒体，您能否获取本地政府（部门）政务信息的？

1. 能获取各种信息　　　　　　2. 能获取大部分信息

3. 能获取一些信息　　　　　　4. 无法获取信息

5. 不清楚

6-1　您对本地政府（部门）化解社会矛盾纠纷（如社会热点难点问题）效果的满意度？

1. 很满意　　　2. 比较满意　　　3. 一般　　　4. 不太满意

5. 很不满意　　　6. 不清楚

7-1　您是否认同本地政府（部门）向社会公布投诉电话，接受新闻媒体或社会公众监督？

1. 完全认同　　　2. 比较认同　　　3. 一般　　　4. 不太认同

5. 很不认同　　　6. 不清楚

7-2　您对本地政府（部门）处理人民群众检举、新闻媒体反映问题的满意度？

1. 很满意　　　2. 比较满意　　　3. 一般　　　4. 不太满意

5. 很不满意　　　6. 不清楚

8-1　您对本地公务员依法行政意识、业务素质、服务态度的综合评价是？

1. 非常好　　　2. 比较好　　　3. 一般　　　4. 不太好

5. 很不好　　　6. 不清楚

9-1　您对本地加强政府（部门）依法行政的措施的满意度？

1. 很满意　　　2. 比较满意　　　3. 一般　　　4. 不太满意

5. 很不满意　　6. 不清楚

10-1. 您对本地政府（部门）依法行政的总体满意度？

　　1. 很满意　　　2. 比较满意　　　3. 一般　　　4. 不太满意

　　5. 很不满意　　6. 不清楚

10-2　您对本地政府（部门）依法行政的改进情况的满意度？

　　1. 很满意　　　2. 比较满意　　　3. 一般　　　4. 不太满意

　　5. 很不满意　　6. 不清楚

10-3　您认为当前制约本地法治政府建设的主要因素是：（最多可选 3 项）

　　1. 地区经济发展水平　　　　　2. 法律制度不完善

　　3. 领导权力过大　　　　　　　4. 公务员的法治能力素质不强

　　5. 制度政策制定不公开　　　　6. 行政决策不科学

　　7. 执法人员能力素质低　　　　8. 不重视法治建设

11-1　您对本地政府深入推进依法行政、加快建设法治政府还有哪些建议，请简要陈述：

_____

_____

评议者签名：_____　联系电话：_____

再次感谢！

以下由访问人员填写

访问员：　　督导员：　　访问时间：　月　日　时　　地点：

2017 年 Q 市依法行政考评社会评议

问卷三

定点拦截调查问卷

尊敬的女士/先生：

　　受 Q 市人民政府法制局委托，我们正在全市开展依法行政的社会调查，旨在了解社会公众意见与建议，为推进法治政府建设提供民意参考。请根据您的体验，在以下问题选项处打✓（如无特殊说明，均为单选）。您回答的内容受《统计法》保护，我们将严格保密。非常感谢您的支持和参与！

2017 年 7 月

A. 您目前居住地？

  1. 本县（市、区）   2. 外县（市、区）外市外省（终止调查）

B. 您在该地居住多长时间了？

  1. 半年及以上   2. 半年以下（终止调查）

1-1 您对本地政府（部门）在履行行政职能过程中，依照法律、法规规定的条件、程序和期限的满意度：

  1. 很满意   2. 比较满意   3. 一般   4. 不太满意

  5. 很不满意   6. 不清楚

2-1 据您所知，本地政府（部门）制定政策文件时，是否通过报刊、电视、广播、网络等媒体公开征求社会意见？

  1. 有   2. 部分有公开征求意见

  3. 没有   4. 不清楚

3-1 您对本地政府重大行政决策（如地铁、高速等建设、规划等）表现的满意度？

  1. 很满意   2. 比较满意   3. 一般   4. 不太满意

  5. 很不满意   6. 不清楚

4-1 您对本地执法人员公正文明执法的满意度？

  1. 很满意   2. 比较满意   3. 一般   4. 不太满意

  5. 很不满意   6. 不清楚

4-2 据您所知，本地行政执法人员在执法过程中是否存在吃拿卡要、暴力执法等行为？

  1. 比较普遍   2. 偶尔会有   3. 没有   4. 不清楚

5-1　您对本地政府政务公开工作的满意度？

　　1. 很满意　　　2. 比较满意　　　3. 一般　　　4. 不太满意

　　5. 很不满意　　6. 不清楚

5-2　通过政府网站、报纸、电视等媒体，您能否获取本地政府（部门）政务信息的？

　　1. 能获取各种信息　　　　　2. 能获取大部分信息

　　3. 能获取一些信息　　　　　4. 无法获取信息

　　5. 不清楚

6-1　您对本地政府（部门）化解社会矛盾纠纷（如社会热点难点问题）效果的满意度？

　　1. 很满意　　　2. 比较满意　　　3. 一般　　　4. 不太满意

　　5. 很不满意　　6. 不清楚

7-1　您是否认同本地政府（部门）向社会公布投诉电话，接受新闻媒体或社会公众监督？

　　1. 完全认同　　2. 比较认同　　　3. 一般　　　4. 不太认同

　　5. 很不认同　　6. 不清楚

7-2　您对本地政府（部门）处理人民群众检举、新闻媒体反映问题的满意度？

　　1. 很满意　　　2. 比较满意　　　3. 一般　　　4. 不太满意

　　5. 很不满意　　6. 不清楚

8-1　您对本地公务员依法行政意识、业务素质、服务态度的综合评价是？

　　1. 非常好　　　2. 比较好　　　　3. 一般　　　4. 不太好

　　5. 很不好　　　6. 不清楚

9-1　您对本地加强政府（部门）依法行政的措施的满意度？

　　1. 很满意　　　2. 比较满意　　　3. 一般　　　4. 不太满意

　　5. 很不满意　　6. 不清楚

10-1　您对本地政府（部门）依法行政的总体满意度？

　　1. 很满意　　　2. 比较满意　　　3. 一般　　　4. 不太满意

5. 很不满意　　6. 不清楚

10-2　您对本地政府（部门）依法行政的改进情况的满意度？

1. 很满意　　　2. 比较满意　　　3. 一般　　　4. 不太满意

5. 很不满意　　6. 不清楚

10-3　您认为当前制约本地法治政府建设的主要因素是：（最多可选 3 项）

1. 地区经济发展水平　　　　　2. 法律制度不完善

3. 领导权力过大　　　　　　　4. 公务员的法治能力素质不强

5. 制度政策制定不公开　　　　6. 行政决策不科学

7. 执法人员能力素质低　　　　8. 不重视法治建设

11-1　您对本地政府深入推进依法行政、加快建设法治政府还有哪些建议，请简要陈述：

受访对象基本情况

P1　您的性别：

1. 男　　　　　　2. 女

P2　您的年龄：

1. 18~25 周岁　　2. 26~35 周岁　　3. 36~45 周岁　　4. 46~55 周岁

5. 56~65 周岁　　6. 66 周岁以上

P3　您的文化程度：

1. 初中及以下　　　　　　　　2. 高中/中专/中职

3. 大专　　　　　　　　　　　4. 本科

5. 研究生

P4　您的职业：

1. 公务员　　　　　　　　　　2. 事业单位人员

3. 企业单位人员　　　　　　　4. 个体工商业者

5. 农民　　　　　　　　　　　6. 自由职业者

7. 在校学生　　　　　　　　　8. 离退休人员

9. 无业（失业）   10. 其他

访问员：   督导员：   访问时间： 月 日 时   访问地点：

2017 年 Q 市依法行政考评社会评议

问卷四

入户调查问卷

尊敬的女士/先生：

受 Q 市人民政府法制局委托，我们正在全市开展依法行政的社会调查，旨在了解社会公众意见与建议，为推进法治政府建设提供民意参考。请根据您的体验，在以下问题选项处打√（如无特殊说明，均为单选）。您回答的内容受《统计法》保护，我们将严格保密。非常感谢您的支持和参与！

2017 年 7 月

根据您的了解和体验，请对本地在以下方面的表现进行满意度评价，若选不了解则不需要后面打分；采用 5 分制，1 分表示很不满意，3 分表示一般满意，5 分表示很满意。

序	调 查 问 题	不了解	1	2	3	4	5
1	依法全面履行政府职能的满意度						
2	政策文件及制度建设成效的满意度						
3	重大决策前公开征求意见的满意度						
4	公正文明执法的满意度						
5	政府政务公开的满意度						
6	化解社会矛盾纠纷效果的满意度						

续表

序	调 查 问 题	不了解	1	2	3	4	5
7	接受新闻媒体或公众监督的满意度						
8	公务员守法意识的满意度						
9	依法行政保障的满意度						
10	依法行政的总体满意度						

受访对象基本情况

P1　您的性别：

　　1. 男　　　　　2. 女

P2　您的年龄：

　　1. 18~25 周岁　　2. 26~35 周岁　　3. 36~45 周岁　　4. 46~55 周岁

　　5. 56~65 周岁　　6. 66 周岁以上

P3　您的文化程度：

　　1. 初中及以下　　　　　　2. 高中/中专/中职

　　3. 大专　　　　　　　　　4. 本科

　　5. 研究生

P4　您的职业：

　　1. 公务员　　　　　　　　2. 事业单位人员

　　3. 企业单位人员　　　　　4. 个体工商业者

　　5. 农民　　　　　　　　　6. 自由职业者

　　7. 在校学生　　　　　　　8. 离退休人员

　　9. 无业（失业）　　　　　10. 其他

访问员：　　　督导员：　　　访问时间：　月　日　时　　访问地点：

以下由督导员复核

A　评价对象：

1. QC 区，2. QX 区，3. FG 县，4. YS 县，5. LS 县，6. LN 县，7. YD 市，

8. LZ 市

   B   访问对象在本市居住时间

      1. 半年及以上   2. 半年以下

2017 年 Q 市依法行政考评社会评议

问卷五

网络调查问卷

尊敬的女士/先生:

    受 Q 市人民政府法制局委托,我们正在全市开展依法行政的社会调查,旨在了解社会公众意见与建议,为推进法治政府建设提供民意参考。请根据您的体验,在以下问题选项处打 ✓(如无特殊说明,均为单选)。您回答的内容受《统计法》保护,我们将严格保密。非常感谢您的支持和参与!

2017 年 7 月

    A. 您目前居住地?

1. QC 区,2. QX 区,3. FG 县,4. YS 县,5. LS 县,6. LN 县,7. YD 市,8. LZ 市,9. 外市外省(终止调查)

    B. 您在该地居住多长时间了?

    1. 半年及以上   2. 半年以下(终止调查)

1-1 您对本地政府(部门)在履行行政职能过程中,依照法律、法规规定的条件、程序和期限的满意度:

    1. 很满意   2. 比较满意   3. 一般   4. 不太满意

    5. 很不满意   6. 不清楚

2-1 据您所知,本地政府(部门)制定政策文件时,是否通过报刊、电视、广播、网络等媒体公开征求社会意见?

    1. 有   2. 部分有公开征求意见

3. 没有　　　　　　　　　4. 不清楚

3-1　您对本地政府重大行政决策（如地铁、高速等建设、规划等）表现的满意度？

　　　1. 很满意　　　2. 比较满意　　　3. 一般　　　4. 不太满意

　　　5. 很不满意　　6. 不清楚

4-1　您对本地执法人员公正文明执法的满意度？

　　　1. 很满意　　　2. 比较满意　　　3. 一般　　　4. 不太满意

　　　5. 很不满意　　6. 不清楚

4-2　据您所知，本地行政执法人员在执法过程中是否存在吃拿卡要、暴力执法等行为？

　　　1. 比较普遍　　2. 偶尔会有　　　3. 没有　　　4. 不清楚

5-1　您对本地政府政务公开工作的满意度？

　　　1. 很满意　　　2. 比较满意　　　3. 一般　　　4. 不太满意

　　　5. 很不满意　　6. 不清楚

5-2　通过政府网站、报纸、电视等媒体，您能否获取本地政府（部门）政务信息的？

　　　1. 能获取各种信息　　　　　　2. 能获取大部分信息

　　　3. 能获取一些信息　　　　　　4. 无法获取信息

　　　5. 不清楚

6-1　您对本地政府（部门）化解社会矛盾纠纷（如社会热点难点问题）效果的满意度？

　　　1. 很满意　　　2. 比较满意　　　3. 一般　　　4. 不太满意

　　　5. 很不满意　　6. 不清楚

7-1　您是否认同本地政府（部门）向社会公布投诉电话，接受新闻媒体或社会公众监督？

　　　1. 完全认同　　2. 比较认同　　　3. 一般　　　4. 不太认同

　　　5. 很不认同　　6. 不清楚

7-2　您对本地政府（部门）处理人民群众检举、新闻媒体反映问题的满意度？

1. 很满意　　　2. 比较满意　　　3. 一般　　　4. 不太满意

5. 很不满意　　　6. 不清楚

8-1　您对本地公务员依法行政意识、业务素质、服务态度的综合评价是？

1. 非常好　　　2. 比较好　　　3. 一般　　　4. 不太好

5. 很不好　　　6. 不清楚

9-1　您对本地加强政府（部门）依法行政的措施的满意度？

1. 很满意　　　2. 比较满意　　　3. 一般　　　4. 不太满意

5. 很不满意　　　6. 不清楚

10-1　您对本地政府（部门）依法行政的总体满意度？

1. 很满意　　　2. 比较满意　　　3. 一般　　　4. 不太满意

5. 很不满意　　　6. 不清楚

10-2　您对本地政府（部门）依法行政的改进情况的满意度？

1. 很满意　　　2. 比较满意　　　3. 一般　　　4. 不太满意

5. 很不满意　　　6. 不清楚

10-3　您认为当前制约本地法治政府建设的主要因素是：（最多可选 3 项）

1. 地区经济发展水平　　　2. 法律制度不完善

3. 领导权力过大　　　4. 公务员的法治能力素质不强

5. 制度政策制定不公开　　　6. 行政决策不科学

7. 执法人员能力素质低　　　8. 不重视法治建设

11-1　您对本地政府深入推进依法行政、加快建设法治政府还有哪些建议，请简要陈述：

_____

受访对象基本情况

P1　您的性别：

1. 男　　　2. 女

P2　您的年龄：

1. 18~25 周岁　　2. 26~35 周岁　　3. 36~45 周岁　　4. 46~55 周岁

5. 56~65 周岁　　6. 66 周岁以上

P3　您的文化程度：

    1. 初中及以下　　　　　　2. 高中/中专/中职

    3. 大专　　　　　　　　　4. 本科

    5. 研究生

P4　您的职业：

    1. 公务员　　　　　　　　2. 事业单位人员

    3. 企业单位人员　　　　　4. 个体工商业者

    5. 农民　　　　　　　　　6. 自由职业者

    7. 在校学生　　　　　　　8. 离退休人员

    9. 无业（失业）　　　　　10. 其他

2017 年 Q 市依法行政考评社会评议

问卷六

Q 市地区专业人士调查量表

尊敬的女士/先生：

　　受 Q 市人民政府法制局委托，我们正在全市开展依法行政社会评议，为推进法治政府建设提供民意参考。根据您的体验，请在以下问题选项处打√（如无特殊说明，均为单选）。您回答的内容受《统计法》保护，感谢您的支持和参与！

　　本项评议为满意度评价，每个政府部门设计了 9 个问题，如果对该政府不了解，后面 9 项就不需要评分；如果了解，以 5 分制度量，1 分表示很不满意，2 分表示不满意，3 分表示一般满意，4 分表示满意，5 分表示很满意。请对应表中空格直接打分。

2017 年 7 月

　　您的身份（请在符合的备选项打√）：1. 市"两代表一委员"，2. 市司法、法律工作者，3. 市企事业代表，4. 市民主党派、群团组织代表，5. 市政府及其部门代表

序号	对象 内容	不了解	依法履行政府职能满意度	法规及政策建设满意度	重大决策前开求征意见满意度	公正文明执法满意度	政府政务公开满意度	化解社会矛盾纠效果满意度	接受新闻媒体或众监督满意度	公务员守法意识满意度	依法行政保障满意度	依法行政总体表现满意度
1	A 局											
2	B 局											
…	……											
具体名单略												

其他意见和建议：

2017 年 Q 市依法行政考评社会评议

问卷七

县级政府及其部门代表调查量表

尊敬的女士/先生：

　　受 Q 市人民政府法制局委托，我们正在全市开展依法行政社会评议，为推进法治政府建设提供民意参考。根据您的体验，请在以下问题选项处打√（如无特殊说明，均为单选）。您回答的内容受《统计法》保护，感谢您的支持和参与！

　　本项评议为满意度评价，每个政府部门设计了 9 个问题，如果对该政府不了解，后面 9 项就不需要评分；如果了解，以 5 分制度量，1 分表示很不满意，2 分表示不满意，3 分表示一般满意，4 分表示满意，5 分表示很满意。请对应表中空格直接打分。

2017 年 7 月

序号	对象内容	了解	依法履行政府职能满意度	法规及政策建设满意度	重大决策前开求意见满意度	公正明法执满意度	政府政务公开满意度	化解社会矛盾纠纷效果满意度	接受新闻媒体或公众监督满意度	公务员守法意识满意度	依法行政保障满意度	依法行政总体表现满意度
1	A 局											
2	B 局											
…	……											
具体名单略												

其他意见和建议:

2017 年 Q 市依法行政考评社会评议

问卷八

网络调查问卷

尊敬的女士/先生:

　　受 Q 市人民政府法制局委托,我们正在全市开展依法行政的社会调查,旨在了解社会公众意见与建议,为推进法治政府建设提供民意参考。请根据您的体验,在以下问题选项处打√(如无特殊说明,均为单选)。您回答的内容受《统计法》保护,我们将严格保密。非常感谢您的支持和参与!

2017 年 7 月

　　A. 您所评议的部门是:

　　名单略。

B. 您目前居住地？

1. 本市　　　　　　 2. 外市外省（终止调查）

C. 您在该地居住多长时间了？

1. 半年及以上　　 2. 半年以下（终止调查）

1-1　您对本地政府（部门）在履行行政职能过程中，依照法律、法规规定的条件、程序和期限的满意度：

1. 很满意　　 2. 比较满意　　　 3. 一般　　　 4. 不太满意

5. 很不满意　　 6. 不清楚

2-1　据您所知，本地政府（部门）制定政策文件时，是否通过报刊、电视、广播、网络等媒体公开征求社会意见？

1. 有　　　　　　　　　　 2. 部分有公开征求意见

3. 没有　　　　　　　　　 4. 不清楚

3-1　您对本地政府重大行政决策（如地铁、高速等建设、规划等）表现的满意度？

1. 很满意　　 2. 比较满意　　 3. 一般　　　 4. 不太满意

5. 很不满意　　 6. 不清楚

4-1　您对本地执法人员公正文明执法的满意度？

1. 很满意　　 2. 比较满意　　 3. 一般　　　 4. 不太满意

5. 很不满意　　 6. 不清楚

4-2　据您所知，本地行政执法人员在执法过程中是否存在吃拿卡要、暴力执法等行为？

1. 比较普遍　　 2. 偶尔会有　　 3. 没有　　　 4. 不清楚

5-1　您对本地政府政务公开工作的满意度？

1. 很满意　　 2. 比较满意　　 3. 一般　　　 4. 不太满意

5. 很不满意　　 6. 不清楚

5-2　通过政府网站、报纸、电视等媒体，您能否获取本地政府（部门）政务信息的？

1. 能获取各种信息　　　　 2. 能获取大部分信息

3. 能获取一些信息　　　　 4. 无法获取信息

5. 不清楚

6-1　您对本地政府（部门）化解社会矛盾纠纷（如社会热点难点问题）效果的满意度？

1. 很满意　　　2. 比较满意　　　3. 一般　　　4. 不太满意

5. 很不满意　　6. 不清楚

7-1　您是否认同本地政府（部门）向社会公布投诉电话，接受新闻媒体或社会公众监督？

1. 完全认同　　2. 比较认同　　　3. 一般　　　4. 不太认同

5. 很不认同　　6. 不清楚

7-2　您对本地政府（部门）处理人民群众检举、新闻媒体反映问题的满意度？

1. 很满意　　　2. 比较满意　　　3. 一般　　　4. 不太满意

5. 很不满意　　6. 不清楚

8-1　您对本地公务员依法行政意识、业务素质、服务态度的综合评价是？

1. 非常好　　　2. 比较好　　　3. 一般　　　4. 不太好

5. 很不好　　　6. 不清楚

9-1　您对本地加强政府（部门）依法行政的措施的满意度？

1. 很满意　　　2. 比较满意　　　3. 一般　　　4. 不太满意

5. 很不满意　　6. 不清楚

10-1　您对本地政府（部门）依法行政的总体满意度？

1. 很满意　　　2. 比较满意　　　3. 一般　　　4. 不太满意

5. 很不满意　　6. 不清楚

10-2　您对本地政府（部门）依法行政的改进情况的满意度？

1. 很满意　　　2. 比较满意　　　3. 一般　　　4. 不太满意

5. 很不满意　　6. 不清楚

10-3　您认为当前制约本地法治政府建设的主要因素是：（最多可选 3 项）

1. 地区经济发展水平　　　　　2. 法律制度不完善

3. 领导权力过大　　　　　　　4. 公务员的法治能力素质不强

5. 制度政策制定不公开　　　　6. 行政决策不科学

7. 执法人员能力素质低　　　　8. 不重视法治建设

11-1　您对本地政府深入推进依法行政、加快建设法治政府还有哪些建议，请简要陈述：

_____

受访对象基本情况

P1　您的性别：

1. 男　　　　　　　2. 女

P2　您的年龄：

1. 18~25 周岁　2. 26~35 周岁　3. 36~45 周岁　4. 46~55 周岁

5. 56~65 周岁　6. 66 周岁以上

P3　您的文化程度：

1. 初中及以下　　　　2. 高中/中专/中职

3. 大专　　　　　　　4. 本科

5. 研究生

P4　您的职业：

1. 公务员　　　　　　2. 事业单位人员

3. 企业单位人员　　　4. 个体工商业者

5. 农民　　　　　　　6. 自由职业者

7. 在校学生　　　　　8. 离退休人员

9. 无业（失业）　　　10. 其他